神秘の
聖地 聖域
パワースポット

東日本

Sanctuary, sacred places and power spots in eastern Japan

世界にあふれている
超常現象に触れながら生きる

霊的な事象を科学で解明することに意味はない。
聖域や霊力への畏敬とともに生への力を念じたい。
見えない何かを畏れ、祈る。願い事の成就を信じて。

長野県伊那市に分杭峠(P.302)というパワースポットがある。ここは「気場」すなわちエネルギーの波動が発生する場所で、この気を浴びることで心身が活性化し健康になり、病気が治ったり幸福になったりするという。一説によると「中央構造線」と呼ばれる、日本列島を九州から四国、関東へと走る断層があり、この線上に磁気のN極とS極がぶつかり合う地点があってゼロ磁場と呼び、分杭峠がそれで、特殊なパワーが発生するらしい。実は諏訪大社、伊勢神宮、豊川稲荷、氷川神社、香取神宮などの名だたる神社や石鎚山、阿蘇山などのパワースポットもこの線上に点在するそうだ。こういった断層をパワースポットの原因とする場所には、ほかに石川県の珠洲岬、山口県の秋吉台、高知県の室戸岬、それに富士山があるという。日本の代表的なスポットだ。

車山神社(長野県)

断層、という言葉から、私たちが敏感に連想するのは地震だろう。パワースポットと断層の関係は別にしても、日本の神社は、地震という天地の怒りを畏れ鎮めるために創建されたところが非常に多い。いまなお神社に詣でて手を合わせるのは、あるいは日本人のなかに営々として受け継がれるDNAのしわざなのかもしれない。千葉県の香取神宮や茨城県の鹿島神宮、宮城県の鹿島神社や三重県の大村神社には「要石」という霊石があって、この石が地震を鎮めるのだという。

こういった神社の霊石は空から降ってきたと言うのは、地球上の事象ことごとくに博学のライアル・ワトソンという学者。膨大な著作があるが、彼に会った日本のある宮司は「空には穴があってそこから物が落ちてくる」と言ったと書いている。まさかと思うが、彼がこだわり続けた超常現象は数限りない。石どころか魚が大量に降ってきたという「実例」もあり、眉唾モノも多そうだが、そのなかのひとつに、秋田市の添川にある修道院の聖母像が涙を流すという話があり、涙は秋田大学と岐阜大学の法医学教室で鑑定を受け「ヒト体液」と判定された、と修道院では言っている。コロナ禍が下火になった今、海外からの信者の巡礼が多いそうだ。聖母像が涙を流すという例は世界に多い。

超常現象についてもうひとつ。映画監督の篠田正浩氏の労作『河原者ノススメ』のなかに、余談と断って次のような逸話が紹介してある。近松門左衛門の実話をもとにした映画『心中天網島』のロケの折、深夜の墓でスタッフのライトの中に、首を吊った男「紙屋治兵衛墓」の文字がくっきりと浮かび上がったという。超常現象というものは実際にあるのだろう。それらの科学的解明もやがては行われるのかもしれないが、そもそも科学だけが絶対ではあるまい。それよりも今は、古代人の神霊に対する鋭敏さと聖なるものへの畏敬の念に思いを馳せ、私たちが失いつつある直感的な生への心性を見つめ直すときではないのだろうか。

CONTENTS

――― 神秘の聖地聖域パワースポット東日本

富士山 P8

神が宿る富士山と山麓のパワースポットへ

日光 P33

日光三山と徳川家の広大な聖地

アイヌの聖地 P53

アイヌの伝統文化にふれる

稲荷神社＆金運祈願 P61

最強の金運パワースポットへ

江戸・東京の聖地 P77
神々が鎮座する大都市を巡る

山岳信仰 P137
神々が織りなす天空回廊

海辺の聖地 P165
風光明媚。波間に浮かぶ社寺へ

参詣、総本社 P175
圧倒的な「気」に満ちた境内

信仰を集める大寺院 P189
心癒やされる御仏の世界へ

水辺のパワースポット P303
轟く滝音、水鏡の湖面、伝説と信仰

奇岩・巨石のミステリー P317
自然の造形美と謎に包まれた信仰

驚異の巨木パワー P325
樹齢を重ねた巨木の圧倒的存在感

本書のご利用にあたって

●本書中のデータは2023年6～7月現在のものです。料金、開門・開業時間、営業時間、休業日、メニューや商品の内容などが、諸事情により変更される場合がありますので、ご利用の際は事前にご確認ください。個人的なトラブルに関しましては、当社では一切の責任を負いかねますので、あらかじめご了承ください。
●開門・開業時間、営業時間は実際に利用できる時間を示しています。参拝自由と表記の場合でも、社務所の受付時間などは別途定められている場合がありますのでご注意ください。
●神社仏閣・各施設の開門・開業時間、営業時間は、変更される場合がありますので、ご利用の際は公式HPなどで事前にご確認ください。また、新型コロナ感染症予防対策のため従来と異なる場合があり、今後の推移により変更される場合があります。
●休業日に関しては、基本的に定休日のみを記載しており、年末年始の休業は原則として記載していません。特に記載のない場合でもゴールデンウィーク、夏季、行事期間などに休業することがあります。
●料金は消費税込みの料金を示していますが、変更する場合がありますのでご注意ください。また、料金に関して、参拝自由、無料と表記している場合でも、境内の諸施設ごと、また時期により別途費用がかかる場合があります。
●交通表記における所要時間、最寄り駅、IC(インターチェンジ)などからの所要時間は目安としてご利用ください。
●本書では山間部などアクセス難易度が高い場所も紹介しています。自然災害などで通行止めや立ち入り禁止になる場合もありますので、公式機関のHPなどで事前にご確認ください。

■ データの見方
- ☎ 電話番号
- 所 所在地
- 開 開門／開業時間
- 営 営業時間
- 休 定休日
- 料 料金

■ 地図のマーク
- ⛩ 神社
- 卍 寺院
- ⊗ 学校
- H 宿泊施設
- R 飲食店
- C カフェ
- S ショップ

古来より続く国内屈指のパワースポット

富士山

ふじさん

日本一の高さと完璧なたたずまいで
国内外の人々を魅了する霊峰富士。
古来より崇敬の対象とされ、
日本の山岳信仰の最高峰に立つ。

富士山の端麗な山容は、古代までに繰り返された噴火活動により形成された。噴火の溶岩流は、山麓周辺に樹海や富士五湖の独創的な自然地形をもたらした。古代の人々は噴煙を上げ溶岩のあふれる富士に神の存在を感じ、やがて富士信仰が生まれる。噴火が鎮まった中世以降は、修験道が霊山の富士へと分け入り、江戸時代の民衆の信仰登山ブームを呼んだ。気軽に富士登山が行われている今日もなお、富士の神秘に人々は魅了され、芸術家たちが傑作を生み出し続けている。古来より続く信仰の歴史と芸術の源泉としての文化的価値が、富士山を世界文化遺産の登録へと導いた。

MAJESTIC MT. FUJI

噴煙や溶岩を噴き上げる姿に神の存在を感じた古代の人々は、山の神を遠くから仰いで鎮火の祈りを捧げた。噴火が静まった12世紀以降に富士への信仰登山が始まった

富士山の基本

富士山とその周辺の自然

THE NATURE OF MT. FUJI AND THE AROUND

富士山の成り立ちを知り、富士山が生み出した自然にふれる

富士山の美しい姿と自然を育んだ悠久の歴史に思いを馳せる

富士山は幾層にも火山が積み重なって生まれた成層火山だ。噴火を繰り返すことで、現在見られる円錐形の美しい山容が形づくられた。噴火で降り注いだ火山灰や流れ出した溶岩は周辺の環境を激変させ、樹海や風穴、湖沼群などの神秘的で美しい自然を生み出した。

1 富士山が今の姿になるまで
4つの火山が重なった成層火山

海底火山の噴火を発端に、数十万年前に先小御岳(せんこみたけ)火山が生まれた。10万年前に噴火した小御岳火山が先小御岳を覆った。約8万年前の小御岳中腹の噴火で古富士が誕生。約1万年前に古富士頂上が噴火して、現在見られる新富士が生まれた。

↑富士スバルライン終点の小御嶽神社近くに小御岳火山が顔を出す

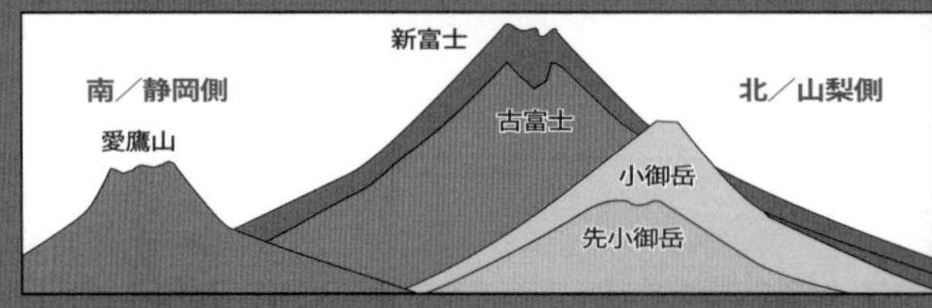

2 宝永大噴火
最後に起きた大噴火

宝永4年(1707)に富士山の南東斜面で大爆発が起こり、大量の火山灰と土砂が噴出。火山灰は江戸の街まで降り注いだ。噴火口には標高2693mの側火山(宝永山)が形成された。以降、富士山は噴火していない。

↑宝永火口は周辺に散策路がある

3 富士山の山体崩壊
噴火と同様に恐ろしい山体崩壊

噴火や地震で山体の一部が崩れる山体崩壊が、富士山では12回は起きたとされている。約2900年前頃には東斜面で発生。土砂が流出する岩屑なだれを引き起こし、御殿場方向の広範囲に大量の土砂が堆積した。

↑御殿場ルートからは駿河湾を眺望できる

4 青木ヶ原樹海 MAP P.346B2
噴火がもたらした原生林

貞観6年(864)に側火山の長尾山が噴火。溶岩流が冷え固まり台地を築き、長年かけて原生林を形成した。溶岩で焼失した樹木の跡が空洞化した「溶岩樹型」、氷穴や風穴などが樹海で見られ、多様な動植物が育つ。

↑溶岩台地の土壌は薄く、緑の苔が覆う

5 富士五湖と富士山
富士の噴火で生まれた堰止湖

約2万～1万年前の噴火でできた陥没地に宇津湖と「せの海」が誕生。9世紀頃の噴火の溶岩流により、宇津湖は山中湖と忍野湖(忍野八海)、せの海は本栖湖と西湖、精進湖に分断され川を堰き止めて河口湖が生まれた。

↑延暦19年(800)の噴火で誕生した山中湖

富士山の基本

富士信仰の歴史

THE HISTORY OF WORSHIP FOR MT. FUJI

噴火の荒ぶる姿と神秘性から古来より崇敬される日本随一の霊山

登拝を始めた修験者たちは、道なき道を進み山頂を目指した。女人禁制が解かれたのは明治期以降

噴火鎮護を浅間大神に願い修験者が信仰の霊場を開く

富士山は古代までに何度も噴火を繰り返したことから、神の宿る霊山と崇め、恐れられてきた。静岡県富士宮市では、縄文中期の遥拝祭祀場跡と思われる遺跡が発掘されている。遠くから仰ぎ拝む遥拝が、古来の富士信仰の形であった。浅間神社の総本宮・富士山本宮浅間大社は、噴火鎮護を富士の神霊・浅間大神に祈願するため、紀元前27年に創建されたと伝えられる。12世紀に噴火が沈静化してからは、神仏習合の信仰を持つ修験者が富士山中で修行を始め、信仰形態は遥拝から登拝へと変化を遂げる。修験僧・末代上人は数百回も登拝し、山頂に大日寺を建立。富士山修験道の拠点・興法寺(村山浅間神社)も鎌倉時代に開かれた。

黒駒太子像(富士曼荼羅図)

山梨県立博物館蔵

狩野元信筆。大宮・村山口からの登拝の様子を描いた富士参詣曼荼羅で、室町期作と伝わる。室町時代には、庶民の信者(行者)も登拝を始めた。手前に三保の松原や駿河湾、富士山本宮浅間大社が描かれている。国の重要文化財

富士山諸人参詣之図

山梨県立博物館蔵

爆発的に流行した富士講の登拝風景を描いた江戸末期の浮世絵。二代歌川国輝作

江戸時代中期に庶民の間で富士講が一大ブームを呼ぶ

江戸時代には、富士登拝を行う信仰集団の富士講が大流行した。行者の長谷川角行を開祖とし、庶民救済に努めた弟子の食行身禄が発展させて江戸を中心に各地へ広まった。講に加わった町民や農民がお金を集め、その年の代表者が先達(御師)の引率で山頂を目指した。葛飾北斎の浮世絵『冨嶽三十六景』は、富士講ブームのさなかに出版されている。

絹本著色富士曼荼羅図
富士山本宮浅間大社蔵
狩野元信筆。大宮・村山口からの景観で、山頂には大日如来、阿弥陀如来、薬師如来が並ぶ

冨嶽三十六景神奈川沖浪裏
山梨県立博物館蔵
葛飾北斎の作品のなかでも世界的に有名。ゴッホが絶賛し、ドビュッシーが作曲した交響詩『海』の楽譜の表紙に使われた

山頂の信仰遺跡へ ―― お鉢巡り

TEH WORSHIP FOR THE MT. FUJI SUMMIT

神仏習合の名残をとどめる富士山頂の信仰遺跡を巡る

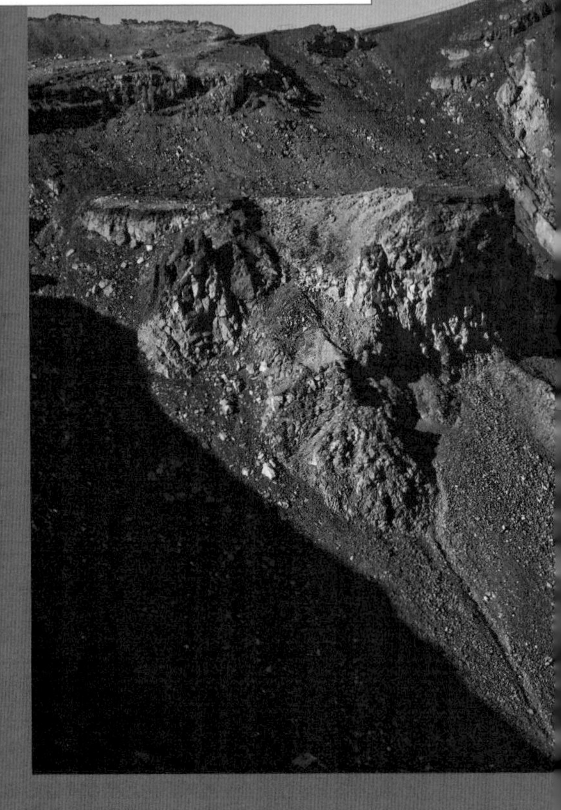

信仰の巡礼路だった 火口を巡る登山ルート

富士山頂の火口を一周するのがお鉢巡り。江戸時代に流行した富士講では、火口にある8つの峰を仏の座す蓮華座(八葉蓮華)になぞらえ、それらを巡拝する「お八巡り」を行った。山頂の神社に参拝後、時計回りに巡るのが当時の習わしだった。後に火口の形から「お鉢巡り」と表記を変える。1周は約3kmで、所要約1時間30分。富士信仰の歴史を刻む神社が鎮座し、ほかにも見どころが多い。山頂到着後に体力と時間に余裕があるときに挑戦し、強風や霧の出た日は危険なので中止しよう。

お鉢巡りMAP

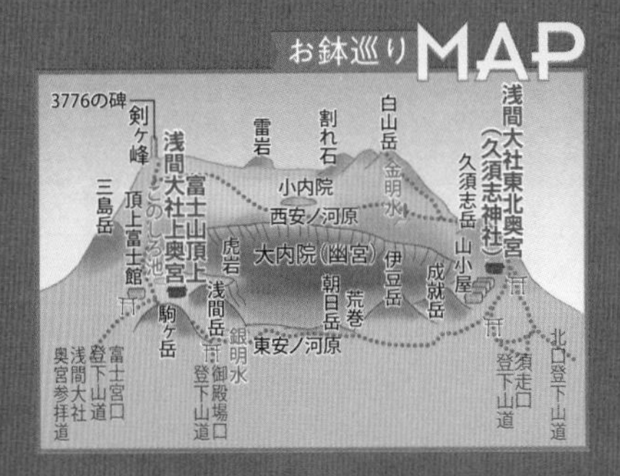

⬆富士山最高所の剣ヶ峰。頂上には日本最高地点(3776m)を示す石碑や富士山測候所がある

石積みに守られる強固な拝殿 本殿に富士の神霊・浅間大神を祀る

富士山頂上浅間大社奥宮

ふじさんちょうじょうせんげんたいしゃおくみや

静岡県富士宮市 MAP P.346B2

富士山本宮浅間大社の奥宮で、富士宮口を登りつめた山頂に鎮座する。興法寺(こうほうじ)の大日堂(だいにちどう)(大日寺(だいにちじ))があったが、明治の神仏分離令後に浅間大社の奥宮となった。7〜8月の開山期には神職が国家安泰や登拝者の安全などの祈祷を行う。8合目以上はこの奥宮の境内地とされている。日本一の高所の富士山郵便局もある。

☎0544-27-2002(富士山本宮浅間大社)

⬇標高3712mに建つ。強風や積雪に耐えるため、軒先まで石積みされている

行程はアップダウンが続く。晴天日には迫力ある火口風景と360度の展望を楽しめる

ご来光を求めて登山客が集う
浅間大社奥宮の末社

浅間大社東北奥宮(久須志神社)

せんげんたいしゃとうほくおくみや (くすしじんじゃ)

静岡県富士宮市 MAP P.346B2

須走口、吉田口、河口湖口の登山道の頂上に鎮座。富士山頂上浅間大社奥宮の末社で、大名牟遅命(おおなむちのみこと)と少彦名命(すくなひこなのみこと)を祀る。明治の廃仏毀釈以前は薬師堂が建っていた。北側に位置し、ご来光の美しいスポットでもある。

☎0544-27-2002(富士山本宮浅間大社)

↑登山道の最後の石段を上りきると社殿が現れる。ご来光を目当てに訪れる人も多い。標高は3715m

富士登山

登山シーズンは7～8月

登山期間は、7月上旬の山開きから約2カ月間。山小屋や救護所もこの時期に開く。天候が安定する梅雨明け後がベストシーズン。

山小屋を利用し1泊2日で

日帰り登山は体力を消耗し、高山病のリスクも高い。山小屋で1泊し、余裕ある日程で登るのが最適だ。山小屋の予約を忘れずに。

登山装備をしっかりと準備

標高が高い富士山は気温が低く、天気が急変しやすい。雨具や防寒着のほか、地図やヘッドライトも必携。登山装備一式が必要になる。

高山病にならないために

ゆっくりとしたペースで登り、少しずつ高度に体を順応させることが大切。こまめな水分補給や深呼吸を心がけ、定期的に休憩を。

公共交通機関で五合目へ

夏はマイカー規制があるため、河口湖駅などから登山バスで五合目へ。車の場合は、麓の駐車場でシャトルバスに乗り換えよう。

登山情報は富士登山オフィシャルサイト www.fujisan-climb.jp をチェック

浅間神社
SENGEN SHRINE

富士山の噴火鎮護の
願いを込めて、
浅間神社は
創建された。

老杉と苔むした石灯籠の連なる静寂の参道を歩いて拝殿へ。社殿手前では、日本最大級の木造大鳥居が参詣者を迎える

富士信仰の中心地のひとつ
日本武尊創基と伝わる古社

北口本宮冨士浅間神社
きたぐちほんぐうふじせんげんじんじゃ

山梨県富士吉田市 MAP P.346B2

約1900年前に、日本武尊（やまとたけるのみこと）が富士を遥拝した大塚丘に浅間大神を祭祀したのが起源。延暦7年(788)には丘近くの現在地に社殿を造営したという。吉田口登山道の起点に位置し、江戸時代には富士講信者で賑わい繁栄した。樹齢約1000年の御神木がそびえ、巨木が神域を鬱蒼と包み込む。本殿など社殿11棟を国の重要文化財に指定。

DATA & ACCESS

☎0555-22-0221 所山梨県富士吉田市上吉田5558 開休料参拝自由(祈祷受付9:00～16:30頃、夏季は延長あり。5000円より) 交富士急行・富士山駅から富士急バス・周遊バス富士山駅行きで6分、浅間神社前下車すぐ／富士急行・富士山駅から徒歩20分 Pあり

御祭神

木花開耶姫命 このはなさくやひめのみこと
彦火瓊瓊杵尊 ひこほのににぎのみこと
大山祇神 おおやまづみのかみ

主なご利益

安産、火除け、家庭円満ほか

2 江戸期の朱塗り門 随神門（ずいしんもん）

江戸中期に富士講指導者・村上光清の寄進で建立。巧みな彫刻が見られ、2体の随身像を祀る。国の重要文化財。

3 祭礼で神楽を奉納 神楽殿（かぐらでん）

華やかな装飾が見られる江戸中期の建築。拝殿手前にあり、現在も神楽が奉納される。国の重要文化財。

1 日本最大級の木造大鳥居
冨士山大鳥居
ふじさんおおとりい

富士山を拝むための鳥居。往古から60年ごとに建て替えや修復が行われている。

北口本宮冨士浅間神社MAP

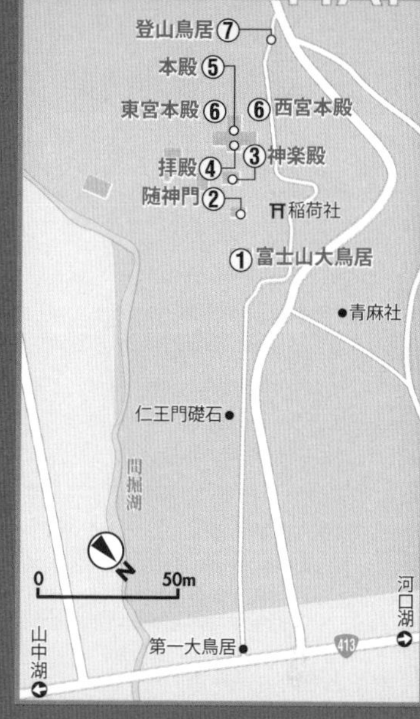

7 富士山吉田口(北口)の起点
登山鳥居
とざんとりい

かつて多くの富士講信者がここから富士山頂を目指し賑わった。現在は麓から山頂まで登ることができる唯一の登山道としても人気。

4 精緻な装飾で彩られる
拝殿
はいでん

富士講指導者・村上光清らの寄進により江戸中期に再建された。前面の向拝は、彫刻や彩色で華やかに飾られている。国の重要文化財。

5 荘厳華麗な装飾
本殿
ほんでん

現在の本殿は元和元年(1615)に当時の谷村城主により建立。桃山様式の代表的な建築で、国の重要文化財。

6 武田信玄ゆかりの社
東宮本殿・西宮本殿
ひがしのみやほんでん・にしのみやほんでん

東宮は神社に現存する最古の建物で、永禄4年(1561)に武田信玄が川中島の戦いの際に戦勝祈願をし、再建した。西宮とともに重要文化財に指定。

\ CHECK! /

吉田の火祭り
よしだのひまつり

8月26・27日に開催される、北口本宮冨士浅間神社と摂社の諏訪神社の祭礼(鎮火祭)。富士山の噴火を鎮める祭りで、26日の夜には街中が大松明の炎と熱気に包まれる。御柱祭(長野県諏訪市)、なまはげ柴灯祭(秋田県男鹿市)と並ぶ、日本三奇祭のひとつ。

↑高さ3m、90本以上の大松明が通りを照らす

家康が建立した壮麗な社殿
桜と富士との鮮やかな饗宴

富士山本宮浅間大社

ふじさんほんぐうせんげんたいしゃ

静岡県富士宮市　MAP P.346B2

全国1300社余の浅間神社の総本宮。富士山の噴火を鎮めるため、紀元前27年に富士の神霊・浅間大神（あさまのおおかみ）を祀って創建されたと伝わる。古来より朝廷や武将らの崇敬を集め、徳川家康が寄進した社殿群が現存している。御祭神の木花之佐久夜毘売命は浅間大神の別称で、桜花の化身ともいわれる女神。広大な境内には御神木をはじめ、約500本の桜が春を彩る。

御祭神

木花之佐久夜毘売命
このはなのさくやひめのみこと

主なご利益

家庭円満、安産、子安、水徳ほか

DATA & ACCESS

☎0544-27-2002 所静岡県富士宮市宮町1-1 開5:30～20:00 3・10月5:00～19:30 11～2月6:00～19:00 休無休 料無料 交JR富士宮駅から徒歩10分 Pあり

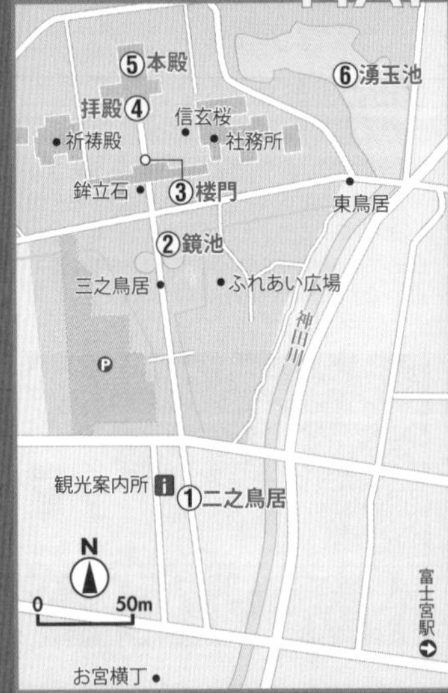

1 参道手前に立つ
二之鳥居
にのとりい

まっすぐに延びる参道の入口にある巨大な鳥居。付近に立つと、右手に富士山の神々しい姿が見渡せる。

2 澄んだ水をたたえた池
鏡池
かがみいけ

一名眼鏡池とも呼ばれる楼門前の池。中央の輪橋は、大正4年（1915）に大正天皇御即位記念として石造りに改められた。

春には歴史的建築物と富士、桜の織りなす風流な景色が広がり、外国人観光客に人気。桜の見頃は例年3月下旬～4月上旬頃

門前に続くお宮横丁。富士宮焼きそばなど地元グルメの店やカフェ、みやげ物屋が賑やかに並ぶ

3 江戸初期の貴重な楼門建築
楼門
ろうもん

慶長9年(1604)に建てられたとされる楼門。左右に随身像が安置されている。扁額は聖護院入道盈仁親王の筆と伝わる。

4 家康が寄進した風格ある社殿
拝殿
はいでん

本殿や幣殿などと同様に、徳川家康が造営したもの。正面が入母屋造り、背面が切妻造りで、正面に1間の向拝が設けられている。

5 珍しい二重の楼閣構造
本殿
ほんでん

浅間造と呼ばれる二重の楼閣造は、ほかに例のない特殊な構造。1階は宝殿造、2階は流造で、屋根はともに檜皮葺き。

6 富士の霊水が湧く
湧玉池
わくたまいけ

富士山の雪解け水が、幾層にも重なった溶岩の間を通って湧出した池。かつて行者たちはこの水で身を清めてから登山したという。

往時の祭儀の名残
鉾立石
ほこたていし

明治初年まで行われていた山宮御神幸の際、神が宿る鉾を立てて休むために使用された。

祭祀跡や遥拝所を巡り
富士信仰の歴史にふれる

河口浅間神社

かわぐちあさまじんじゃ

山梨県河口湖町 MAP P.346B2

平安初期に起きた貞観の富士山の大噴火を鎮めるため、北麓で初めて浅間神社が祀られたという。境内には樹齢1200年を超える七本杉が林立。古代祭祀遺跡の美麗石(ひびらいし)とともに、神社の長い歴史を伝える。神社裏の山中には、「天空の鳥居」の立つ富士山遥拝所、修験者が富士登拝前に身を清めたという「母の白滝」があり、富士信仰の歴史とともに絶景も楽しめる。

DATA & ACCESS

☎0555-76-7186 所山梨県富士河口湖町河口1
開休料参拝自由 交富士急行·河口湖駅から富士急バスで10分、河口局前下車、徒歩5分 Pあり

杉林にたたずむ
神門 しんもん
杉並木の参道の先にある随神門。注連縄の下がる神門をくぐると、社殿の点在する聖域が広がる。

御祭神

木花咲耶姫
このはなさくやひめ

主なご利益

安産、子育て、
禳災讃命ほか

江戸初期に再建された拝殿に参拝
拝殿 はいでん
社殿は慶長11年(1606)に焼失し、翌年に再建された。拝殿奥には一間社流造の豪奢な本殿がある。

富士山の雄姿を前に、展望地にたたずむ遥拝所の鳥居。空に浮かぶような幻想的な様子から「天空の鳥居」と呼ばれる

展望地から霊山を仰ぎ見る
遥拝所 ようはいじょ
富士山を遠くから拝む遥拝を行うための場所。古代の信仰形態を今に伝える。
開9:00~16:00 料敷地内での撮影は協力金1名100円

2合目から里宮へ遷移
湖岸にたたずむ古社

冨士御室浅間神社

ふじおむろせんげんじんじゃ

山梨県河口湖町 MAP P.346B2

文武3年(699)に吉田口登山道2合目に奉斎されたのを起源に、富士山最古の社とされる。海抜1700mの厳しい環境下にあったため、参拝や祭儀の便を図るため天徳2年(958)に現在の里宮を河口湖南岸に建立。2合目の本宮本殿は、保存のため昭和48年(1973)に里宮へ遷されている。

DATA & ACCESS

【里宮】☎0555-83-2399 所山梨県富士河口湖町勝山3951 開休料参拝自由 交中央自動車道・河口湖ICから車で12分 Pあり

湖岸近くに建つ荘厳な構えの社
里宮 さとみや
参道を進んで正面に鎮座するのが里宮の本殿。現在の建物は明治22年(1889)に再建さた。

桃山期の特徴を持つ国の重要文化財
本宮 ほんぐう
里宮本殿の手前左手に本宮の本殿が建つ。徳川家康の家臣・鳥居成次が慶長17年(1612)に造営した。

御祭神
木花咲耶姫命
このはなさくやひめのみこと

主なご利益
商売繁盛、
恋愛成就、
安産祈願ほか

社格の高い甲斐国の一宮
パワースポットも豊富

甲斐国一宮浅間神社

かいのくにいちのみやあさまじんじゃ

山梨県笛吹市 MAP P.346B2

伝承によれば垂仁天皇8年(紀元前22年)に神山の麓に創建。貞観6年(864)の富士山大噴火の翌年に、現在地に遷座したという。その年や生まれ年の干支にお参りすればご利益があるという十二支石像や成就石、夫婦梅などの縁起物が境内に点在。創建地には摂社の山宮神社が建つ。

DATA & ACCESS

☎0553-47-0900 所山梨県笛吹市一宮町一ノ宮1684 開休料参拝自由 交中央自動車道・勝沼ICから車で5分 Pあり

高い格式をうかがわせる
江戸初期造営の社殿
拝殿 はいでん
寛文12年(1672)の造営で、正面に軒唐破風を配した豪壮な構え。江戸初期の社殿建築の貴重な遺構。

御祭神
木花開耶姫命 このはなさくやひめのみこと

主なご利益
恋愛成就、家内安全、安産祈願ほか

本殿や拝殿を持たない古代の面影を残す神社

山宮浅間神社

やまみやせんげんじんじゃ

静岡県富士宮市 MAP P.346B2

約1900年の歴史を有し、富士山本宮浅間大社の前身とされる。本殿や拝殿はなく、玉垣に囲まれた露天の遥拝所がある。富士山を御神体として拝むための施設と考えられ、古い富士信仰を残す。浅間大社と山宮浅間神社を御祭神が往復する「山宮御神幸」が明治初頭まで行われた。

DATA & ACCESS

☎0544-58-5190(案内所、土・日曜、祝日のみ) 所静岡県富士宮市山宮740 開休料参拝自由 交JR富士宮駅から車で15分 Pあり

富士信仰の貴重な祭祀遺跡

遥拝所 ようはいじょ

富士山を望む場所にあり、祭儀が行われたとされている。溶岩礫を積み上げた石塁に囲まれている。

神聖な気配の参道を歩いて遥拝所へ

参道 さんどう

参道途中には、山宮御神幸の際に神の宿る鉾を休めるために使われた「鉾立石」が残されている。

御祭神

木花之佐久夜毘売命 このはなさくやひめのみこと

浅間大神 あさまのおおかみ

主なご利益

家庭円満、安産、子育てほか

神仏習合の姿をとどめるかつての修験道の中心地

村山浅間神社

むらやませんげんじんじゃ

静岡県富士宮市 MAP P.346B2

村山修験の拠点として栄え、神仏分離令の前までは神仏習合の興法寺があった。明治初年に興法寺は廃寺となり、境内は堂社の大日堂と浅間神社に分離。浅間神社には、境内社の富士浅間七社が相殿して祀られる。修験道の面影をとどめる水垢離場や護摩壇なども残る。

DATA & ACCESS

☎0544-26-6713(案内所は土・日曜、祝日のみ) 所静岡県富士宮市村山1151 開休料参拝自由 交JR富士宮駅から車で20分 Pあり

御祭神

木花開耶姫命 このはなさくやひめのみこと

主なご利益

家庭円満、安産、子安ほか

境内唯一の江戸時代の遺構

富士山興法寺大日堂 ふじさんこうほうじだいにちどう

興法寺の中心堂宇だった建物で、江戸時代の再建。木造大日如来坐像や修験道の祖・役行者像を祀る。

年始に今も禊が行われる

水垢離場 みずごり

修験者や一般登拝者が身を清めた場所。富士山登拝前に冷水に打たれて心身を浄化する。

古道の入口に鎮座
燈籠のハート模様に注目

須山浅間神社
すやませんげんじんじゃ

静岡県裾野市 MAP P.346B2

須山口登山道の起点となって繁栄した。景行天皇40年(110)に日本武尊(やまとたけるのみこと)が東征の折に創建したと伝えられ、源頼朝や武田勝頼ら多くの武将から崇敬を集めた。境内の石灯籠にある魔除けの猪目文様がハートの形に見えることから、縁結びスポットとしても話題を呼んでいる。

DATA & ACCESS

☎080-1617-1865 所静岡県裾野市須山722 開休料参拝自由 交JR裾野駅から富士急シティバスで30分、須山下車、徒歩5分 Pあり

近年改装されて美しい姿が蘇る
拝殿 はいでん
拝殿と幣殿、覆殿は平成24年(2012)に改装。覆殿内に文政6年(1823)再建の本殿がある。

歴史を感じさせる老木が並ぶ
参道 さんどう
参道両側を含む境内には樹齢400年を超える巨木が林立し、神秘的な雰囲気を醸し出している。

御祭神
木花開耶姫命
このはなさくやひめのみこと

主なご利益
縁結び、安産、子育てほか

富士の噴火を鎮めた霊地
子宝・安産のご利益も

冨士浅間神社
ふじせんげんじんじゃ

静岡県小山町 MAP P.346B2

平安初期の富士山噴火の際にこの地で鎮火祭が行われ、噴火が収まったことから大同2年(807)に神社が創建されたという。須走口登山道の起点に建ち、富士講の信者が寄進・奉納した記念碑や石塔が数多く並ぶ。子宝祈願の夫婦杉、安産のご利益の貫通石なども境内にある。

DATA & ACCESS

☎0550-75-2038 所静岡県小山町須走126 開参拝自由(社務所は9:00〜16:00) 休無休 料無料 交JR御殿場駅から富士急行バス、須走浅間神社前下車すぐ Pあり

御祭神
木花咲耶姫命
このはなさくやひめのみこと

主なご利益
安産、子育てほか

例大祭の神輿を納める
随神門 ずいしんもん
宝永の噴火後に小田原藩主・大久保氏が再建。裏手には2基の富士山神輿が納められている。

江戸時代の遺構を残す
社殿 しゃでん
江戸中期の宝永の噴火後に再建された。往時の木材を生かして近年に大修理が行われた。

富士山の北側に広がる内八海

UCHIHAKKAI LOCATED IN THE NORTHERN AREA OF MT. FUJI

江戸時代の巡礼地だった富士山麓の風光明媚な湖沼を巡る

人気景勝地の富士五湖は富士信仰の聖地だった

江戸時代に庶民に流行した富士講では富士山の登拝だけでなく、山麓周辺の霊場巡りも行っていた。そのひとつが、山麓の水の霊場をたどる内八海巡りだ。内八海とは、富士講の開祖・角行（かくぎょう）が水行したと伝わる8つの湖。富士五湖（山中湖、精進湖、本栖湖、河口湖、西湖）と明見湖、泉瑞（泉津湖）、四尾連湖で、それぞれに異なる龍神伝説も伝わる。富士講信者は富士山の登拝前に聖地である8つの湖を巡り、水行を重ねて身体を清めたという。

内八海MAP

1 本栖湖

もとすこ MAP P.346B2

富士五湖で最も水深が深く、透明度も高いため、気候条件が揃えば美しい逆さ富士に出会える。千円札の裏面に採用された逆さ富士は、中ノ倉峠から望む本栖湖の風景だ。

所山梨県富士河口湖町本栖／身延町中ノ倉 交中央自動車道・河口湖ICから車で30分 Pあり

千円札でおなじみの優美な富士の絶景

湖畔が紅葉に染まる秋は特に色鮮やか

富士本栖湖リゾートでは、4月中旬～下旬頃に芝桜祭りを開催

2 精進湖

しょうじこ MAP P.346B2

富士五湖で最も小さい湖。明治時代に英国人ハリー・スチュワート・ホイットウォーズが「富士山が一番美しく眺められる場所」と称賛した。

所山梨県富士河口湖町精進 交中央自動車道・河口湖ICから車で25分 Pあり

手前の小さな山を富士山が抱く「子抱き富士」の光景

大自然に囲まれる「東洋のスイス」

3 四尾連湖

しびれこ MAP P.346B2

標高850mの蛾ケ岳山頂付近にある周囲1.2kmの湖。4つの尾を連ねた龍が棲むという伝説が湖の名前の由来。地下からは水が湧き、春は湖畔の桜、秋は紅葉も楽しめる。

所山梨県市川三郷町山保地区 交JR市川大門駅から車で30分 Pあり

湖畔を包み込むようにして色づく紅葉。見頃は11月上旬～中旬

四尾の龍の伝説が残された山上湖

水が湧く湖水は透明度が高く、鮮やかな緑を映す

幻の魚を発見
近くに樹海が広がる

雪頭ヶ岳から一望する朝の富士山と西湖

4 西湖
さいこ MAP P.346B2

山々と青木ヶ原樹海に囲まれて、淡い藍色の水をたたえる。70年前に絶滅したはずのクニマスが、平成22年(2010)に西湖で発見されて話題を呼んだ。樹海周辺に富士講霊場の龍宮洞穴や富岳風穴などの洞窟も点在する。
所山梨県富士河口湖町西湖 交中央自動車道·河口湖ICから車で20分 Pあり

観光施設の豊富な
レイクリゾート

夏と冬に開催される幻想的な花火大会

5 河口湖
かわぐちこ MAP P.346B2

富士五湖で2番目の大きさで、湖岸線は最も長い。湖畔や丘陵地に温泉街や観光娯楽施設が集まるリゾートとして発展。河口浅間神社や冨士御室浅間神社などの古社も鎮座する。
所山梨県富士河口湖町 交中央自動車道·河口湖ICから車で10分 Pあり

天上山から望む河口湖大橋。湖を横断する橋からの眺めも抜群。天上山へはロープウェーでアクセス

6 泉瑞
せんずい MAP P.346B2

御霊水の湧く湧水池があり、北口本宮冨士浅間神社の手水舎にも水が引かれていた。現在は埋め立てられ、泉瑞水神社が祀られている。
所山梨県富士吉田市上吉田 交中央自動車道·河口湖ICから車で10分 Pあり ※北富士演習場の敷地内にあるため立ち入る際には注意

源頼朝伝説の残る
湧き水の御霊水

源頼朝が岩に鞭を当てて水を湧かせたとの伝説が残る

7 明見湖
あすみこ MAP P.346B2

のどかな山里にある小さな湖。蓮が自生していることから「はす池」とも呼ばれている。7月中旬～8月中旬頃、湖面に淡いピンクの花を咲かせる。所山梨県富士吉田市小明見 交中央自動車道·河口湖ICから車で15分 Pあり

里山風景に囲まれて
ピンクの蓮が咲き誇る

約2万株の蓮が自生する自然豊かな湖

8 山中湖
やまなかこ MAP P.346B2

富士五湖のなかで最も東に位置し、面積も最大の湖で、富士山の最も近くにある。水上スポーツや花畑、ハイキングなどアクティビティ豊富な高原リゾート。
所山梨県山中湖村 交中央自動車道·河口湖ICから車で15分 Pあり

山中湖は白鳥の越冬地。定住しているコブハクチョウもいる

標高1000mの
高原リゾートが広がる

富士山から望む山中湖。湖の形から別名は「三日月湖」

\ CHECK! /

外八海
そとはっかい

富士山を遠くから取り巻くように点在する中禅寺湖、霞ケ浦、榛名湖、芦ノ湖、桜ヶ池、諏訪湖、二見ヶ浦、琵琶湖の8つの湖が外八海。角行ゆかりの聖地とされ、信仰の篤い富士講信者が巡礼した。

日光の中禅寺湖も外八海のひとつ

風光明媚な霊場 忍野八海

OSHINOHAKKAI AS THE BEAUTIFUL HOLLY PLACE

富士山の溶岩に浄化されて澄みわたる神秘的な湧水群

かつて元八湖霊場と呼ばれた古い巡礼地としての忍野八海

美しい湧水池が点在する忍野八海は、中世には富士修験者の水行の霊場であった。江戸時代には、内八海や外八海とともに、富士講信者の巡礼地となった。それぞれの湧水池には、法華経の教えに基づいた八大竜王が祀られている。

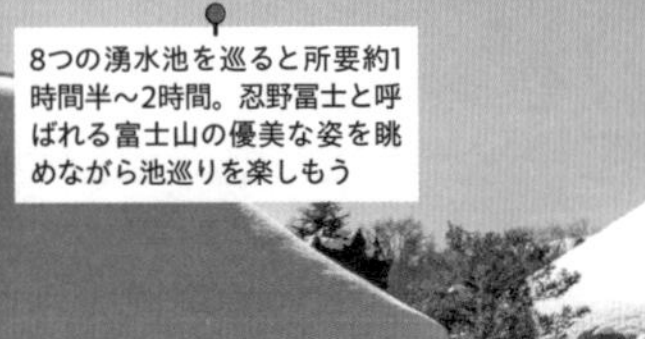

忍野八海
おしのはっかい

山梨県忍野村 MAP P.346B2

神秘的な美しさを放つ国の天然記念物の湧水群

忍野村にある8つの湧水池。かつて存在した忍野湖が枯渇し、そこから富士山の伏流水が噴出して湧水群を形成した。溶岩層によりろ過された水は透明度抜群だ。

DATA & ACCESS

☎0555-84-4221(忍野村観光案内所) 所山梨県忍野村忍草 開休料見学自由(底抜池のみ9:00～17:00) 交富士急行・富士山駅から富士急バス・忍野八海行き周遊バスで23分、忍野八海下車すぐ Pなし

1 出口池
でぐちいけ

竜神 難陀竜王
なんだりゅうおう

この池だけが離れた場所にあり、桂川の水源のひとつ。「清浄な霊水」と呼ばれ、富士登山の前に行者たちがこの水で穢れを祓ったといわれる。

2 お釜池
おかまいけ

竜神 跋難陀竜王
ばつなんだりゅうおう

かつて釜の中で熱湯が沸騰するように湧水していたという言い伝えが残る。バイカモが清流に揺れ動く様子や水の青さが観賞できる。

ガマガエルに娘をさらわれた悲話が残り、大蟇(おおがま)池とも

3 底抜池
そこなしいけ

竜神 娑加羅竜王
しゃがらりゅうおう

「榛(はん)の木林資料館」の敷地内にある。ここで洗い物をすると、洗っていたものが消えるという伝説が残る。

4 銚子池
ちょうしいけ

竜神 和修吉竜王
わしゅきつりゅうおう

酒を注ぐ銚子の形に似ていることが名の由来。底から砂を巻き上げて水が湧いている様子を観察できる。

5 湧池
わくいけ

竜神 徳叉迦竜王
とくしゃかりゅうおう

珪藻土層の水中洞窟からの湧水量が豊富で忍野八海最大。揺れ動くセキショウモや水底の景観が美しい。

6 濁池
にごりいけ

竜神 阿那婆達多竜王
あなばだったりゅうおう

かつて、みすぼらしい行者が1杯の水を求めたが、地主の老婆が断ると、池の水が濁ってしまったという伝説が残る。

忍野八海MAP

7 鏡池
かがみいけ

竜神 摩那斯竜王
まなしりりゅうおう

富士山が鏡のように映ることから名付けられた。この池の水には、諸事の善悪を見分ける霊力があるといわれている。

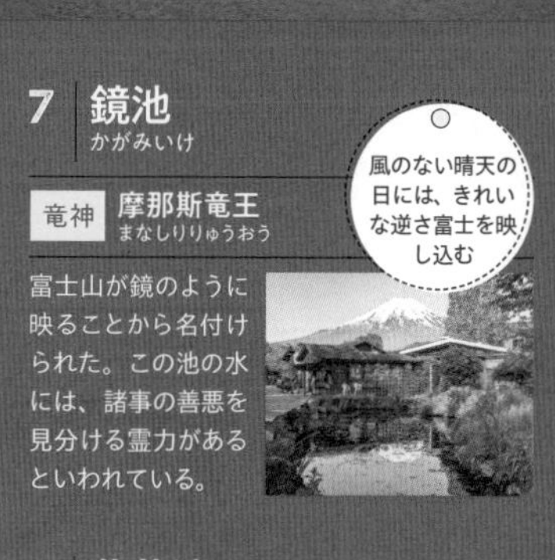

風のない晴天の日には、きれいな逆さ富士を映し込む

8 菖蒲池
しょうぶいけ

竜神 優鉢羅竜王
うはつらりゅうおう

菖蒲が生い茂る沼状の池。菖蒲を体に巻くと病気が治るという神のお告げがあり、病気が治ったという伝説がある。

忍野八海の中心にある中池は観賞用の人造湖。富士山の眺望が見事

この名水スポットに注目

近くに展望台もある

柿田川湧水群
かきたがわゆうすいぐん MAP P.346B3

富士山周囲の雪解け水を源流とする柿田川が流れ、「湧き間」と呼ばれる湧き出し口が点在。国の天然記念物。

☎055-981-8239 所静岡県清水町伏見 開休料見学自由 交JR三島駅から東海自動車バス・大平車庫行きほかで15分、柿田川湧水公園前下車すぐ Pあり

夏と冬で水位が異なる

楽寿園小浜池
らくじゅえんこはまいけ MAP P.346B3

三島溶岩流の末端にある池の底から、富士山や箱根西麓からの伏流水が噴出。歴史の古い自然豊かな公園内にある。

☎055-975-2570 所静岡県三島市一番町19-3 開休料見学自由 交JR三島駅から徒歩5分 Pあり

絶壁を幾筋も流れる

白糸ノ滝
しらいとのたき MAP P.346B2

水を通す地層(新富士火山層)と、水を通さない地層(古富士火山層)の境から、富士山の雪解け水が流れ落ちる。

☎0544-27-5240(富士宮市観光協会) 所静岡県富士宮市上井出 開休料見学自由 交新東名高速道路・新富士ICから車で30分 Pあり

ダイヤモンド富士の名所

田貫湖
たぬきこ MAP P.346B2

朝霧高原にあり、富士山の全景を見晴らせる景勝地。4月20日と8月20日の1週間前後にダイヤモンド富士が見られるスポットとしても人気。

所静岡県富士宮市佐折634-1 開休料見学自由 交新東名高速道路・新富士ICから車で50分 Pあり

富士山周辺の樹海と溶岩洞穴

THE SEA OF TREES AND THE LAVA CAVES AROUND MT. FUJI

富士山が偶然に生み出した自然の神秘に出会う

貞観6年(864)に富士山の大規模噴火によりマグマが裾野一体を覆い尽くし、そこから原生林が繁茂したと伝わる

溶岩大地に生まれた森と点在する溶岩洞穴を探検

富士山の北西麓には、溶岩流により形成された独特の自然景観が広がっている。溶岩台地に生まれた樹海の原生林やぽっかりと口を開ける洞穴は、どちらも神秘的で冒険心をくすぐる。森を散策して山麓のワイルドな自然を満喫しよう。

四季により青木ヶ原は色を変える。秋にかけて紅葉が樹海を紅に染める

青木ヶ原樹海

あおきがはらじゅかい

山梨県富士河口湖町 MAP P.346B2

多様な生き物を育てる海のように広がる樹林帯

約1200年前の富士山の噴火で流れ出た溶岩の上に形成された、周囲約16kmの原生林。溶岩上の土壌は薄く、樹木は根を這うようにして伸びている。浅い根に耐えかねて倒れた大木を苔が覆う幻想的な森が広がる。ここには多様な動植物が暮らしている。樹海の散策には、知識豊富な案内人と巡るガイド付きツアーがおすすめ。

鬱蒼と生い茂る木々があたり一面に根を張りめぐらす

DATA & ACCESS

【西湖ネイチャーセンター】☎0555-82-3111
所 山梨県富士河口湖町西湖2068
営 休 料 要問合せ
https://fujisan.ne.jp/pages/363/

人穴富士講遺跡
ひとあなふじこういせき

静岡県富士宮市 MAP P.346B2

富士山西麓にある長さ約83mの洞穴と富士講の人が建立した碑塔からなる。富士講の聖地とされ、洞窟内には碑塔、石仏などが建立されている。申し込めば、洞窟内の一部に立ち入ることができる。

DATA & ACCESS

☎0544-22-1187(富士宮市文化課、予約受付は平日のみ) 所静岡県富士宮市人穴206-1 開休料見学自由 交JR富士宮駅から車で40分 Pあり

↑遺跡は人穴浅間神社の境内にある(上)。富士講信者が建立した200基以上の碑塔群(下)

行者が修行を行った富士講聖地の洞穴

富士講の開祖・角行が人穴に籠もって修行・入滅したという

➔龍宮洞窟へ続く散策路。樹海がつくり上げた神秘的な雰囲気に包まれている(右上)。玄武岩質の溶岩の上に方位磁石を置くと、針がグルグル回転してしまう。岩から離せば通常どおり使用可能(右下)

富士講を支えた御師の家を見学

旧外川家住宅
きゅうとがわけじゅうたく

山梨県富士吉田市 MAP P.346B2

現存する御師住宅のなかで最も古く、主屋は明和5年(1768)建造。幕末に増築された裏座敷とともに、宿坊時代の面影をとどめている。

DATA & ACCESS

☎0555-22-1101 所山梨県富士吉田市上吉田3-14-8 開9:30~17:00(入館は~16:30) 休火曜 料100円 交富士急行・富士山駅から徒歩5分 Pあり

↑北口本宮冨士浅間神社へ続く国道137号沿いに建つ(上)。富士講信者が身につけた白づくめの装束を展示(下)

↓富士山の神を祀る部屋。神殿横には富士講の中興の祖とされる食行身禄の像が鎮座。富士講信者たちは神前で祝詞や御神歌を唱和した

天井から落ちる水滴が凍ってできる鳴沢氷穴の氷柱は、2～5月頃に最も大きくなる

鳴沢氷穴
なるさわひょうけつ

山梨県鳴沢村 MAP P.346B2

9世紀の富士山の大噴火によって流れ出た溶岩により形成された環状型の竪穴洞窟。溶岩流の内部に噴出したガスが溜まって空洞化し、現在の洞窟となった。洞窟内の平均気温は3℃で、一年中氷に覆われる。冬から初秋にかけては氷柱が見られる。全長は153mで地下21m、所要約12分のコース。中ほどには、樹木が風化してできた溶岩トンネルもあり、洞窟内を1周できる。内部は滑りやすく階段も多いので注意して歩きたい。

DATA & ACCESS

0555-85-2301 所山梨県鳴沢村8533 開9:00～17:00(季節により変動あり) 休無休(12月に臨時休業あり) 料350円 交富士急行・河口湖駅から富士急行バス・周遊バスで28分、鳴沢氷穴下車、徒歩5分 Pあり

トンネルをくぐり抜け 夏も涼しい氷の世界へ

巨木の跡が、トンネルに。天井の高さは91cm

氷の壁。深さ5mの氷の池の脇には無数の氷のブロックを積み重ね、氷の貯蔵庫を再現

奥深くまで竪穴が続く部分は地獄穴と呼ばれる。危険なため、立ち入り禁止

船津胎内樹型
ふなつたいないじゅけい

山梨県富士河口湖町 MAP P.346B2

溶岩流に包み込まれた樹木が風化した溶岩樹型。複数本の樹木が組み合わさった大規模な樹型。複雑に入り組み、しわの寄った外壁などが人の胎内を思わせる。内部に浅間大神(あさまのおおかみ)を祀る。

DATA & ACCESS

☎0555-72-4331（河口湖フィールドセンター）所山梨県富士河口湖町船津6603 開9:00～17:00 休月曜（祝日の場合は開場、6～8月無休）料200円 交富士急行·河口湖駅から車で15分 Pあり

一帯で最大規模の樹型
人間の胎内のような空間

富岳風穴
ふがくふうけつ

山梨県富士河口湖町 MAP P.346B2

総延長201mの横穴洞穴。9世紀の富士山大噴火の際、流れ下った溶岩流の表面が冷え固まり、内部の溶岩が流れ出て横穴の洞窟が生まれた。平均気温3℃の環境を生かして、カイコの繭や種子の貯蔵庫に利用された。天井の高さは最高8.7mあり、コースの所要時間は約15分。氷柱や溶岩棚、縄状溶岩の不思議な風景が広がる。

DATA & ACCESS

☎0555-85-2300 所山梨県富士河口湖町西湖青木ヶ原2068-1 開9:00～17:00（季節により変動あり）休無休（12月に臨時休業あり）料350円 交富士急行·河口湖駅から富士急行バス·周遊バスで29分、富岳風穴下車、徒歩2分 Pあり

玄武岩質が音を吸収
歩きやすい横穴洞窟

風穴の入口。下から見上げるとハート型に見える

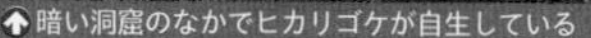
↑暗い洞窟のなかでヒカリゴケが自生している

↑冬場は天井から滴り落ちる水滴が柱状になる

パワースポット富士山を現地で学ぶ

THE MT. FUJI MUSEUMS

山梨、静岡、それぞれの自然や人々と富士山の関わりを解説

山梨県立富士山世界遺産センター

やまなしけんりつふじさんせかいいさんセンター

山梨県富士河口湖町 MAP P.346B2

なぜ富士山が信仰の対象となったのか、噴火への恐れ、憧れ、芸術への影響などをわかりやすく展示する。VRゴーグルを装着したり、自分のスマホと連動するなどして、さまざまな角度から富士山や人々の信仰を解説。富士登山を映像で疑似体験することもできる。『万葉集』をはじめ、歴史書や紀行文、写真など膨大な図書の閲覧も。

DATA & ACCESS

☎0555-72-0259 所山梨県富士河口湖町船津6663-1 開9:00～17:00(季節により変動あり) 休無休(南館は第4火曜) 料入館無料 交富士急行・河口湖駅から富士急行バス・周遊バスで5分、富士山世界遺産センター下車、徒歩1分 Pあり

↑御坂峠から山頂までをVRゴーグルで体験

↑館内や富士山について紹介する「ふじガイド」

静岡県富士山世界遺産センター

しずおかけんふじさんせかいいさんセンター

静岡県富士宮市 MAP P.346B2

富士山を6つのテーマに分け、展示・解説する。展示棟の1～5階まで続くらせんスロープを上り、海からの富士登山を疑似体験。富士山信仰、常設展示の「美しき山」、火山としての富士山と自然、駿河湾との関係など、映像を交えながら解説する。265インチスクリーンを使った4K画質の富士山の映像の上映も。

DATA & ACCESS

☎0544-21-3776 所静岡県富士宮市宮町5-12 開9:00～17:00(7・8月は～18:00)入館は各30分前まで 休第3火曜(祝日なら開館、翌日閉館)、施設点検日、年末 料一般300円 交JR富士宮駅から徒歩8分 Pなし

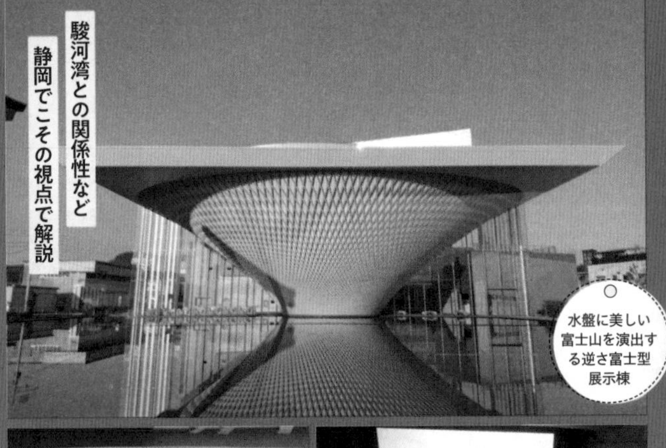

↑1～5階までを使った展示「登拝する山」

↑映像シアターでは、順次3つのプログラムを上映

日光

日光三山と徳川家の広大な聖地

山岳信仰の歴史が息づく、徳川家ゆかりの聖地

日光（にっこう）

数々の宗教建築が立ち並び、日本有数のパワースポットとして名高い日光。その歴史は「日光富士」とも称される男体山に遡る。男体山は古代より神が住まう山と崇められ、奈良時代に開山。中世には修験道の一大聖地として発展した。さらに江戸時代には日光山内に家康公を祀る絢爛な社殿が建立され、徳川家の聖地としての歴史を今に伝えている。

日光山内境内図

鬱蒼とした深淵な森の聖域に
世界遺産の二社一寺が立ち並ぶ

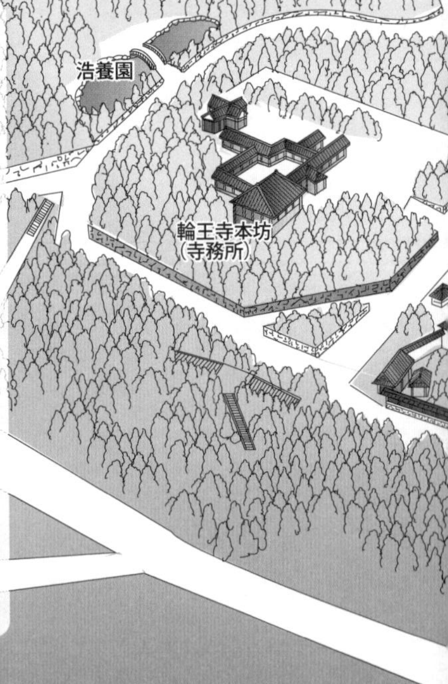

お役立ち information

日光山内をまわる循環バス

「世界遺産めぐりバス」とは、JR日光駅／東武日光駅から東照宮、輪王寺、二荒山神社、大猷院と日光の見どころをまわる、日光山内観光に便利なバス。1日600円で世界遺産めぐりバスのコース内および、JR日光駅～東武日光駅～神橋～東照宮東参道入口ホテル清晃苑前が、1日何回でも乗り降り自由のフリーパス「世界遺産めぐり手形」がお得。JR日光駅みどりの窓口・東武日光駅ツーリストセンターで販売している。

日光山内参拝の目安

日光山内の社寺をすべてまわりたい場合、じっくり見てまわると5時間を超えてしまうことも。山間部のため起伏があり、二社一寺間は隣接しているようでいて、距離は意外にあるので気をつけたい。時間に余裕がない人は、あらかじめ見たいスポットを定めておき、効率のよいまわり方を心がけよう。モデルコースとしては、**神橋からスタートし、輪王寺→東照宮→二荒山神社→大猷院をまわるコースが定番だ。**

拝観券について

二社一寺の共通拝観券は2023年現在、販売を停止している。東照宮参拝と宝物館のセット券や、輪王寺と大猷院のセット券などがある。

◆各社寺の参拝料金

社寺名		拝観料	セット券
日光東照宮	本社	1300円	2100円
	宝物館	1000円	
	美術館	800円	
日光山輪王寺	三仏堂	400円	900円(輪王寺券)
	大猷院	550円	
	逍遥園・宝物殿	300円	500円(三仏堂+宝物館)
二荒山神社	本殿	無料	
	神苑	300円	

境内音声ガイド

日光東照宮内にある29の建築物を解説、東照宮の由緒や家康公の名言集などが収録された音声ガイドが借りられる。レンタル料は1日500円、受付時間は9:00～16:00（11～3月は～15:00）。英語・中国語にも対応。

開山1250 年を超える日光山内。
「日光の社寺」として世界遺産に登録された面積は
二社一寺に周囲の文化的景観も含め、50.8ha と広大。
奥宮
日光東照宮
本殿
本地堂（薬師堂）
唐門
拝殿
陽明門
客殿・社務所
三神庫
神厩舎
日光東照宮美術館
五重塔
御仮殿
日光東照宮宝物館
大護摩堂
表参道
日光山輪王寺
三仏堂
紫雲閣
四本龍寺
輪王寺宝物殿
逍遥園
本宮神社
勝道上人像
日光橋
神橋
大谷川

家康公を御祭神として祀る
豪華絢爛、見事な社殿群

日光東照宮

にっこうとうしょうぐう

栃木県日光市

MAP P.344B3

江戸幕府を開いた徳川家康の遺言により、2代将軍徳川秀忠(ひでただ)が元和3年(1617)に神社を建立。一周忌ののち、神(東照大権現(とうしょうだいごんげん))となった家康公を迎えた。絢爛豪華な社殿となったのは、3代将軍徳川家光の時代。極彩色の陽明門(ようめいもん)や唐門(からもん)、五重塔や神厩舎など随所に、江戸初期の伝統工法と信仰・思想を表した彫刻が見られる。境内には55棟の建物があり、うち8棟が国宝、34棟が国の重要文化財に指定。これらは江戸時代から幾度となく修理が繰り返され、荘厳なたたずまいが守られている。

DATA & ACCESS

☎0288-54-0560(代表) 所栃木県日光市山内2301 開9:00～17:00(11～3月は～16:00)※受付は閉門30分前まで 休無休 料1300円(宝物館とのセット券2100円)、宝物館1000円、美術館800円 交JR日光駅／東武日光駅から東武バス・中禅寺湖方面行きで7分、西参道下車、徒歩10分／世界遺産めぐり循環バスで13分、表参道下車、徒歩5分 P200台 Pあり

1 日本三大石鳥居のひとつ、高さは9m
石鳥居

いしどりい

元和4年(1618)に、筑前藩主・黒田長政(くろだながまさ)が奉納。鎌倉・鶴岡八幡宮、京都・八坂神社と併せて日本三大石鳥居と呼ばれる。石は黒田長政の本拠地・九州から船で運ばれた。

2 直線的な美しさが目を引く
五重塔

ごじゅうのとう

柱が宙に浮く伝統の免震構造で建立された五重塔。十二支の彫刻が施されている

慶安3年(1650)に若狭の小浜藩主・酒井忠勝(さかいただかつ)が寄進。のちに焼失し、文政元年(1818)に再建された。高さ約35m、吹き抜けの内部に、耐震用の心柱が吊り下げられている。

3 霊獣彫刻も見もの
表門

おもてもん

八脚門の両側に仏教の守護神・仁王像を安置。仁王門とも呼ばれ、獅子や麒麟、獏など82もの動物(霊獣)の彫刻が見られる。

4 有名な三猿彫刻
神厩舎
しんきゅうしゃ

神の使いの馬を留め置く小屋。東照宮境内で唯一の素木造り。馬を守るとされる猿の彫刻があり、「見ざる、言わざる、聞かざる」の三猿が知られる。

「見ざる、言わざる、聞かざる」の三猿。子どものうちは悪いことを見たり、聞いたり、言ったりしないようにとの教え

5 正倉院同様の造り
三神庫
さんじんこ

祭事で使う道具類を保管する上神庫・中神庫・下神庫を併せて三神庫という。上神庫の屋根の妻には想像の象の彫刻がある。

6 飛龍が施された水舎
御水舎
おみずや

参拝前に手や口を清める場所。花崗岩の水盤は、元和4年(1618)に佐賀藩主・鍋島勝茂が寄進。屋根の下には飛龍の彫刻が。

7 オランダから奉納された
廻転燈籠
かいてんとうろう

オランダから贈られた八角形の燈籠。葵の御紋が逆さになっている。別名「逆紋の廻転燈籠」。

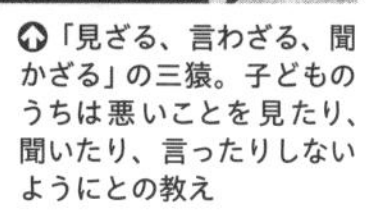

御祭神
徳川家康公 とくがわいえやすこう

主なご利益
子宝、恋愛成就ほか

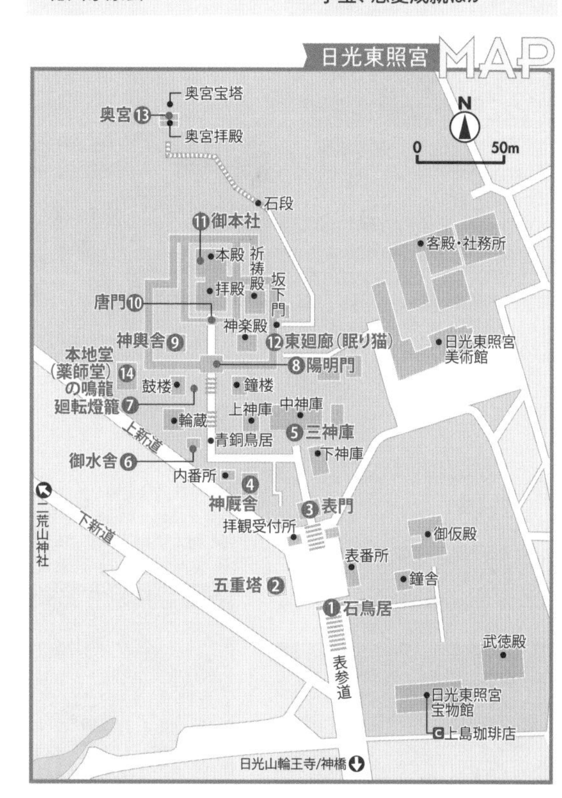

8 東照宮を代表する建造物

陽明門

ようめいもん

「日が暮れるのも忘れて見惚れる」ほどの美しさから、別名「日暮らしの門」。彫刻や彩色、飾り金具など、江戸初期の工芸技術の粋を集めた華麗な装飾で知られる。聖人や賢人、故事逸話にまつわる彫刻が多く、信仰や思想が表されている。

↑唐獅子(左)、廻廊の花鳥風月(中)。魔除けの逆柱(右)は、渦巻状のグリ紋が、1本の柱だけ逆さまに。「建物は完成と同時に崩壊が始まる」との伝承から未完の状態にしたという

9 天女の天井画は必見

神輿舎

しんよしゃ

春と秋の百物揃千人武者行列で担ぎ出される、3基の神輿が納められている。天井に描かれた『天女奏楽図(てんにょそうがくず)』の天女は、日本随一の美人天女との呼び声が高い。

10 本殿を守護する正門

唐門

からもん

重厚な唐破風(からはふ)屋根を持つ御本社の正門。全体を胡粉(貝殻の顔料)で白く塗り、陽明門(ようめいもん)より多い611体の細密な彫刻が飾る。東西に延びる透塀(すきべい)も見事。

↑この彫刻は「舜帝朝見の儀」という正月元日に多くの役人が帝に新年の挨拶に訪れている様子を描いたもの

11 東照宮の最重要社殿
御本社
ごほんじゃ

東照宮の中心建築で、例祭をはじめとする年中の祭典を執り行う。拝殿、石の間、本殿で構成された権現造。本殿に御祭神の徳川家康公を祀る。

12 眠り猫で知られる
東回廊(眠り猫)
ひがしかいろう(ねむりねこ)

東廻廊から奥宮へ通じる参道入口の欄間に彫られたもので、眠っている猫の彫刻がある社寺は極めて稀。大工または彫師とされ、歌舞伎や落語にも登場する、左甚五郎(ひだりじんごろう)の作と伝わるが、実在の人物かは明らかではない。

13 家康公が眠る聖地
奥宮
おくみや

御祭神・徳川家康公の墓所。拝殿は黒一色の外観で、内部は金箔や極彩色の鳳凰図で飾られている。御宝塔には家康公の神柩が納められている。

↑奥宮へは207段の石段を上る。朝霜で浮かないよう、踏み石には重い一枚石を使用。家康の永眠地へ続くパワースポットだ

14 大迫力の巨大な龍
本地堂(薬師堂)の鳴龍
ほんじどう(やくしどう)のなきりゅう

天井に描かれた縦6m×横15mの巨大な龍の絵。34枚の檜板に描かれており、迫力がある。龍の頭の下で拍子木を打つと、天井と床が共鳴して、「キィーン」というまるで龍の鳴き声のような音が聞こえるという。

ミュージアムで知る・学ぶ

日光の歴史や文化にふれられる、東照宮収蔵の宝物の数々

多様な展示で楽しく学べる
MAP P.344B3
日光東照宮宝物館 にっこうとうしょうぐうほうもつかん

徳川家康が関ヶ原の合戦で使用したとされる武具、歴代将軍の奉納品、家康の肖像画などを展示。陽明門(ようめいもん)の細密なバーチャルリアリティ映像や、家康の生涯を紹介するCGアニメが見られる。

☎0288-54-2558 開9:00~17:00(11~3月は~16:00)入館は各30分前まで 休無休 料1000円(東照宮拝観とのセット券は2100円)

森に抱かれた神秘の巨樹
MAP P.344B3
日光東照宮美術館 にっこうとうしょうぐうびじゅつかん

日光杉並木の古材を利用し、昭和初期に建設した旧社務所を公開。横山大観(よこやまたいかん)の大作『朝陽之図(ちょうようのず)』のほか、中村岳稜(なかむらがくりょう)、荒井寛方(あらいかんぽう)、堅山南風(かたやまなんぷう)ら日本画壇の重鎮の障壁画や掛軸など約100点を展示している。

☎0288-54-0560(代表) 開9:00~17:00(11~3月は~16:00)入館は各30分前まで 休無休 料800円

二荒山（男体山）を御神体と仰ぎ、山内に御本社、山頂に奥宮、中禅寺湖に中宮祠がある

男体山を御神体と仰ぐ日光山岳信仰の中心的存在

二荒山神社
ふたらさんじんじゃ

栃木県日光市

MAP P.344B3

神護景雲元年(767)、二荒山(男体山)を開山した勝道上人が小さな社を祀ったのが始まりとされる。御神体は男体山であり、日光連山をはじめとする広大な境内は3400haにも及び、その広さは伊勢神宮に次ぐ。本社が現在の地に移されたのは東照宮創建時であり、安土桃山様式の本殿は日光山内最古の建築物だ。本殿に祀られた大国さまは福の神として広く信仰される。また境内には、縁結びの木や夫婦杉などパワースポットが点在する。

DATA & ACCESS

☎0288-54-0535 所栃木県日光市山内2307 開8:00～17:00 11～3月9:00～16:00 休無休 料神苑300円 交JR日光駅／東武日光駅から東武バス・中禅寺湖方面行きで7分、西参道下車、徒歩7分／世界遺産めぐり循環バスで18分、大猷院・二荒山神社前下車すぐ Pあり

1 杉の巨木に囲まれた神域へ
神門 しんもん

御祭神の大己貴命が宿るとされる男体山の開山1200年を記念して、昭和57年（1982）に建てられた。鮮やかな朱塗りの門。

2 ナラが宿る杉の木
縁結びの木
えんむすびのき

杉の巨木にナラの木が一体となって育っており、「好き(杉)なら(ナラ)一緒」という意味を込めて、縁結びの木といわれている。

↑ピンクのハートの絵馬は、良縁祈願の人に人気

3 縁結びのご利益も
夫婦杉・親子杉
めおとすぎ・おやこすぎ

夫婦杉は、同根から分かれて並ぶ2本の杉で、夫婦円満のご利益があるといわれている。親子杉は太さの違う3本の杉が並び、親子の絆を表すという。

創建当時の江戸初期の社殿
4 本殿・拝殿
ほんでん・はいでん

拝殿には彫刻などの装飾は見られない。本殿は安土桃山様式を伝える壮麗な八棟造で、現存する日光山内最古の建築である。拝殿とともに国の重要文化財に指定された。

神々が住まう神域
5 高天原
たかまがはら

高天原とは神々の住む天上の国。神の降臨する聖地とされ、この場所で祭祀が行われる。神社最大のパワースポットといわれている。大国殿裏にある。縄で仕切られた一角で、あるのは空間のみ。

福の神にお参りを
6 大国殿
だいこくでん

御祭神の大国主命(おおくにぬしのみこと)(大己貴命)は、仏教の大黒様と同一視されることから福の神、開運の神とされる。日本で唯一、手で福を招く大国様が祀られる。

洞窟から湧く聖水
7 二荒霊泉
ふたられいせん

恒例山(こうれいさん)から湧き出る「薬師霊泉」と滝尾(たきのお)神社に湧く「酒の泉」の２つの泉が流れ込む。眼病や若返り、美容に効くという。この泉で酒を造ると銘酒が生まれると伝えられ、酒造業者からも信仰される。

持ち帰り用の専用ペットボトルをあずまやで販売

御祭神
大己貴命 おおなむちのみこと
田心姫命 たごりひめのみこと
味耜高彦根命 あじすきたかひこねのみこと

主なご利益
良縁成就、子授け、安産、子育て
商売繁盛ほか

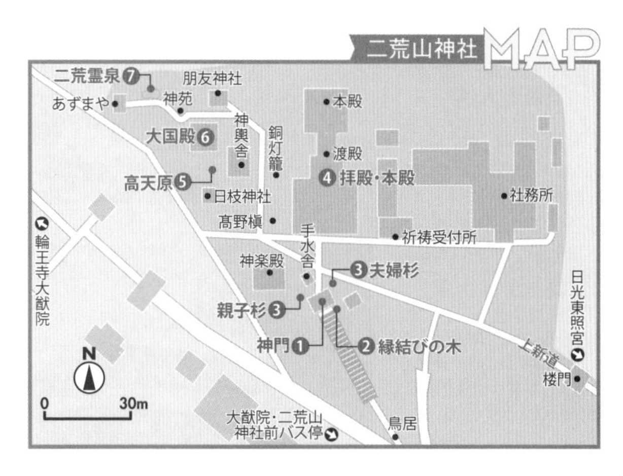

日光山中心に鎮座する
巨大で美しい三尊仏

日光山輪王寺

にっこうざんりんのうじ

栃木県日光市

MAP P.344B3

日光山内にある堂塔を総称し、輪王寺という。日光を開山した勝道上人が天平神護2年(766)、草庵(四本龍寺)を結んだのが起源とされる。その後、中世には空海や円仁といった高僧の来山が伝えられ、一大霊場として発展。のちに天台宗の寺院となった。本堂である三仏堂は日光山随一の大きさを誇る木造の建物。内陣には高さ7.5mの三体の御本尊が祀られ、堂々たるたたずまいを見せる。

DATA & ACCESS

☎0288-54-0531 所栃木県日光市山内2300 開8:00～17:00(11～3月は～16:00) 拝観受付は各30分前まで 休無休 料輪王寺券(三仏堂・大猷院)900円、三仏堂400円、逍遥園・宝物殿300円ほか 交JR日光駅／東武日光駅から東武バス・中禅寺湖方面行きで5分、神橋下車、徒歩5分／世界遺産めぐり循環バスで12分、勝道上人像前下車すぐ Pあり

左から馬頭観音、阿弥陀如来、千手観音が祀られる。美しく輝く三尊仏にお祈りを

写真：日光山輪王寺

1 日光山開祖の像

勝道上人像

しょうどうしょうにんぞう

神橋寄りの参道にある、日光山開祖・勝道上人の像。昭和30年(1955)に建立された。高さ約2mの銅像が巨石の上に立つ。

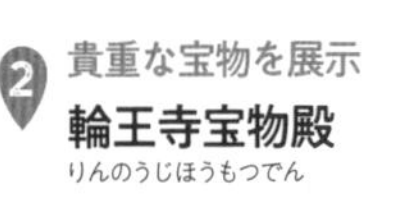

2 貴重な宝物を展示

輪王寺宝物殿

りんのうじほうもつでん

仏像や仏具など、国宝1点、重要文化財51点を含む約3万点の宝物を収蔵。常時約50点を展示し、随時企画展を行っている。

写真：日光山輪王寺

3 四季の自然が美しい

逍遥園

しょうようえん

江戸時代に作庭された池泉回遊式庭園。細長い池の周りにシャクナゲやツツジなど季節の花が咲き、紅葉は特に美しい。

御本尊

日光三所権現本地仏
にっこうさんじょごんげんほんじぶつ
千手観音 せんじゅかんのん
阿弥陀如来 あみだにょらい
馬頭観音 ばとうかんのん
東照三所権現本地仏
とうしょうさんじょごんげんほんじぶつ
薬師如来 やくしにょらい
阿弥陀如来 あみだにょらい
釈迦如来 しゃかにょらい

主なご利益

家内安全、厄除けほか

堂々たる日光山本堂

三仏堂

さんぶつどう

日光山の本堂。現在の建物は江戸初期の再建で、関東最大の木造建築。日光三山の本地仏である千手観音（せんじゅかんのん）、阿弥陀如来（あみだにょらい）、馬頭観音（ばとうかんのん）を御本尊として祀る。

⬅十二支の守り御本尊を表す梵字が書かれたペンダント型のお守り。3000円

➡家の鬼門を抑え、家族の悪運を良運に転じる祈願札は発送もできる。3000円

護摩祈願が行われる

大護摩堂

だいごまどう

平成10年（1998）に建造された護摩祈願所。内陣には五大明王や七福神を祀っている。1日5回の護摩法要が行われ、2階で写経もできる。

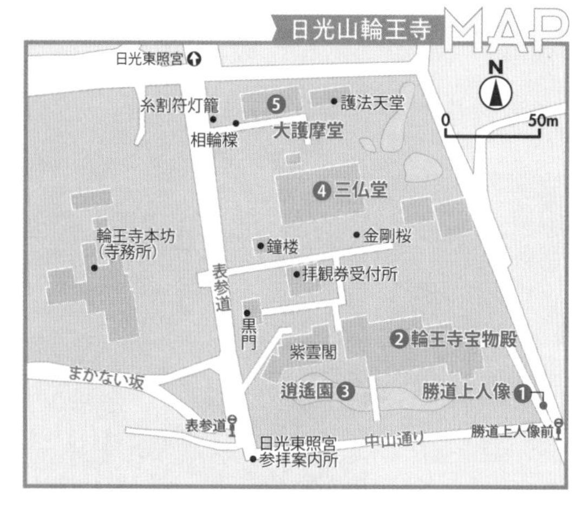

秀麗かつ落ち着いた建築美
家光公が眠る厳かな廟所

輪王寺大猷院

りんのうじたいゆういん

栃木県日光市

MAP P.344B3

徳川3代将軍家光公の廟所であり、4代家綱の命により承応2年(1653)に建立された。「家康公(東照宮)を凌いではならぬ」という家光公の遺志に沿って建てられた本殿や拝殿は、黒と金を基調とした落ち着いた造り。豪華絢爛な東照宮とは趣の異なる、優美さを兼ね備えている。それら建造物に加え、竜宮城を思わせる門や315基の灯籠も見どころ。なお大猷院とは家光公の諡号(しごう)である。

DATA & ACCESS

☎0288-53-1567 所栃木県日光市山内2300 開8:00～17:00(11～3月は～16:00) 拝観受付は各30分前まで 休無休 料550円、輪王寺券(三仏堂・大猷院)900円ほか 交JR日光駅/東武日光駅から東武バス・中禅寺湖方面行きで7分、西参道下車、徒歩5分/世界遺産めぐり循環バスで18分、大猷院・二荒山神社前下車すぐ Pあり

1 阿吽の2体の仁王像を安置する

仁王門

におうもん

廟所で最初にくぐる門。切妻造りの八脚門で、高さ3.2mの2体の金剛力士像(こんごうりきしぞう)(仁王像(におうぞう))を祀る。門の透かし彫りや金具も美しい。

2 日光の境内のなかで一番大きな門

二天門

にてんもん

持国天・増長天を祀る。背面には風神・雷神を祀っており、朱の色だけではなく多彩なグラデーションで見る人を圧巻。

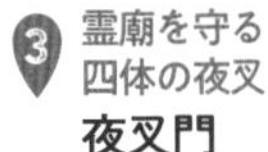

3 霊廟を守る四体の夜叉

夜叉門

やしゃもん

仏法を守る鬼神である4体の夜叉像が、それぞれ東西南北を守る。随所にボタンの花の彫刻が施されており、牡丹門とも呼ばれる。

↑二天門から夜叉門へ向かう石段の途中から200基以上の石灯籠が見下ろせる

4 施された繊細な細工にも注目
唐門
からもん

唐破風を持つ門で、拝殿の入口にある。規模は小さいが、鳳凰や白龍などの細密な彫刻が素晴らしい。袖塀に数多くの鳩の彫刻が見られる。

5 創建当時の面影を伝える
拝殿・相の間・本殿
はいでん・あいのま・ほんでん

創建当初のままの建物で、本殿に大猷院の御本尊の釈迦如来を祀る。拝殿には、狩野（かのう）一門が描いた140枚の龍の天井画、正面に狩野探幽（かのうたんゆう）・永真（えいしん）兄弟による唐獅子の壁絵がある。

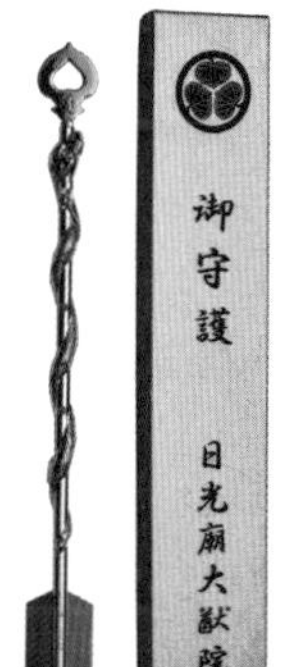

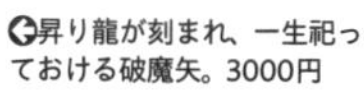
←昇り龍が刻まれ、一生祀っておける破魔矢。3000円

6 中国風の造りが印象的
皇嘉門
こうかもん

家光公の墓所である奥の院(非公開)の入口にある門。竜宮造りと呼ばれる、中国・明（みん）代の特徴的な建築様式を持つ。白壁が上部の装飾を引き立てる。

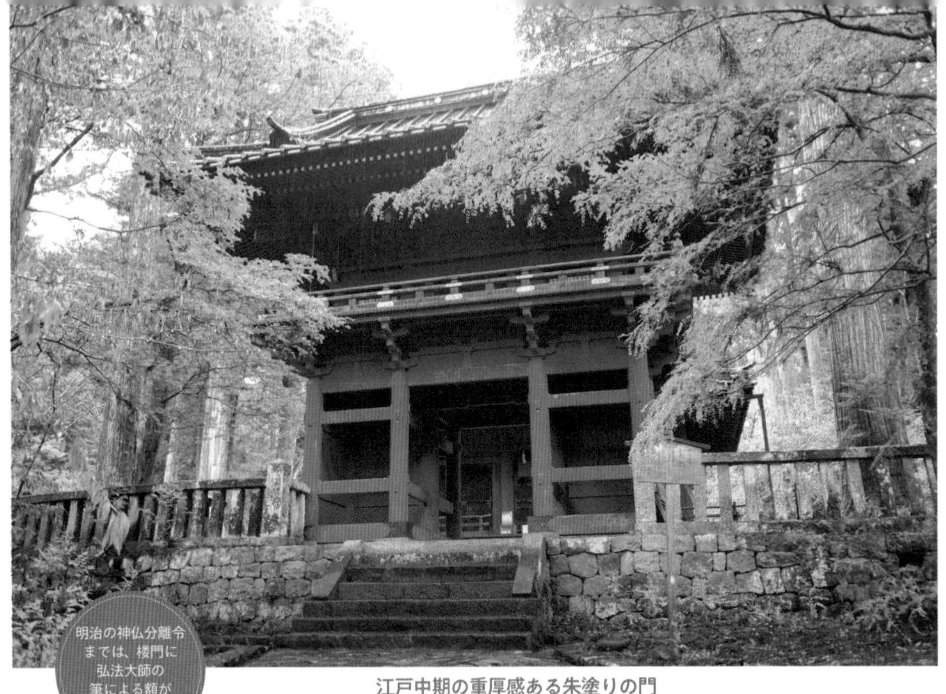

明治の神仏分離令までは、楼門に弘法大師の筆による額が掲げられていた

江戸中期の重厚感ある朱塗りの門

楼門
ろうもん

鮮やかな朱色が際立つ重層入母屋造り、総漆塗りの門。元禄10年(1697)建造で、拝殿や本殿などとともに国指定の重要文化財。

深い木立が生い茂る境内にご利益スポットが点在

滝尾神社
たきのおじんじゃ

栃木県日光市

MAP P.344B3

女峰山の女神である田心姫命を祀る二荒山神社の別宮。弘仁11年(820)、弘法大師が創建したと伝えられる。本殿裏の一角は、田心姫命が降臨したとの伝承が残る神聖な場所。「三本杉」の巨木がそびえ、神々しい空気を漂わせる。ほかにも、投げた小石が鳥居の穴に入れば願いが叶うという「運試しの鳥居」、笹に願いを込める「縁結びの笹」、醸造家からの信仰が篤い「酒の泉」などのパワースポットが多数ある。

入母屋造り、銅瓦葺きの建物

拝殿
はいでん

正徳3年(1713)頃に建てられた社殿。楼門と同様、朱塗りが美しい。

子宝や安産を叶える霊石

子種石
こだねいし

古くは「子種権現」とも呼ばれた。子授けや安産の霊験があるとされ、現在でも参拝者が多い。

北野神社と併せて参拝

手掛け石
てがけいし

田心姫命が手を掛けたと伝わる石。北野神社に詣でたあと、この石に手を掛けて祈ると字が上達するという。

御祭神

大己貴命 おおなむちのみこと
田心姫命 たごりひめのみこと

主なご利益

良縁成就、子授け、安産、子育て、商売繁盛ほか

DATA & ACCESS

☎0288-54-0535(日光二荒山神社) 所栃木県日光市山内 開休料参拝自由 交JR日光駅／東武日光駅から東武バス・中禅寺湖方面行きで7分、西参道下車、徒歩30分／世界遺産めぐり循環バスで18分、ホテル清晃苑前下車、徒歩30分 Pなし

現在も地中に根を張る立木に彫られた千手観音像

中禅寺立木観音
ちゅうぜんじたちぎかんのん

栃木県日光市

MAP P.344B3

延暦3年(784)、日光山の開祖・勝道上人により建立された寺院で、日光山輪王寺の別院。当初は男体山の登拝口付近にあったが、明治35年(1902)の大山津波をきっかけに中禅寺湖歌ヶ浜に移された。御本尊の十一面千手観世音菩薩は、勝道上人が中禅寺湖上に現れた千手観音の姿を桂の立木に彫ったものと伝えられ、国の重要文化財に指定。坂東三十三観音霊場の第18番札所でもあり、多くの巡礼者が訪れる。

DATA & ACCESS

☎0288-55-0013 所栃木県日光市中宮祠2578 開8:00～17:00(12～2月は8:30～15:30、11・3月は～16:00) 休無休 料500円 交JR日光駅／東武日光駅から東武バス・湯元温泉行きで50分、中禅寺温泉下車、徒歩20分 Pあり

御本尊

十一面千手観世音菩薩(立木観音)
じゅういちめんせんじゅかんぜおんぼさつ(たちぎかんのん)

主なご利益

諸願成就ほか

真っ赤な仁王像が立つ
仁王門
におうもん
入口の堂々たる楼門。左右には鮮やかな朱塗りの仁王像、裏側には風神・雷神像が安置されている。

人々の病気を引き受ける
身代わりの瘤
みがわりのこぶ
自分の体の悪い部分をさわってから瘤に触れると改善するといわれる。

縁結びのご利益で知られる
愛染堂
あいぜんどう
愛染明王を祀る小さなお堂。あらゆる良縁を結ぶといわれている。

五大堂から望む中禅寺湖と男体山の大パノラマは格別。四季折々に美しい表情を見せる

天井画『大雲龍』も必見
五大堂
ごだいどう
五大明王を安置する祈祷道場。堅山南風画伯による『大雲龍』もある。

中禅寺湖

ちゅうぜんじこ

栃木県日光市

MAP P.344B3

神々を戦わせる美しき湖 四季折々に表情を変える

およそ2万年前の男体山噴火により流れ出た溶岩流が渓谷をせき止めてできた周囲約25kmの湖。あまりの美しさに男体山の神と赤城山の神が、所有権をめぐり男体山は大蛇に、赤城山は大ムカデに化身し、戦った伝説が残る。湖畔には湖の四季を楽しめるハイキングやドライブコースが整備され、展望台も点在する。

いろは坂とともに紅葉の名所。遊覧船からの紅葉狩りもおすすめ。初夏のツツジも見事

DATA & ACCESS

☎0288-55-0042(中禅寺観光センター) 所栃木県日光市 開休料見学自由 交(遊覧船のりばまで)JR日光駅/東武日光駅から東武バス・湯元温泉行きで55分、船の駅中禅寺下車すぐ Pあり

↑小さな上野島(こうずけしま)。赤城山との争いに男体山が勝利した記念につくったと伝わる

↑中禅寺湖西岸の千手ヶ浜にはクリンソウが群生し、6月初旬、赤紫色の可憐な花が一面に咲く

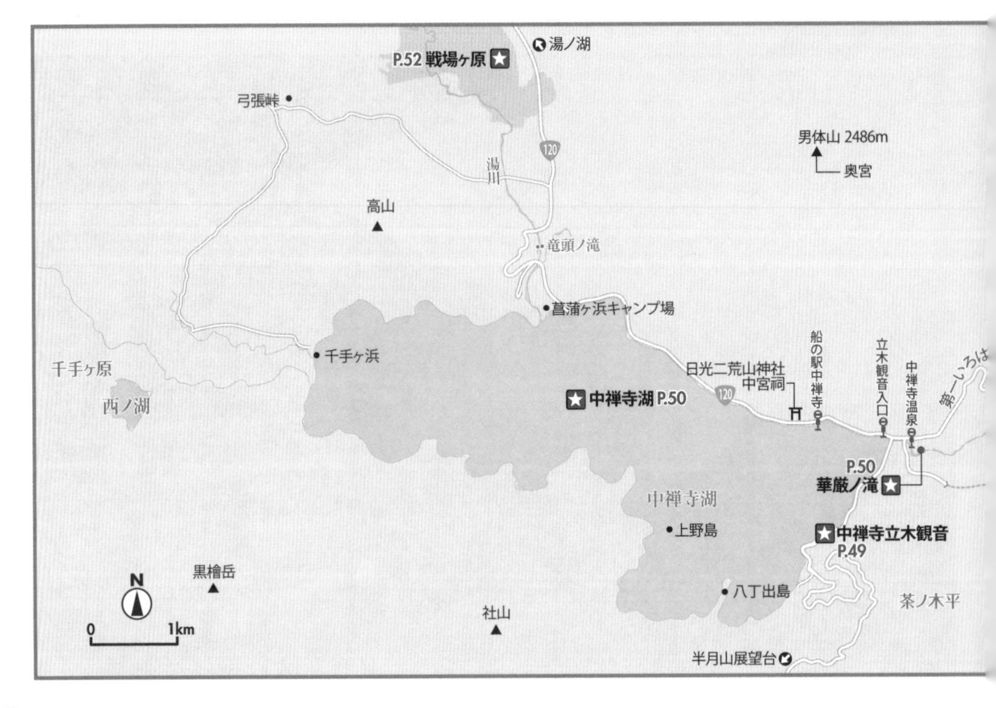

華厳の滝

けごんのたき

栃木県日光市
MAP P.344B3

運気上昇をもたらす開運の滝

熊野の那智の滝、奥久慈の袋田の滝と並ぶ、日本三大名瀑のひとつ。中禅寺湖の水が一気に流れ落ちるダイナミックな姿は見る者を圧倒する。滝の放つマイナスイオンによる心の安定のほか、仕事運、出世運、恋愛運などが上昇するパワースポットとしても人気。名は、仏教の経典「華厳経」に由来するとされる。

DATA & ACCESS

☎0288-55-0042(中禅寺観光センター) 所栃木県日光市中宮祠2479-2 開華厳の滝エレベーター8:00～17:00 冬期9:00～18:30 休無休 料570円 交JR日光駅／東武日光駅から湯元温泉行きで45分、中禅寺温泉下車、徒歩5分 Pあり

中禅寺湖の水が華厳の滝となり流れ落ちる。山の緑、湖の青、滝の白の対比が美しい

滝つぼ近くで、水しぶきを浴びながら滝を見上げる迫力ある観瀑台も。壮大な滝のパワーが伝わってくる

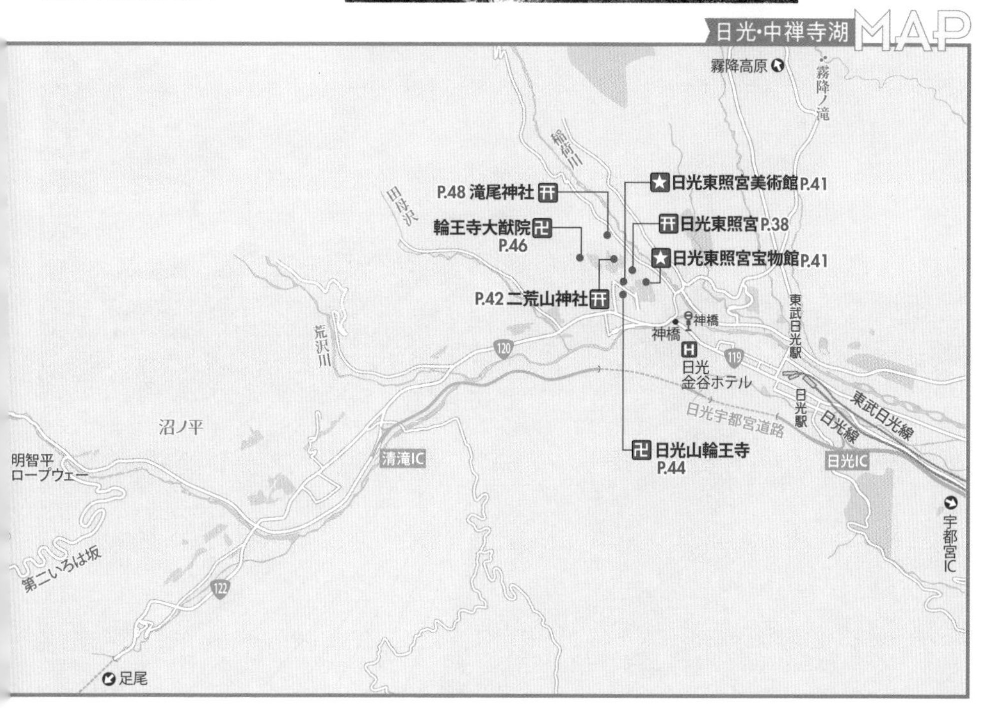

戦場ヶ原

せんじょうがはら

栃木県日光市
MAP P.344B3

霞たなびく湿原は
神話の神々の古戦場

名は男体山の神と赤城山の神が中禅寺湖をめぐって、戦いを繰り広げた場所に由来。太古には湖だった400haの湿原に霧がたちこめる朝夕は、まさに古戦場の名にふさわしい幻想的な光景が見られる。350種に及ぶ植物が自生し、数多くの水鳥の飛来地、生息地であることから重要な湿原としてラムサール条約にも登録されている。

DATA & ACCESS

☎0288-22-1525(日光市観光協会) 所栃木県日光市 開休料散策自由 交(戦場ヶ原展望台まで)JR日光駅/東武日光駅から東武バス・湯元温泉行きで65分、三本松下車すぐ Pあり

↑戦場ヶ原北側に位置する高さ70m長さ110mの湯滝。溶岩石の岩肌を毎秒約1tの水が流れ落ちる

↑透明度が高く神秘的な雰囲気を漂わせる湖周約3kmの湯ノ湖。色鮮やかな紅葉も見事

↑戦場ヶ原の西端、湧水をたたえる泉門池。新緑と紅紫色のトウゴクミツバツツジが美しい

戦場ヶ原のハイキングコースでは、湿原性植物などを間近に見られる。約5km、3時間ほどの散策が楽しめる

アイヌの伝統文化にふれる

アイヌの聖地

北海道・アイヌの聖地を訪れ、アイヌの歴史にふれる

山や川、動植物、道具など、森羅万象に魂が宿ると考えたアイヌの人々。彼らの信仰が息づく土地を旅して、大自然の息吹と神々の存在を感じたい。

北海道を中心に、東北北部から樺太、千島列島にいたる広範囲に先住し、独自の言語や文化を育んできたアイヌ民族。川沿いや湖畔、海辺などにチセ(家)を建ててコタン(集落)を形成し、狩猟採集を基本としながら自然と共生してきた。

そもそもアイヌとは「人間」を意味する言葉。これに対して、人間が生きるために関わりを持つすべてのもの、あるいは人間の力が及ばないものは、アイヌモシㇼ(人間の大地)を訪れたカムイ(神)の化身と考えられている。人間に利益をもたらす神々には感謝の祈りを捧げ、神の国へ送り返す儀式が執り行われてきた。

そんなアイヌの精神性を表すように、道内には神聖なスポットが数えきれないほど存在する。アイヌ語でカムイミンタㇻ(神々の遊ぶ庭)と呼ばれる大雪山、石狩川の激流地である神居古潭(カムイコタン＝神々の住む場所)などが有名で、神秘的な言い伝えも残されている。その根底にあるのは、アイヌの人々の自然に対する畏敬の念。雄大な北の大地には、今も彼らの信仰と歴史が深く刻まれている。

↑白老の森に囲まれたポロト湖。湖畔にはアイヌ文化を紹介する施設、ウポポイがある

↑石狩川中流にあるアイヌの聖地・神居古潭。流れが激しく、水運の難所だった

道内最大級のアイヌ集落がある場所

阿寒湖・釧路周辺

あかんこ・くしろしゅうへん

火山やカルデラ湖を擁する豊かな自然の宝庫。湖畔の集落でアイヌの伝統文化を体感できる。

特別天然記念物のマリモ生育地として有名な阿寒湖。東岸には雄阿寒岳がそびえ立つ

阿寒の森や湖から命の糧を得る暮らし

約15万年前の火山噴火によって生まれた阿寒湖。傍らには、雄阿寒岳(ピンネシリ＝男の山)と雌阿寒岳(マチネシリ＝女の山)がそびえ、2つの山にまつわるアイヌの伝説が語り継がれている。そんな阿寒湖周辺は、アイヌ民族にとって狩猟採集をするイオル(狩り場)であった。食料のほか、衣類や道具の材料などを森や湖から得て、自然の恵みに感謝しながら暮らしを営んでいた。

昭和9年(1934)、一帯が国立公園に指定されると、湖畔の温泉街は観光地へと発展。阿寒湖アイヌコタンが創設され、道内各地から移り住んだアイヌの人々により、新たな文化や芸術が紡ぎ出されている。

アイヌの人々が実際に生活する集落

阿寒湖アイヌコタン

あかんこアイヌコタン

MAP P.339C2

阿寒湖温泉街にある北海道最大級のアイヌ集落。約120人のアイヌの人々が暮らし、民芸品や工芸品などを制作販売している。アイヌ古式舞踊や叙事詩ユーカラを題材にした舞台も鑑賞できる。

☎0154-67-2727 所北海道釧路市阿寒町阿寒湖温泉4-7-19 開休料施設店舗により異なる(オンネチセは開10:00～16:30 休土・日曜、祝日、12～4月 料500円) 交阿寒湖バスセンターから徒歩10分 Pあり

↑道の両側に30軒ほどの店舗が並ぶ

←さまざまなアイヌ古式舞踊を見学することができる

穏やかな気候風土に恵まれた土地

白老・二風谷周辺

しらおい・にぶたにしゅうへん

アイヌの暮らしの足跡が色濃く残るエリア。貴重な展示がある博物館や資料館も訪れたい。

川や湖などの水辺に数多くのコタンが点在

北海道のなかでは比較的温暖で、積雪量も少ない白老。海や川、湖に囲まれた好立地で、古くからアイヌのコタン（集落）が存在していた。2020年にはポロト湖畔にウポポイ（民族共生象徴空間）が誕生し、アイヌ文化の発信拠点として注目を集めている。沙流川流域にある二風谷も、アイヌと関わりが深い地域。周辺にはアイヌ語の地名が多く、旧石器時代からアイヌ文化期にいたるまでの遺跡も点在する。渓谷沿いには、オキクルミ（アイヌに生活文化を教えた神）が矢で射抜いたと伝えられるオプシヌプリ（穴あき山）があり、夏至の日にはこの穴と夕日がぴったりと重なる神秘的な光景が見られる。

アイヌ文化の復興と創造の拠点

ウポポイ（民族共生象徴空間）

MAP P.338B3

国立アイヌ民族博物館を中核として、アイヌの伝統芸能を上演するホール、工房や体験学習館などが集まる複合施設。広い敷地内にはチセと呼ばれる伝統家屋も再現され、失われつつあったアイヌ文化の復興拠点となっている。

☎0144-82-3914 所北海道白老町若草町2-3 開HP要確認 休月曜、12月29日～1月3日、2月20日～2月29日 料1200円 交JR白老駅から徒歩10分 Pあり

↑体験交流ホールではアイヌ伝統芸能を見学できる　画像提供：（公財）アイヌ民族文化財団

神々の伝説に彩られた絶景スポット

アヨロ海岸 アヨロかいがん

MAP P.338B3

神々が舞い降りて遊んだという伝承が残る海岸。付近には縄文時代の遺跡が点在する。

☎0144-82-2216（白老観光協会） 所北海道白老町虎杖浜 開休料見学自由 交JR登別駅から徒歩25分 Pなし

↑自然のままの美しい海岸線が続く

険しい断崖が続く沙流川渓谷。秋はあたり一帯が赤や黄色に染まり、息をのむ美しさ

絶壁から豪快に流れ落ちる
インクラの滝 インクラのたき

MAP P.338B3

落差約44m、幅約10mの名瀑で、日本の滝100選のひとつ。名称はかつて木材を運ぶインクラインがあったことに由来する。
☎0144-82-2216(白老観光協会) 所北海道白老町社台 開8:00〜18:00 休年末年始(12月29日〜1月3日) 料無料 交JR苫小牧駅から車で60分 Pあり

↑地元では「別々の滝」とも呼ばれる

あの世とつながる謎めいた洞穴
アフンルパロ

MAP P.338B3

アイヌの伝承であの世への入口とされる洞窟。アヨロ海岸の岩壁にあり、普段は近づいてはいけない場所といわれている。
☎0144-82-2216(白老観光協会) 所北海道白老町虎杖浜 開休料見学自由 交JR富浦駅から徒歩30分 Pあり

↑死者だけがこの穴を出入りできるという

多彩なアイヌ民具を収集展示
萱野茂二風谷アイヌ資料館
かやのしげるにぶたにアイヌしりょうかん

MAP P.338B3

アイヌ初の国会議員となった故・萱野茂氏の個人コレクションを展示。アイヌの民具のほか世界各地の生活道具なども並ぶ。
☎01457-2-3215 所北海道平取町二風谷79-4 開9:00〜17:00 休無休(11月16日〜4月15日は要事前予約) 料400円 交JR苫小牧駅から車で60分 Pあり

↑国の重要有形民俗文化財も数多い

美しく荘厳な山々に神の姿を仰ぐ

旭川・大雪山周辺

あさひかわ・だいせつざんしゅうへん

「神々の遊ぶ庭」として崇められる大雪山。その山懐に抱かれた聖地や景勝地を巡る。

石狩川の恵みを享受し 自然とともに生きた人々

大雪山から日本海へ注ぐ石狩川は、道内最大の一級河川。その流域に暮らしたアイヌの人々にとって、川は遡上するサケの捕獲場所であり、丸木舟による交通路でもあった。

彼らは「川は海から山へ遡る生き物」と考え、石狩川の最上流である大雪山を、神の国に最も近いカムイミンタラ(神々の遊ぶ庭)として崇拝してきた。万年雪をいただき気高くそびえる大雪山は、近寄りがたい威厳と迫力を感じさせる。渓谷沿いには、神居古潭(神の住む場所)やチノミシリ(我らが祈る山)といった聖地が数多く点在。魔神と英雄神の伝承も受け継がれ、大自然のなかにアイヌの世界観が垣間見える。

奇岩怪石が連なる水運の難所

神居古潭

かむいこたん

MAP P.338B2

アイヌ語で「カムイ(神)コタン(集落)」と呼ばれる聖地。奇岩が続く石狩川中流にあり、激流で舟がよく転覆するのをアイヌの人々は魔神の仕業として恐れたという。

☎0166-25-7168(旭川市観光スポーツ交流部観光課) 所北海道旭川市神居町神居古潭 開休料散策自由 交JR旭川駅から車で40分 Pあり

↑吊り橋から渓谷の絶景を見渡せる

↑大正5年(1916)に開設された

日本最古で唯一の私設アイヌ資料館

川村カ子トアイヌ記念館

かわむらかねとあいぬきねんかん

MAP P.338B2

アイヌの旧家である川村家第8代カ子ト氏が創設。アイヌの生活用具や工芸品などを展示する。

☎0166-51-2461 所北海道旭川市北門町11 開9:00～17:00 休無休(12～3月は火曜休) 料800円 交JR旭川駅から車で10分 Pあり

多様な北方系植物を観察

旭川市北邦野草園

あさひかわしほっぽうやそうえん

MAP P.338B2

北方系植物を中心に約600種が生育する野草園。アイヌの聖地である嵐山(チノミシリ)の麓にあり、園内に散策路も整備。

☎0166-55-9779(嵐山公園センター) 所北海道鷹栖町嵐山 開9:00～17:00(4月下旬～10月15日)休無休料無料 交JR旭川駅から車で15分 Pあり

↑開拓される前の豊かな森林層を散策

切り立った断崖が織りなす峡谷美

層雲峡

そううんきょう

MAP P.339C2

大雪山北麓にある石狩川上流の峡谷。柱状節理の断崖絶壁が約24kmにわたって続き、ダイナミックな景観に圧倒される。アイヌ語で「滝の多い川」を意味するソウウンベツと呼ばれていたことから層雲峡と名付けられた。

☎01658-2-1811(層雲峡観光協会) 所北海道上川町 開休料施設・スポットにより異なる 交JR旭川駅から車で1時間 Pあり

↑2本の滝が寄り添って流れる銀河・流星の滝

↑紅葉の名所で、8月下旬から色づき始める

↑層雲峡随一の景勝地として知られる大函

道内各地に点在するアイヌの聖地

そのほかの地域

抜群の見晴らしを誇る神聖な山

藻岩山

もいわやま

MAP P.338B2

札幌市のほぼ中心に位置する標高531mの山。アイヌ語でインカルシペ(いつも上って見張りをするところ)と呼ばれ、アイヌの人々にとって物見をする山であると同時に神の山だったといわれる。

☎011-561-8177(もいわ山ロープウェイ) 所北海道札幌市中央区伏見5-3-7 開10:30～22:00※上り最終21:30(12～3月11:00～) 休悪天時、整備点検の休業あり 料2100円(もいわ山ロープウェイ+ミニケーブルカー往復料金) 交JR札幌駅からJR北海道バス・啓明線50で37分、もいわ山ロープウェイ下車すぐ Pあり

↑気軽に登れる山として親しまれ、山頂から札幌の街を一望できる

日高山脈の最南端に位置

襟裳岬

えりもみさき

MAP P.339C3

アイヌ語のオンネエンルム(大きく突き出たところ)が名称の由来。古くから重要な聖地で、平成22年(2010)に国の名勝ピリカノカに指定された。日本有数の強風エリア。

☎01466-2-4626(えりも町役場産業振興課 商工観光係) 所北海道襟裳町襟裳岬 開休料散策自由 交JR帯広駅から車で2時間 Pあり

↑日高山脈の尾根がそのまま海中に沈み込んでいる

↓展望台からの眺め。岬の延長上、約2km沖まで岩礁が続く

↑小さな島だが、実は高さ約240mの山の頂上部分が湖上に出たもの

神の湖に浮かぶ伝説の島

摩周湖とカムイシュ島

ましゅうことカムイシュとう

MAP P.339C2

アイヌ語でカムイトー(神の湖)と呼ばれる摩周湖。湖面にはカムイシュ(神となった老婆)と名付けられた小島が浮かび、孫を見失って探し続けた老婆の悲しい伝説が残る。

☎015-482-2200(一般社団法人摩周湖観光協会) 所北海道弟子屈原野摩周第一展望台 開休料見学自由 交JR摩周駅から車で15分 Pあり

↑手前の小島がカムイシュ島

抜海の地名の由来となった子負い岩

稚内パッカイシュマ

わっかないパッカイシュマ

MAP P.338B1

抜海市街地のはずれにある抜海岩は、高さ約30mの小山。大岩が小岩を背負うように見えることからアイヌ語でパッカイ・ペ(子を背負う岩)と呼ばれ、抜海の地名の起源になったと伝わる。

☎0162-23-6056(稚内市教育委員会 社会教育課) 所北海道稚内市抜海村バッカイ 開休料散策自由 交JR抜海駅から徒歩30分 Pなし

↑岩のそばには抜海神社が鎮座している(写真:稚内市教育委員会所蔵)

最強の金運パワースポットへ

稲荷神社&金運祈願

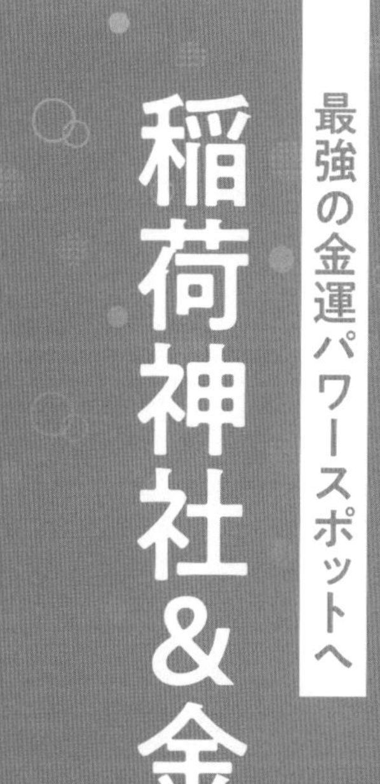

関東有数のお稲荷さん
幕末期の本殿彫刻も必見

笠間稲荷神社

かさまいなりじんじゃ

茨城県笠間市 MAP P.347D1

創建は白雉2年(651)と伝えられ、日本三大稲荷のひとつに数えられる。御祭神の宇迦之御魂神は「お稲荷さん」の愛称で親しまれる食物や農業、商工業の神で、商売繁盛や金運上昇などご利益は数多いという。江戸時代に歴代笠間藩主の崇敬を得て、社地や社殿を拡張した。江戸末期の名匠が手がけた本殿の彫刻、推定樹齢400年超の八重の藤と大藤は圧巻。

DATA & ACCESS

☎0296-73-0001 所茨城県笠間市笠間1 開休料参拝自由 交JR友部駅から観光周遊バスで20分、稲荷神社下車すぐ Pあり

御祭神

宇迦之御魂神 うかのみたまのかみ

主なご利益

五穀豊穣、商売繁栄、金運ほか

秋の一大行事・菊まつり

カラフルな色に包まれる
笠間の秋の風物詩

毎年10月中旬から11月下旬の約1カ月間、笠間稲荷神社をメイン会場に開催。菊花品評会や流鏑馬などが行われ、境内に色鮮やかな菊が咲き誇る。門前通りの頭上や絵馬殿に和傘が飾られるなど写真スポットも豊富。

1 居並ぶ絵馬と奉納額
絵馬殿 えまでん

大絵馬や奉納額が数多く納められている。お稲荷さんの使いの狐の額もある。

2 本殿前に荘厳な構えでたたずむ
拝殿 はいでん

昭和35年(1960)に建造された朱塗りが鮮やかな社殿。神社建築の伝統と現代建築の技術が融合して生まれた壮麗な造り。

3 神域の守り神
随神像が守る
楼門 ろうもん

萬世泰平門(まんせたいへいもん)と呼ばれる重層入母屋造りの門。昭和36年(1961)に竣工された。

毎年3月の絵馬祭では、祈願成就の絵馬の焚き上げや絵馬行列、絵馬の展示などを行う

6 稲荷大神の使いに金運アップを願う

狐塚 きつねづか

本殿裏手にあり、多くの狐の石像が奉納されている。金運などの福を呼ぶパワースポットとの評判も。

7 江戸時代の総門 毛綱を奉納する

東門 ひがしもん

文化13年(1816)の建造。左右には女性信者が奉納した毛髪を編んだ毛綱がある。

4 装飾彫刻が美しい幕末の名建築

本殿 ほんでん

江戸時代末期の建立。名工たちによって刻まれた精巧な彫刻で飾られている。国の重要文化財。

5 樹齢400年超の藤が咲き誇る

藤棚 ふじだな

境内には花がブドウの房のように咲く八重の藤と大藤が育つ。4月下旬から5月上旬が花の見頃。

笠間稲荷大社MAP

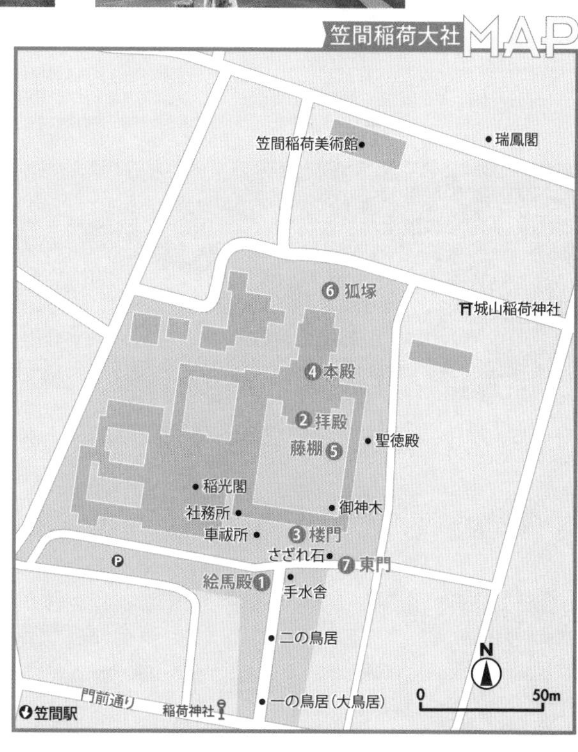

極楽浄土のように美しい
庭園に連なる千本鳥居

高山稲荷神社

たかやまいなりじんじゃ

青森県つがる市 MAP P.340B2

創建年は不詳だが、鎌倉から室町期に創建された三王神社が起源とされる。社伝によれば、江戸時代に浅野内匠頭の刃傷事件で赤穂藩が取り潰しとなった際、藩士の寺坂三五郎が赤穂城内の稲荷大神を津軽へ遷座して高山稲荷神社が建立されたという。五穀豊穣や商売繁盛のほか、海上安全の守り神。近年は、庭園に千本鳥居の連なる絶景が注目を集めている。

DATA & ACCESS

☎0173-56-2015 所青森県つがる市牛潟町鷲野沢147-1 開9:00～17:00 休無休 料無料 交JR五所川原駅から車で40分 Pあり

御祭神

宇迦之御魂命 うかのみたまのみこと

主なご利益

五穀豊穣、海上安全、商売繁盛ほか

3柱の神さまへお参り

拝殿 はいでん

境内の最高所に拝殿と本殿が建つ。奥の本殿には宇迦之御魂命のほか、佐田彦命、大宮能売命の三柱を祀る。

三角型の山王鳥居が目印

三王神社 さんのうじんじゃ

境内社のひとつで、高山稲荷神社の起源となった社と伝わる。大山咋神を御祭神として祀っている。

お狐さまたちの終の棲家

お狐様 おきつねさま

神明社の傍らに並ぶ狐の石像。各家庭の邸内社として祀られた。稲荷社と共に事情によりこの地に納められた。

千本鳥居上部の神明社から眺められる俯瞰の絶景。春は桜、冬は雪との共演が見事

龍のように連なる千本鳥居

千本鳥居 せんぼんとりい

龍神信仰の伝わる龍神宮の神苑から丘へ、カーブを描いて千本鳥居が連なる。

年間約160万人と、東北屈指の参詣客数を誇る神社。境内の各所で個性的な狐像に会える

近年創建された荘厳な建築
社殿 しゃでん
本殿と拝殿は平成5年(1993)に完成した総檜造り。社殿脇には、江戸期建立の愛宕神社や八幡神社など多くの境内社が建つ。

東北の発展を見守る神さま
江戸期の重厚な門が残る

竹駒神社
たけこまじんじゃ

宮城県岩沼市　MAP P.345D1

平安前期の承和9年(842)、『小倉百人一首』の歌人で公卿の小野篁(おののたかむら)が陸奥守に着任した際、奥州鎮護の神として創建したと伝わる。江戸時代には仙台藩伊達家歴代藩主の庇護を受けて発展。御祭神の3柱は、竹駒稲荷大神と総称される衣食住の守護神。家内安全や商売繁盛、開運など幅広い御神徳を授ける神として崇敬を集め、日本三稲荷のひとつに数えられる。

神域の結界を示す格調高い門
唐門 からもん
天保13年(1842)の建造。社殿の正面に堂々と構え、屋根全体がカーブした向唐破風形式の門。

DATA & ACCESS
☎0223-22-2101 所宮城県岩沼市稲荷町1-1 開6:00～17:00 休無休 料無料 交JR岩沼駅から徒歩15分 Pあり

随身と白狐が護る隋神門
楼門 ろうもん
文化9年(1812)に建立された2階造りの隋神門。一対の随神像と白狐像を安置。

御祭神
倉稲魂神 うかのみたまのかみ
保食神 うけもちのかみ
稚産霊神 わくむすひのかみ

主なご利益
産業開発、五穀豊穣、交通安全、厄除開運、安産守護、商売繁盛ほか

本殿裏にある元宮は、境内最古の江戸中期建立。本殿とともに精巧な彫刻が見られる

豪壮な社殿を飾る彫刻
社殿 しゃでん

拝殿と本殿は天保6年(1835)の建立。本殿に祀られる保食神は食物の神さま。

野球関係者も信仰する
ボタンの美しい稲荷社

箭弓稲荷神社
やきゅういなりじんじゃ

埼玉県東松山市 MAP P.347C1

創建は和銅5年(712)と伝わる。平安中期頃、武将・源頼信(みなもとのよりのぶ)が野久稲荷神社で戦勝祈願をしたところ、空に箭(矢)の形の白雲が現れて敵方へ飛んでいき、のちに頼信は勝利を収めた。戦勝のお礼に頼信は社殿を建て替え、社名を「箭弓稲荷神社」に改めた。「やきゅう」の読みから野球関係者からも信仰される。毎年春には1300余株のボタンの花が境内を彩る。

DATA & ACCESS

☎0493-22-2104 所埼玉県東松山市箭弓町2-5-14 開休料参拝自由 交東武・東松山駅から徒歩3分 Pあり

御祭神

保食神 うけもちのかみ

主なご利益

五穀豊穣、商売繁昌、家内安全ほか

芸道・技術向上を祈願
宇迦之御魂社 うかのみたましゃ

7代目市川團十郎が奉納した「団十郎稲荷」。5・10月に團十郎稲荷祭を開催。

仲良く伸びる2本の木
縁結びの木 えんむすびのき

松とセンダンの木が寄り添うように育つから縁結びなどのご利益で知られる。

勝負運のご利益にあずかる
バット絵馬掛け ばっとえまかけ

多くのバット型の絵馬が納められている。ほかにベース型の絵馬もある。

ツツジや藤とともに咲き誇る
牡丹園 ぼたんえん

約3500㎡の園内に1300余株のボタンが植えられ、4月中旬頃から開花する。

山中の鳥居をくぐって
稲荷神の伝説の残る社へ

萬蔵稲荷神社

まんぞういなりじんじゃ

宮城県白石市 MAP P.345D1

山中に赤鳥居が連なる厳かな参道を進むと、簡素な社殿が現れる。創建年は不詳で、元の名を賀良明貴(がらみき)稲荷と称した。宮守を務めた修験者の熊谷萬蔵(くまがいまんぞう)が即身仏になったとされ、明治以降に現在の名に改称された。地元の伝説では、馬方の萬蔵が小坂峠で老僧に化身した稲荷神を世話したところ3頭の馬を授けられ、馬を元手に稲荷神社を建てたと伝えられている。

DATA & ACCESS

☎0224-29-2351 所宮城県白石市小原馬頭山6 開休料参拝自由 交東北自動車道・白石ICから車で45分 Pあり

参道に連なる小鳥居
鳥居 とりい
参道入口から境内まで、100基以上の朱塗りの鳥居が山中に続く風景は神秘的。

傾斜地にたたずむ拝殿と本殿
社殿 しゃでん
拝殿からさらに石段を上ると本殿がある。お稲荷さまこと宇迦能魂命を祀る。

御祭神
宇迦能魂命
うかのみたまのみこと

主なご利益
商売繁盛、五穀豊穣、縁結び、子授かりほか

朱塗りの柱に支えられ
崖上にたたずむ空中楼閣

鼻顔稲荷神社

はなづらいなりじんじゃ

長野県佐久市 MAP P.346B1

湯川沿いの切り立った断崖上に鎮座する。永禄年間(1558～1570)に、京都・伏見稲荷大社の分霊を祀って創建したとされる。社殿様式は京都の清水寺と同じ懸(けん)崖(がい)造り。参龍殿や拝殿・本殿が並び立ち、崖に組み込まれた本殿が神聖な雰囲気を放つ。2月11日の初午祭りには参道にだるまや縁起物の露店が並び、商売繁盛や家内安全を願う多くの参詣客で賑わう。

DATA & ACCESS

☎0267-68-8469 所長野県佐久市岩村田4261 開休料参拝自由 交JR岩村田駅から徒歩20分 Pあり

清水寺を思わせる景観
社殿 しゃでん
緑に映える懸崖造りの朱色の柱が鮮やか。神社名の「鼻顔」は地区名が由来だ。

親子の狐さまが出迎える
御姿殿 おすがたでん
参道を進むと現れる御姿殿には、巻物をくわえた親子の稲荷狐が鎮座している。

御祭神
宇迦之御魂命
うかのみたまのみこと

主なご利益
天下泰平、五穀豊穣、家内安全、商売繁盛、交通安全ほか

湯けむり上がる温泉地の社
「招福の砂」で福を招く

草津穴守稲荷神社

くさつあなもりいなりじんじゃ

群馬県草津町 MAP P.344A3

東京・羽田に鎮座する穴守稲荷神社の分社。明治40年(1907)頃に、東京の染物商が草津で湯治をした際、病気平癒の記念に信仰していた穴守稲荷の分霊を勧請したのが始まり。草津温泉にある西の河原公園の高台に小さな社が建つ。御祭神は稲荷神と同一視される豊受姫命。社殿前に用意された「招福の砂」を持ち帰って撒くと、さまざまなご利益があるという。

DATA & ACCESS

☎0279-88-0800(草津温泉観光協会) 所群馬県草津町草津 開休料参拝自由 交JR長野原草津口駅からJR関東バス・草津温泉行きで25分、草津温泉下車、徒歩15分 Pなし

公園を見下ろす地に鎮座
社殿 しゃでん
石段を上ると小さな社がある。平成13年(2001)に町の有志により改築されている。

社殿に続く石段と鳥居
参道 さんどう
西の河原公園の歩道を進むとじきに、鳥居の並ぶ石段の参道が現れる。

御祭神

豊受姫命 とようけひめのみこと

主なご利益

開運、縁結び、子授け、方位除けほか

甲斐守・柳沢吉保が勧進
清水次郎長ゆかりの神社

美濃輪稲荷神社

みのわいなりじんじゃ

静岡県静岡市 MAP P.346B3

静岡県内最高位の稲荷神社とされ、江戸中期の宝永年間(1704〜1711)に創建された。甲府城主の柳沢吉保が、近くの向島にあった甲州廻米置場(甲州の年貢米置き場)の守護神として稲荷大神を祀ったのが起源とされ、のちに現在地に遷された。近くに清水次郎長の生家があり、神社境内の玉垣には、寄進者として次郎長の本名「山本長五郎」が刻まれている。

DATA & ACCESS

☎054-352-2310 所静岡県静岡市清水区美濃輪町6-12 開休料参拝自由 交JR清水駅/静鉄・新清水駅からしずてつバスで6分、港橋下車、徒歩5分 Pあり

三連の鳥居が並ぶ
鳥居 とりい
二の鳥居の奥には、心願成就のお礼に奉納された3列の千本鳥居が続いている。

御祭神

宇迦之御魂大神
うかのみたまのおおかみ

主なご利益

家内安全、商売繁盛、開運招福ほか

鎌倉の隠れ里にたたずむ
白狐に囲まれた静寂の社

佐助稲荷神社

さすけいなりじんじゃ

神奈川県鎌倉市 MAP P.347C2

源頼朝が再建したと伝わる古社。頼朝の夢枕に稲荷神が立ち、平家討伐へ導いたことから出世運のご利益で知られる。幾重にも連なる赤い鳥居を抜けると、小さな社殿がひっそりと鎮座。境内には苔むした古い祠が多数あり、神の使いとされる白狐の像が所狭しと祀られている。

DATA & ACCESS

☎0467-22-4711 所神奈川県鎌倉市佐助2-22-12 開休料参拝自由 交JR／江ノ電・鎌倉駅から徒歩20分 Pあり

出世運で信仰を集める
出世稲荷 しゅっせいなり
征夷大将軍にまで上り詰めた源頼朝にあやかり、別名「出世稲荷」と呼ばれる。

神聖な世界へと続く入口
鳥居 とりい
参道に立ち並ぶ49基の赤い鳥居。奥へ進むにつれ、幻想的な空気に包まれる。

御祭神

宇迦御魂命 うかのみたまのみこと
大己貴命 おおなむちのみこと
佐田彦命 さたひこのみこと
大宮女命 おおみやめのみこと
事代主命 ことしろぬしのみこと

主なご利益

出世運、商売繁盛、病気平癒、学業成就、縁結びほか

源義経公にゆかりの深い
由緒ある日本七社のひとつ

冠稲荷神社

かんむりいなりじんじゃ

群馬県太田市 MAP P.347C1

天治2年(1125)の創建と伝えられ、日本七社のひとつ。源義経公が奥州下向の折、冠の中に奉持していた京都伏見稲荷の分霊を祀ったことが社名の由来という。境内には多くの社があり、特に実咲社は縁結びや子宝、安産などのご利益で有名。樹齢400年余りのボケの花も見事。

DATA & ACCESS

☎0276-32-2500 所群馬県太田市細谷町1 開休料参拝自由 交北関東自動車道・伊勢崎IC／太田桐生ICから車で25分 Pあり

極彩色の彫刻が目を奪う
拝殿 はいでん
豪華な装飾が美しい江戸中期の建物。拝殿内部には貴重な文化財が数多く残る。

絵馬を奉納して子宝祈願
子宝きつね こだからきつね
実咲社には愛らしい白狐像が並び、人々の願い事を神さまに伝えてくれるという。

御祭神

宇迦御魂神
うかのみたまのかみ

主なご利益

縁結び、子宝、子育て、健康長寿ほか

日本初の黄金発見が起源
鉱山の神々を祀る神社

金華山黄金山神社

きんかさんこがねやまじんじゃ

宮城県石巻市 MAP P.343D3

牡鹿半島の沖合に浮かぶ島、金華山に鎮座し、島全体を神域とする。東大寺の大仏建立の際に金が不足していたところ、陸奥国で金が産出された。その慶事を祝って神社が創建された。鉱山の神と女神を祀り、「3年続けてお参りすれば一生お金に困らない」との言い伝えが残る。島は古くから多くの修験者が修行した奥州三大霊場のひとつでもある。

壮麗な常夜燈が立つ
拝殿 はいでん

拝殿の正面に、明治中期建造の一対の常夜燈が立つ。高さ4.8mの日本三大燈籠のひとつ。

DATA & ACCESS

☎0225-45-2301 所宮城県石巻市鮎川浜金華山5
開休料参拝自由 交鮎川港・女川港から船を利用
Pなし

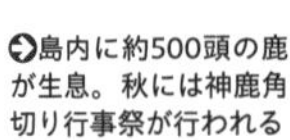

➲島内に約500頭の鹿が生息。秋には神鹿角切り行事祭が行われる

2神の矢大臣が見守る門
随神門 ずいしんもん

大正14年(1925)に昭和天皇御成婚記念で建造。2神の随神像(矢大臣)を安置。

御祭神

金山毘古神 かなやまひこのかみ
金山毘賣神 かなやまひめのかみ

主なご利益

金運ほか

手つかずの自然が残る霊場
金華山 きんかさん

周囲は約26kmで、中央に標高445mの金華山がそびえる。豊かな自然が残され、神の使いである鹿や猿が数多く生息する。

牡鹿半島の約1km東沖に島がある。平地がほとんどなく、山の中腹に社殿が建っている

本殿に祀る金蛇大神は、古くからこの地で信仰される水神。龍や蛇は水神の化身とされる

赤屋根の美しい社殿に水神さまを祀る
社殿 しゃでん　朱色の屋根が青空や緑に映える拝殿と本殿。鳥居をくぐり、参道を進むと正面に社殿が現れる。境内社や御霊池、牡丹園などもある。

古くからの水神信仰の地「金蛇さん」が金運を招く

金蛇水神社
かなへびすいじんじゃ

宮城県岩沼市　MAP P.345D1

金蛇沢が仙台平野に流れ出す出口に鎮座する水神信仰の霊場。創建年は不詳で、平安中期の一条天皇の御代に、京都三条の名工・小鍛治宗近(こかじむねちか)が水神宮のほとりの清水で天皇の刀を鍛え上げ、その謝礼に雌雄一対の金蛇を作って奉納したのが社名の由来と伝わる。御祭神として祀られる金蛇大神は、商売繁盛や金運、厄除け、開運などの神さまとして信仰される。

DATA & ACCESS

☎0223-22-2672 所宮城県岩沼市三色吉水神7 開休料参拝自由 交東北自動車道・村田ICから車で20分 Pあり

御祭神

金蛇大神 かなへびのおおかみ

主なご利益

金運、商売繁盛、厄除けほか

蛇石のパワーにあやかる
蛇紋石 じゃもんせき
蛇の姿が浮かび上がる石。手や財布でなでると、金運がアップするといわれている。拝殿前など境内数カ所で見つけられる。

もうひとつの金運の神さま
弁財天社 べんざいてんしゃ
御祭神と同じく水の女神の弁財天を祀る。財力や知恵、技芸向上の神徳で知られる。7月第1日曜の祭礼日に御祭神を開帳。

境内を彩る花祭

例大祭に先立って行われる春のイベント

境内が花盛りとなる5月上旬から中旬に開催される春の祭り。牡丹園では約100種1000株のボタンがカラフルな花を咲かせ、樹齢約300年の九龍の藤やツツジなど、境内が春の色と香りに包まれる。夜間ライトアップも実施。

洞窟を抜けた先の鳥居をくぐり抜け本殿でお参りしたら奥宮の銭洗水でお金を洗う

洞窟の中に湧き出す
神聖な力を秘めた銭洗水

銭洗弁財天 宇賀福神社

ぜにあらいべんざいてん うがふくじんじゃ

神奈川県鎌倉市 MAP P.347C2

お金を洗うと何倍にも増えて返ってくるという「銭洗水」が湧く神社として有名。文治元年(1185)、源頼朝が夢のお告げに従って社を建て、人頭蛇身の水神・宇賀福神を祀ったのが起源とされる。鎌倉幕府5代執権の北条時頼がこの水で銭を洗い、一族の繁栄を祈ったことから、金運にまつわる民間信仰が定着。霊水は鎌倉五名水のひとつにも数えられる。

DATA & ACCESS

☎0467-25-1081 所神奈川県鎌倉市佐助2-25-16 開8:00〜16:30 休無休 料無料 交JR鎌倉駅から徒歩20分 Ⓟあり

清らかな霊水が湧く神秘的な場所

奥宮 おくみや

境内奥にある洞窟内に銭洗水が湧き、宇賀福神と弁財天を祀る。神仏習合時代には、宇賀福神と弁財天は同一視された。

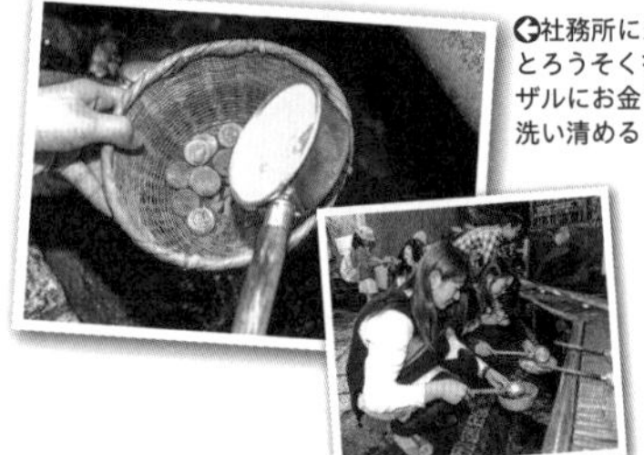

←社務所に200円を納め、線香とろうそくを供えてから奥宮へ。ザルにお金を入れ、ひしゃくで洗い清める

七福神を祀る境内社

七福神社 しちふくじんじゃ

大黒天・恵比寿・毘沙門・弁財天・布袋・福禄寿・寿老人の七福神を祀る。福徳や商売繁盛にご利益があるといわれる。

美しい水の女神に参拝

本宮 ほんぐう

祭神の市杵島姫命を祀る。水の女神さまで、弁財天と同一視されることもある。奥宮でお金を清める前にお参りを。

御祭神

市杵島姫命 いちきしまひめのみこと
弁財天 べんざいてん

主なご利益

金運、宝くじ当選ほか

苦労や悩みを運び去る
ふくろう神社で開運招福

鷲子山上神社

とりのこさんしょうじんじゃ

栃木県那珂川町 MAP P.345C3

大同2年(807)の創建と伝わり、栃木県と茨城県の県境の鷲子山山頂付近に建つ。主祭神の天日鷲命は鳥類の守護神とされ、その使いのフクロウ(不苦労)が、開運招福の鳥として信仰を集めた。日本最大級の大フクロウ像が立ち、運気上昇、金運のパワースポットといわれている。フクロウの鐘、福運びフクロウなど、多くの開運スポットが境内に用意されている。

DATA & ACCESS

☎0287-92-2571 所栃木県那珂川町矢又1948 開日の出～日没 休無休 料無料 交JR烏山駅から車で20分 Pあり

御祭神

天日鷲命
あめのひわしのみこと

主なご利益

金運、厄払いほか

巨大で愛らしい
神さまのお使い

大フクロウ像 だいふくろうぞう

日本最大級の大フクロウ。下の柱を叩くと、金運や開運を招くという。境内に多くのフクロウ像がある。

県境にたたずむ
江戸期の重厚な門

楼門 ろうもん

安養閣といい、大鳥居の先にある。中央に県境があり、向かって右側が茨城県、左側が栃木県。

日本最古の流通貨幣
和同開珎ゆかりの神社

聖神社

ひじりじんじゃ

埼玉県秩父市 MAP P.346B1

和銅元年(708)に秩父で自然銅が発見され、日本初の流通貨幣「和同開珎(わどうかいちん)」が発行された。朝廷から秩父へ派遣された勅使が鉱山の神・金山彦神を祀り、現在地に遷座されて聖神社が創建された。和同開珎ゆかりの神社であることから銭神さまとも呼ばれ「お金儲けの縁起の神さま」として信仰される。創建時に自然銅が採掘されたという露天掘り跡が近くにある。

DATA & ACCESS

☎0494-24-2106 所埼玉県秩父市黒谷2191 開休料参拝自由 交秩父鉄道・和銅黒谷駅から徒歩5分 Pあり

巨木に触れて開運アップ

御神木 ごしんぼく

2本が寄り添って立つ御神木。金運のほかに子宝や夫婦円満のご利益もある。

御祭神

金山彦神
かなやまひこのかみ

国常立尊
くにのとこたちのみこと

大日孁貴命
おおひるめのむちのみこと

神日本磐余彦命
かむやまといわれびこのみこと

元明金命
げんめいこがねのみこと

主なご利益

金運、商売繁盛、開運招福ほか

自然銅発見地近くに鎮座

拝殿 はいでん

本殿と拝殿は江戸中期の建築。本殿には創建時に採掘された自然銅を御神体として祀る。

日本三大金運神社のひとつ
富士山麓に鎮座する山神さま

新屋山神社
あらややまじんじゃ

山梨県富士吉田市 MAP P.346B2

原生林が生い茂る小高い丘の上に、富士山を背にして鎮座する。創建は天文3年(1534)とされ、古くから山を守る神、産業の神として地域の人々に崇敬され、「ヤマノカミサマ」と呼ばれていた。近年では金運スポットとして評判を呼び、なかでも富士山2合目にある奥宮は「金運神社」と呼ばれ、霊山のパワーみなぎる国内屈指の金運スポットといわれている。

DATA & ACCESS

☎0555-24-0932 所山梨県富士吉田市新屋4-2-2 開休料参拝自由 交富士急・富士山駅から富士急バス河口湖駅行きで7分、新屋公民館入口下車、徒歩8分 Pあり

森にたたずむ壮麗な社殿
拝殿 はいでん
昭和48年(1973)に造営された本宮の拝殿。正面の彫刻が華やか。

神域への入口に並ぶ赤鳥居
参道 さんどう
願掛けのお礼に奉納された鳥居が連なる。奥宮へは本宮参拝後に向かいたい。

御祭神

大山祇命おおやまつみのみこと

主なご利益

金運上昇、商売繁盛、農林業繁栄ほか

社名の由来にもなった
「金の成る木」が御神木

金櫻神社
かなざくらじんじゃ

山梨県甲府市 MAP P.346B2

国の特別名勝・昇仙峡の奥部にそびえる金峰山を御神体とする。約2000年前の崇神天皇の御代に、悪疫退散と万民息災の祈願のため金峰山山頂に少彦名命を祀ったのを起源とする。御岳町の社は里宮で、本宮は金峰山山頂にある。御神木の金櫻(鬱金櫻)は、「金の成る木の金櫻」と古くから民謡に唄われ、金運を招くと崇められる。本殿に御神宝の水晶を祀る。

DATA & ACCESS

☎055-287-2011 所山梨県甲府市御岳町2347 開休料参拝自由 交JR甲府駅から車で30分 Pあり

例大祭で神楽を奉納
拝殿 はいでん
拝殿・本殿を含む社殿は昭和30年(1955)の大火で焼失。のちに再建されている。

御祭神

少彦名命すくなひこなのみこと
大己貴命おおなむちのみこと
須佐之男命すさのおのみこと

主なご利益

金運、厄難解除ほか

金運で知られる御神木
鬱金櫻 うこんざくら
この御神木を拝み、水晶のお守りを受けると金運に恵まれるといわれている。開花は4月下旬～5月上旬頃。

最強の神4柱が御祭神
すべての願いを結び叶える

四柱神社

よはしらじんじゃ

長野県松本市 MAP P.346A1

明治7年(1874)に、松本に設立された神道の布教機関の中教院に御祭神4柱を祭祀したと伝わる。御祭神の天之御中主神、高皇産霊神、神皇産霊神は天地万物を生成した崇高な神々。最高神の天照大神を加えた最強の神々を祀るため、「願いごとむすびの神」として信仰を集める。

松本の大火後に再建
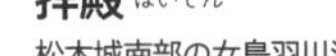
拝殿 はいでん
松本城南部の女鳥羽川沿いに鎮座。拝殿や本殿は大正13年(1924)の再建。

御祭神

天之御中主神
あめのみなかぬしのかみ
高皇産霊神
たかみむすびのかみ
神皇産霊神
かみむすびのかみ
天照大神
あまてらすおおみかみ

主なご利益

金運、商売繁盛、開運招福、厄除けほか

DATA & ACCESS

☎0263-32-1936 所長野県松本市大手3-3-20 開休料参拝自由 交JR松本駅から徒歩10分 Pあり

さまざまな縁結びを願う
縁結びの松 えんむすびのまつ
2本の松が根元でつながっていることから、良縁を結ぶ松といわれている。

幸せを運んでくるという
吉ゾウくんが迎えてくれる

長福寿寺

ちょうふくじゅじ

千葉県長南町 MAP P.347D2

延暦17年(798)に、桓武天皇の勅願により最澄が創建したと伝わる古刹。中世には西の比叡山と並び称される隆盛を誇り、関東天台宗の要とされた。境内には幸せを呼ぶ2頭のゾウ「吉ゾウくん」の石像が立つ。願い事を念じながら足をやさしくなでると願いが叶うといい、なかでも金運のご利益で知られている。日本一長い勅号を持つ寺院でもある。

根本中堂とも呼ばれる
本堂 ほんどう
本尊の福寿阿弥陀如来が鎮座。比叡山延暦寺の根本中堂の木材で建てられた。

金運アップ・宝くじ当選のご利益
吉ゾウくん きちぞうくん
440年の伝説により建立された吉ゾウくん。像の高さは3.8m。

御本尊

福寿阿弥陀如来
ふくじゅあみだにょらい

主なご利益

金運、病気平癒、合格祈願ほか

DATA & ACCESS

☎0475-46-1837 所千葉県長南町長南969 開9:00～16:30 休無休 料無料 交圏央道・茂原長南ICから車で5分 Pあり

巨大な恵比寿さまに見守られ
宝くじの高額当選を祈願

大前神社
おおさきじんじゃ

栃木県真岡市 MAP P.345C3

1500有余年の歴史を有すると伝わり、平安時代に官社に認められた延喜式内の由緒ある神社。大国さま(大国主神)と恵比寿さま(事代主神)の開運招福の2福神を祀り、金運や宝くじ当選、商売繁盛などのご利益で知られる。江戸時代の極彩色の彫刻が刻まれた本殿や拝殿は、国の重要文化財に指定されている。境内社の大前恵比寿神社には、社殿の上に巨大な「日本一えびす様」が鎮座する。

DATA & ACCESS

☎0285-82-2509 所栃木県真岡市東郷937 開休料参拝自由 交真岡鐵道・北真岡駅から徒歩15分 Pあり

圧倒的存在感の恵比寿さま
事代主神 ことしろぬしのかみ
大国主神の御子神で、恵比寿さまの名で親しまれる商売繁盛の神さま。大前恵比寿神社の社殿上に高さ20mの神像が鎮座。

極彩色の精巧な彫刻美
拝殿 はいでん
元禄元年(1688)に再建された国の重要文化財。名工の手がけた龍や唐獅子などの彫刻が飾る。

御祭神
大国主神 おおくにぬしのかみ
事代主神 ことしろぬしのかみ

主なご利益
金運幸運、開運招福ほか

あらゆる産業の創造神
商売繁盛と必勝祈願の神さま

安房神社
あわじんじゃ

千葉県館山市 MAP P.347C3

創建は皇紀元年(紀元前660)と伝わる古社で、安房国の一之宮。神武天皇の命により安房を開拓した天富命(あめのとみのみこと)が、祖神の天太玉命と妃神・天比理刀咩命(あめのひりとめのみこと)を祀ったのを起源とする。天太玉命は朝廷の祭祀を司る忌部氏の祖神で、すべての産業の神として崇敬を集める。摂社の下の宮に、創始者の天富命と弟神の天忍日命(あめのおしひのみこと)を祀る。参道の桜並木は人気の花見スポット。

DATA & ACCESS

☎0470-28-0034 所千葉県館山市大神宮589 開6:00〜18:00頃 休料参拝自由 交JR館山駅から日東交通バス安房白浜行きで19分、安房神社前下車、徒歩9分 Pあり

さまざまな産業神をお参り
拝殿 はいでん 昭和52年(1977)築の拝殿。奥にある明治建築の本殿には主祭神のほか忌部氏の神々を祀る。

海上交通の女神が鎮座
厳島社 いつくしましゃ
海食崖をくりぬいて建てた末社。金運でも知られる海の女神・市杵島姫命を祀る。

御祭神
天太玉命 あめのふとだまのみこと

主なご利益
夫婦円満、恋愛成就、子授け、身体健全ほか

神々が鎮座する大都市を巡る

江戸・東京の聖地

江戸・東京のパワースポットを巡る

高層ビルが林立する大都市でありながら、江戸の風情も随所に残す東京。街に溶け込むように数多くの神社仏閣が点在し、新旧が共存している。

江戸時代、寺社詣では物見遊山を兼ねた庶民の娯楽でもあった。天保年間(1830～44)に刊行された『江戸名所図会』には、多くの神社仏閣が名所として紹介されている。なかでも浅草寺周辺には茶屋や見世物小屋などが立ち並び、大勢の参拝者で賑わったという。

そんな江戸の名残を今もとどめる東京。古い社殿や堂宇の大半は関東大震災や東京大空襲で焼失したが、なかには奇跡的に難を逃れた建物もある。高層ビルの谷間に神社がたたずむ風景も東京ならでは。一方、明治神宮のように広大な森を擁する神社も鎮座し、都心とは思えない森閑とした雰囲気が漂う。東京十社に数えられる格式高い神社のほか、地域に根付いた小さな寺社も点在。俳句上達や晴天祈願といったユニークなご利益の神社もあって、その幅広さがおもしろい。

近年は御朱印集めや七福神めぐりが人気となり、いくつもの寺社を巡拝する人も増えている。土地の歴史にふれながら、パワースポットを訪ねてみよう。

東京十社めぐり

東京十社とは、明治天皇が准勅祭社に定めた10社のこと。すべてを巡る十社巡拝が人気で、その道のりは約40kmに及ぶ。

浅草めぐり

江戸庶民の行楽地として栄えた浅草。その中核となった浅草寺をはじめ、浅草神社や待乳山聖天など歴史ある寺社が集まる。

ご利益別

縁結びや安産、学業成就、商売繁盛など、神仏のご利益はさまざま。自分の願い事にぴったりの寺社を探して参拝しよう。

江戸のパワースポット

東京七福神や五色不動、六地蔵めぐりなどが人気。都内各所に点在する寺院を巡拝しながら、江戸の歴史探訪も楽しみたい。

近現代の神を祀る聖地

御祭神は近現代に活躍した実在の人物。なかでも、明治天皇と昭憲皇太后を祀る明治神宮は広大な規模と高い格式を誇る。

街なかのパワースポット

大手町の一角にある将門塚など、街なかの神聖なスポットに注目。時代を超えて信仰が受け継がれ、今も参拝者が絶えない。

東京中心部MAP
王子神社 P.90
東覚寺 P.105
P.100 とげぬき地蔵尊 髙岩寺
P.130 眞性寺
P.108 天祖神社
P.131 目赤不動（南谷寺）
雑司ケ谷鬼子母神堂 P.106
P.91 白山神社
宝泉寺 P.112
P.131 目白不動（金乗院）
P.101 源覚寺
北野神社 P.114
皆中稲荷神社 P.116
夫婦木神社 P.108
P.111 赤城神社
花園神社 P.110
成子天神社 P.115
太宗寺 P.130
P.135 靖國神社
陽運寺 P.111
P.118 鳩森八幡神社
明治神宮 P.132
P.86 日枝神社
P.117 豊川稲荷東京別院
東郷神社 P.134
乃木神社 P.135
愛宕神社 P.120
P.90 赤坂氷川神社
代々木八幡宮 P.98
P.88 芝大神宮
金王八幡宮 P.118
玉鳳寺 P.105
目黒大鳥神社 P.122
目黒不動（瀧泉寺）P.131
品川神社 P.89
戸越八幡神社 P.99
品川寺 P.130
蛇窪神社 P.117
P.114 小野照崎神社
浄名院 P.104
妙泉寺 P.125
根津神社 P.87
P.112 湯島天満宮
神田神社 P.82
東京大神宮 P.110
P.136 将門塚
金刀比羅宮 P.122
浅草鷲神社 P.96
吉原神社 P.97
東禅寺 P.130
橋場不動尊 P.96
P.97 待乳山聖天
今戸神社 P.95
曹源寺 P.123
浅草寺 P.92
P.107 清水観音堂
五條天神社 P.103
上野東照宮 P.240
亀戸香取神社 P.119
浅草神社 P.94
鳥越神社 P.109
亀戸天神社 P.91
金綱稲荷神社 P.101
身延別院 P.121
霊巌寺 P.130
水天宮 P.106
小網神社 P.116
福徳神社 P.119
銀座出世地蔵尊 P.123
富岡八幡宮 P.84
波除稲荷神社 P.99
烏森神社 P.121
日比谷神社 P.102
板橋区
北区
足立区
荒川区
豊島区
台東区
文京区
新宿区
千代田区
墨田区
中央区
江東区
渋谷区
港区
目黒区
品川区
江北JCT
板橋JCT
小菅JCT
堀切JCT
東武スカイツリーライン
常磐線
日暮里・舎人ライナー
都電荒川線
荒川
王子駅
熊野前駅
北千住駅
巣鴨駅
駒込駅
山手線
大塚駅
池袋駅
目白駅
高田馬場駅
新大久保駅
大久保駅
新宿駅
新宿御苑
代々木駅
四ツ谷駅
飯田橋駅
御茶ノ水駅
秋葉原駅
神田駅
上野駅
上野公園
鶯谷駅
曳舟駅
浅草駅
亀戸駅
新日本橋駅
東京駅
皇居
有楽町駅
新橋駅
隅田川
浜松町駅
豊洲駅
京葉線
原宿駅
渋谷駅
恵比寿駅
田町駅
レインボーブリッジ
りんかい線
高輪ゲートウェイ駅
東海道新幹線
横須賀線
東京モノレール
品川駅
目黒駅
五反田駅
大崎駅
ゆりかもめ
東京港
東急東横線
東急目黒線
旗の台駅
大井町駅
青物横丁駅
京急本線
東急池上線
0
2km
N
寺院
神社
自然・その他

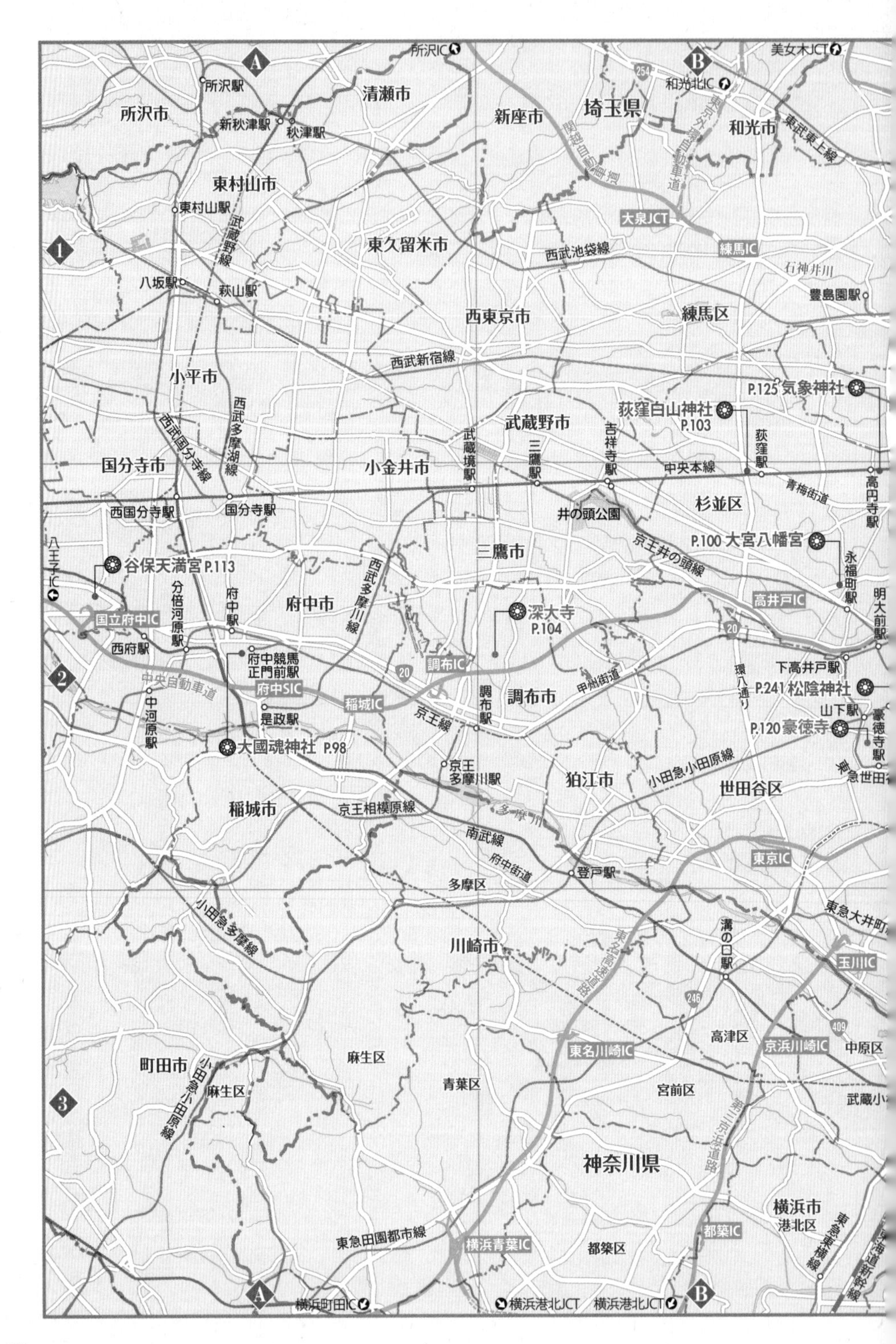
所沢IC
美女木JCT
所沢駅
清瀬市
和光北IC
所沢市
新秋津駅
秋津駅
新座市
埼玉県
和光市
東武東上線
関越自動車道
東京外環自動車道
東村山市
東村山駅
武蔵野線
大泉JCT
東久留米市
練馬IC
西武池袋線
石神井川
八坂駅
萩山駅
豊島園駅
西東京市
練馬区
西武新宿線
小平市
P.125 気象神社
西武多摩湖線
荻窪白山神社
P.103
西武国分寺線
武蔵野市
国分寺市
武蔵境駅
三鷹駅
吉祥寺駅
荻窪駅
小金井市
中央本線
青梅街道
高円寺駅
西国分寺駅
国分寺駅
井の頭公園
杉並区
八王子IC
谷保天満宮 P.113
三鷹市
P.100 大宮八幡宮
京王井の頭線
永福町駅
分倍河原駅
府中駅
西武多摩川線
府中市
深大寺
P.104
高井戸IC
明大前駅
国立府中IC
西府駅
府中競馬正門前駅
調布IC
環八通り
下高井戸駅
中央自動車道
府中SIC
甲州街道
P.241 松陰神社
中河原駅
稲城IC
調布駅
調布市
山下駅
京王線
P.120 豪徳寺
豪徳寺駅
是政駅
大國魂神社 P.98
京王多摩川駅
狛江市
小田急小田原線
東急世田谷線
世田谷区
稲城市
京王相模原線
多摩川
南武線
東京IC
府中街道
登戸駅
多摩区
小田急多摩線
東急大井町線
溝の口駅
川崎市
東名高速道路
玉川IC
高津区
東名川崎IC
京浜川崎IC
中原区
町田市
麻生区
小田急小田原線
麻生区
青葉区
宮前区
武蔵小
第三京浜道路
神奈川県
横浜市
港北区
東急東横線
東海道新幹線
東急田園都市線
横浜青葉IC
都築区
都築IC
横浜町田IC
横浜港北JCT
横浜港北JCT

川口JCT
西新井大師 P.198
炎天寺 P.124
三郷JCT
赤羽駅
大師前駅
西新井駅
東武スカイツリーライン
足立区
板橋区
北区
江北JCT
日暮里・舎人ライナー
常磐線
小菅駅
板橋JCT
王子駅
都電荒川線
北千住駅
小菅JCT
水戸街道
高砂駅
京成
北総線
青砥駅
京成本線
荒川区
堀切JCT
豊島区
池袋駅
山手線
葛飾区
船橋駅
台東区
墨田区
文京区
総武本線
曳舟駅
上野公園
上野駅
京葉道路
宮野木JCT
中野区
浅草駅
中川
秋葉原駅
新宿区
目黄不動（最勝寺）
P.131
江戸川区
新宿駅
新宿御苑
千代田区
皇居
新大橋通り
東京駅
荒川
渋谷区
中央区
葛西橋通り
江東区
北沢駅
渋谷駅
高谷JCT
目青不動（最勝寺）P.131
港区
環七通り
京葉線
東京湾岸道路
隅田川
三軒茶屋駅
レインボーブリッジ
新木場駅
葛西JCT
京葉線
りんかい線
目黒駅
舞浜駅
新浦安駅
世田谷観音 P.113
品川駅
ゆりかもめ
東急目黒線
東京モノレール
東急東横線
目黒区
大崎駅
東京港
品川区
旗の台駅
東京ゲートブリッジ
自由が丘駅
京急本線
大岡山駅
東急池上線
P.79
東海道新幹線
大森駅
横須賀線
北野神社 P.124
東急多摩川線
平和島駅
池上本門寺 P.102
大田区
池上駅
昭和島駅
東京湾
第二京浜道路
東海道本線
第一京浜道路
羽田空港
蒲田駅
京急蒲田駅
京浜東北線
羽田神社 P.109
0
3km
羽田空港第2ターミナル駅
京急空港線
羽田空港第1・第2ターミナル駅
幸区
天空橋駅
寺院
神社
自然・その他
羽田航空神社 P.115
大師JCT
京急川崎駅
川崎駅
川崎市
東京モノレール
川崎浮島JCT

盛大な神田祭が有名
家康ゆかりの江戸総鎮守

神田神社

かんだじんじゃ

東京都千代田区 MAP P.79B2

東京の中心である神田、日本橋、丸の内など108町会の総氏神。創建は天平2年(730)に遡り、「神田明神」の通称で親しまれる。関ケ原の戦いを前に徳川家康が参拝して武運を祈願し、神田祭と同じ旧暦9月15日に勝利。以後、江戸の総鎮守として重視され、庶民からも篤い信仰が寄せられた。現在の神田祭は5月中旬に行われ、祇園祭(京都)、天神祭(大阪)と並ぶ日本三大祭りのひとつ。

コンクリート造りには見えない厳かな社殿。木造の姿に近づける工夫が随所に

DATA & ACCESS

☎03-3254-0753 所東京都千代田区外神田2-16-2 開休料参拝自由 交JR御茶ノ水駅から徒歩5分 Pあり

華やかな行列や神輿は必見
江戸の粋を受け継ぐ祭礼

西暦の奇数年に本祭、偶数年に蔭祭が行われ、一般に神田祭といえば賑やかな本祭を指す。豪華な大行列が街を巡る「神幸祭」、大小200を超える神輿が神田明神に向かって進む「神輿宮入」などが見どころ。

御祭神

大己貴命
おおなむちのみこと

少彦名命
すくなひこなのみこと

平将門命
たいらのまさかどのみこと

主なご利益

縁結び、商売繁昌、健康、開運招福、除災厄除ほか

1 色鮮やかな装飾が印象的
楼門 ろうもん

総檜、入母屋造りの隋神門。昭和50年(1975)の再建で、朱塗りや金箔の色彩と細やかな彫刻が美しい。

東京を代表する10の神社。それぞれ強い御神徳があり、すべて巡ると願いが成就するかも。

2 昭和初期の新たな神社建築
御本殿 ごほんでん

昭和9年(1934)に建てられた権現造の社殿。当時としては画期的な鉄骨鉄筋コンクリート造り、総朱漆塗り。伊東忠太、大江新太郎、佐藤功一といった近代神社建築を代表する建築家により設計された。

3 荒波の上に立つ金色のえびす像
えびす様尊像 えびすさまそんぞう

二の宮の御祭神・少彦名命(えびす様)の像。海の仲間に守られて大海原を渡る姿を造形したもの。

4 目を見張るほど大きいだいこく様
だいこく様尊像 だいこくさまそんぞう

高さ約6.6m、重さ約30tで、石造りのだいこく像としては日本一。昭和51年(1976)に完成した。

迫力ある例祭で知られる
江戸最大の八幡さま

富岡八幡宮
とみおかはちまんぐう

東京都江東区 MAP P.79B2

寛永4年(1627)、当時永代島(えいだいじま)と呼ばれていた現在地に創建。砂州一帯を埋め立てた社地は6万坪以上に及び、八幡大神を崇敬した徳川将軍家の庇護のもと、「江戸最大の八幡さま」として信仰を集めてきた。現在の大相撲につながる江戸勧進相撲発祥の地としても有名。月次祭のほか骨董市やフリーマーケットなどの催しも定期的に開かれ、大勢の人で賑わう。

DATA & ACCESS

☎03-3642-1315 所東京都江東区富岡1-20-3 開9:00～16:00 休無休 料無料 交地下鉄・門前仲町駅から徒歩3分 Pあり

御祭神

応神天皇(誉田別命)
おうじんてんのう(ほんだわけのみこと)

主なご利益

厄除け、家内安全、交通安全、商売繁盛、必勝祈願、無病息災ほか

江戸の三大祭

賑やかな掛け声とともに水しぶきが激しく飛び交う

江戸三大祭りのひとつである深川八幡祭り。観客が神輿の担ぎ手にお清めの水を勢いよく浴びせることから、「水掛け祭」とも呼ばれる。特に53基の町神輿が連合渡御する3年に一度の本祭りは迫力満点。

1 歴代横綱の四股名が並ぶ
横綱力士碑 よこづなりきしひ

高さ約3.5m、幅約3m、重さ約20tの石碑。初代明石志賀之助から73代照ノ富士までの四股名が刻まれている。

2 青空に映える朱塗りの大鳥居
大鳥居 おおとりい

永代通り沿いの正面参道入口にそびえる大きな鳥居。このほかに3つの入口がある。

江戸時代から「深川の八幡様」と親しまれる神社。境内には多くの末社が鎮座する

3 八幡造の風格ある社殿
本殿 ほんでん

前後2つの建物を連結させた伝統的な八幡造の社殿。昭和31年(1956)に鉄筋コンクリート造りで再建された。

4 七渡弁天として信仰される地主神
七渡神社
ななわたりじんじゃ

八幡宮の創祀以前から祀られる地主神。祭日にはお使いの白蛇が出るといわれ、神社の職員も目にしたことがあるという。

富岡八幡宮MAP

日本の中枢を守護する
永田町の「山王さん」

日枝神社
ひえじんじゃ

東京都千代田区 MAP P.79A2

文明10年(1478)、太田道灌が江戸城内に川越から山王社を勧請。徳川家康の江戸入府後は「徳川家の守り神」「江戸の産神」として崇められ、江戸の繁栄の礎となった。御祭神の大山咋神は山や水を司る神で、大地を支配し万物の成長発展を守護することから、出世や仕事運のご利益で有名。永田町という立地もあって、政財界からの崇敬も篤い。

DATA & ACCESS

☎03-3581-2471 所東京都千代田区永田町2-10-5 開6:00～17:00(授与所8:00～16:00、祈祷受付・宝物殿9:00～16:00) 休無休 料無料 交地下鉄・赤坂駅から徒歩3分 Pあり

御祭神

大山咋神 おおやまくいのかみ

主なご利益

厄除け、安産、縁結び、商売繁盛ほか

三角形の破風が特徴的
鳥居 とりい
ビルに囲まれた外堀通り沿いの鳥居。上部に三角形の破風がのった独特の形をしており、「山王鳥居」と呼ばれる。

風に揺れる花房が美しい
藤棚 ふじだな
「ノダフジ」という品種で、長い房が魅力。4月中旬から5月上旬が見頃。

絶好の撮影スポット
稲荷参道 いなりさんどう
末社の山王稲荷神社の参道。朱色の鳥居が立ち並ぶ「千本鳥居」がある。

戦後に蘇った壮麗な社殿
拝殿 はいでん
火災や空襲などで幾度も焼失。現在の社殿は昭和33年(1958)の再建。

社殿の両脇には、狛犬ではなく夫婦一対の神猿像が置かれており、撫でるとご利益も

境内は6代将軍徳川家宣の生誕地。家宣の氏神社として立派な社殿が建造された

江戸時代中期の豪華な造り
楼門 ろうもん
入母屋造り、栈瓦葺の三間一戸楼門。社殿とともに宝永3年(1706)に完成。

徳川綱吉が造営した貴重な社殿群がすべて現存

根津神社
ねづじんじゃ

東京都文京区　MAP P.79B1

日本武尊(やまとたけるのみこと)が千駄木の地に創祀したのが始まりとされる古社。宝永2年(1705)、5代将軍徳川綱吉が世継ぎを定めた折、根津に遷座して社殿の大造営を行った。翌年に完成した本殿、幣殿、拝殿、唐門、西門、透塀(すいべい)、楼門がすべて現存しており、国の重要文化財に指定。境内には約2000坪のつつじ苑があり、見頃の時期に文京つつじまつりが開催される。

DATA & ACCESS
☎03-3822-0753 所東京都文京区根津1-28-9 開6:00～17:00 休無休 料無料 交地下鉄・根津駅から徒歩5分 Ⓟあり

多彩なツツジが咲き競う
つつじ苑 つつじえん
約100種3000株のツツジが植えられ、開花時期が違うため長期間楽しめる。

緑に映える朱色のトンネル
千本鳥居 せんぼんとりい
乙女稲荷神社の参道に連なる鳥居の数々。

本殿など7棟が重文に指定
社殿 しゃでん
権現造の立派なたたずまい。江戸時代の社殿一式が現存するのは珍しい。

御祭神
須佐之男命 すさのおのみこと
大山咋命 おおやまくいのみこと
誉田別命 ほんだわけのみこと

主なご利益
災厄除け、商売繁盛、合格祈願ほか

都会の風景に溶け込む社殿
拝殿 はいでん
石段の上にあるこぢんまりとした拝殿。
周囲にはオフィスビルが立ち並ぶ。

幕府の保護下で賑わった「関東のお伊勢さま」

芝大神宮
しばだいじんぐう

東京都港区 MAP P.79A2

1000年以上の歴史を誇り、伊勢神宮と同じ御祭神を祀ることから「関東のお伊勢さま」とも。江戸時代には幕府の手厚い保護を受けて繁栄し、その賑わいは歌川広重の錦絵にもうかがえる。現在はオフィスビルに囲まれ、企業やビジネスマンからの信仰が篤い。縁結びスポットとしても人気で、11～2月限定の幻想的な結婚式「篝火(かがりび)挙式」が注目を集める。

DATA & ACCESS

☎03-3431-4802 所東京都港区芝大門1-12-7 開休料参拝自由 交地下鉄・大門駅からすぐ Pあり

しょうが栽培が盛んだった名残
生姜塚 しょうがづか
かつて付近にはしょうが畑が広がり、しょうがを神前に供える習慣も生まれた。

約190kgの重さがある
力石 ちからいし
「五拾貫余」と刻まれた力石。明治時代には片手で持ち上げた力士がいたそう。

愛嬌のある顔が目を引く
狛犬 こまいぬ
拝殿前の狛犬。どこか愛らしい表情で、吽像の頭の上には角がある。

御祭神

天照皇大御神 あまてらすおおみかみ
豊受大御神 とようけのおおみかみ

主なご利益

病気平癒、商売繁盛、家内安全、交通安全、厄除け、学業成就ほか

巨大な富士塚がそびえる 旧東海道近くの由緒ある社

品川神社
しながわじんじゃ

東京都品川区 MAP P.79A3

文治3年(1187)に源頼朝が安房国の洲崎明神(すのさきみょうじん)を勧請したのが起源。徳川家康が関ケ原の戦いの勝利を祈願したと伝えられ、祈願成就のお礼に奉納された御神面や神輿が大切に保管されている。境内には、都内最大級の富士塚をはじめ、神楽殿などの見どころが点在。末社の阿那稲荷神社は「一粒萬倍の御神水」が湧き、金運のご利益があるとして人気がある。

DATA & ACCESS

☎03-3474-5575 所東京都品川区北品川3-7-15 開休 料参拝自由 交各線・品川駅から徒歩15分 Pあり

頂上は見晴らし抜群
富士塚 ふじづか
都内屈指の規模を誇る富士塚。明治初期の築造で、富士山の溶岩を用いているといわれる。麓には浅間神社が鎮座し、頂上からは周辺の街並みが見渡せる。

精巧な龍の彫刻が見事
大鳥居 おおとりい
都内に3つだけの「双龍鳥居」。昇り龍と下り龍が巻き付くように彫られている。

御祭神

天比理乃咩命 あめのひりのめのみこと
宇賀之売命 うかのめのみこと
素盞嗚尊 すさのおのみこと

主なご利益

祈願成就、航海安全、厄除け、農業・商業・産業繁栄、金運上昇ほか

東海七福神のひとつであり、大黒天を祀る。正月は大勢の初詣客で賑わう

長い石段を上って参拝
御本殿 ごほんでん
旧東海道を見下ろす高台に鎮座。現在の社殿は昭和39年(1964)の落成。

8代将軍徳川吉宗が寄進した
旧境内の飛鳥山は桜の名所

王子神社

おうじじんじゃ

東京都北区 MAP P.79A1

元亨2年(1322)、領主・豊島氏が紀州熊野三社より王子大神(おうじおおかみ)を迎えたことに始まり、これが王子の地名の由来。徳川時代に入ると家康から朱印地200石を与えられ、将軍家祈願所に定められた。なかでも、紀州出身の8代将軍徳川吉宗は篤い崇敬を寄せ、飛鳥山を寄進して多くの桜を植樹。以後、江戸庶民遊楽の地となり、現在も桜の名所として賑わいをみせる。

DATA & ACCESS

☎03-3907-7808 所東京都北区王子本町1-1-12 開休料参拝自由 交JR王子駅から徒歩3分 Pあり

黒塗りに白い柱が映える

拝殿 はいでん

戦災で焼失後、黒塗りと金箔を施した荘厳な権現造の社殿として再建。

御祭神

伊邪那岐命 いざなぎのみこと
伊邪那美命 いざなみのみこと
天照大御神 あまてらすおおみかみ
速玉之男命 はやたまのおのみこと
事解之男命 ことさかのおのみこと

主なご利益

開運除災、子育大願ほか

多くの理容関係者が参拝

毛塚 けづか

全国でも珍しい髪の祖神を祀る関神社。毛髪報恩のための毛塚が立つ。

幾多の災難を耐え抜いた
享保年間の社殿が今も残る

赤坂氷川神社

あかさかひかわじんじゃ

東京都港区 MAP P.79A2

厄除けや縁結びのご利益で信仰を集める赤坂、六本木の氏神。天暦5年(951)の創建で、8代将軍徳川吉宗の時代には紀州藩中屋敷の産土神(うぶすながみ)として尊重され、厳かな社殿が造営された。これらの建物は大地震や空襲などを奇跡的に免れ、江戸の年号が刻まれた鳥居や狛犬、灯籠も現存。都心にありながら境内は緑深く、江戸の情景を今に伝えている。

DATA & ACCESS

☎03-3583-1935 所東京都港区赤坂6-10-12 開6:00~17:30 休無休 料無料 交地下鉄・赤坂駅から徒歩9分 Pあり

質素倹約の時代にふさわしい造り

本殿 ほんでん

享保15年(1730)建立。質実な気風のなかに重厚な意匠が垣間見られる。

簡素ながら威厳を感じるたたずまい

楼門 ろうもん

三の鳥居の奥に見える落ち着いた楼門。その先にひっそりと社殿が建つ。

御祭神

素盞嗚尊 すさのおのみこと
奇稲田姫命 くしいなだひめのみこと
大己貴命 おおなむぢのみこと

主なご利益

厄除け、縁結び、家内安全、商売繁昌ほか

四季の花々が彩りを添える
風情豊かな「東の太宰府」

亀戸天神社
かめいどてんじんじゃ

東京都江東区 MAP P.79B2

「亀戸の天神さま」「亀戸天満宮」の愛称で親しまれる関東三大天神のひとつ。寛文2年(1662)、太宰府天満宮にならって社殿、回廊、心字池、太鼓橋が造営され、東国天満宮の宗社として崇敬されてきた。境内には、触れると知恵を授かるという神牛、飛梅の実生を祀る紅梅殿など菅原道真公ゆかりの見どころが多く、梅、藤、菊といった花の名所でもある。

DATA & ACCESS

☎03-3681-0010 所東京都江東区亀戸3-6-1 開休料参拝自由 交JR亀戸駅から徒歩15分 Pあり

人気の合格祈願スポット
拝殿 はいでん
受験シーズンには多くの学生が参拝。背後に東京スカイツリーがそびえる。

水面に映る様子が雅やか
太鼓橋 たいこばし
心字池に架かる3つの橋のうち2つが太鼓橋。鮮やかな朱色と曲線が美しい。

御祭神

天満大神(菅原道真公)
てんまんだいじん(すがわらのみちざねこう)

主なご利益

学業成就、開運招福、
商売繁盛、交通安全ほか

初夏の境内を染める
涼やかなアジサイが見事

白山神社
はくさんじんじゃ

東京都文京区 MAP P.79A1

白山の地名の起こりとなった由緒ある神社。天暦年間(947〜957)、加賀一宮の白山神社を勧請したことに始まる。江戸時代には、5代将軍徳川綱吉と生母・桂昌院(けいしょういん)の帰依を受けて繁栄し、小石川の鎮守として庶民からも信仰を集めた。毎年6月頃は約3000株の多様なアジサイが色とりどりに咲き誇り、文京あじさいまつり開催中は境内の富士塚が公開される。

DATA & ACCESS

所東京都文京区白山5-31-26 開休料参拝自由 交地下鉄・白山駅から徒歩2分 Pあり

落ち着きのある風合い
拝殿 はいでん
明治時代に再建され、昭和初期に改修。細かい彫刻に職人技が垣間見える。

期間限定で登拝が可能に
富士塚 ふじづか
文京あじさいまつり期間中のみ公開。アジサイを眺めながら登拝できる。

御祭神

菊理姫命 くくりひめのみこと
伊弉諾命 いざなぎのみこと
伊弉冊命 いざなみのみこと

主なご利益

縁結びほか

庶民文化の拠点となった
長い歴史を持つ観音霊場

浅草寺
せんそうじ

東京都台東区 MAP P.79B1

都内最古の寺院にして日本屈指の観光名所。推古天皇36年(628)、隅田川で漁網にかかった観音像を祀ったことが起源とされ、源頼朝や足利尊氏らの寄進により寺領を拡大した。江戸時代には幕府の祈願所に指定され、行楽を兼ねた庶民信仰の場として定着。江戸文化の中心地となって栄えた往時の面影は、今も仲見世通りの賑わいなどに見ることができる。

DATA & ACCESS

☎03-3842-0181 所東京都台東区浅草2-3-1 開休料参拝自由 交各線・浅草駅／東武・東武浅草駅から徒歩5分 Pなし

御本尊

聖観世音菩薩 しょうかんぜおんぼさつ

主なご利益

諸願成就

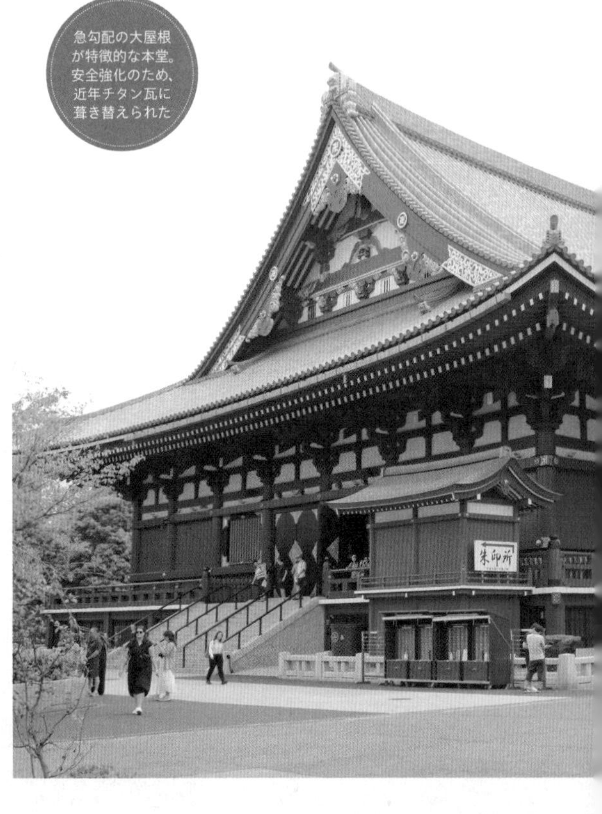

急勾配の大屋根が特徴的な本堂。安全強化のため、近年チタン瓦に葺き替えられた

1 赤い提灯が印象的な浅草のシンボル
雷門 かみなりもん

正式名称は風雷神門。現在の雷門は松下電器産業創設者・松下幸之助の寄進によるもの。

2 線香の煙を浴びて心身の邪気を払う
常香炉 じょうこうろ

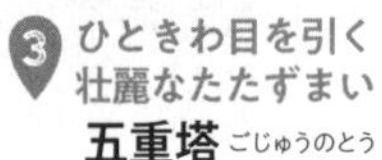

ここで焚かれた線香の煙で体の悪いところをさすると治りがよくなるとされる。

3 ひときわ目を引く壮麗なたたずまい
五重塔 ごじゅうのとう

本堂と同じく、昭和20年(1945)の東京大空襲で焼失し、再建されたもの。高さは約48m。

浅草寺を中心に多彩な寺社が集中。下町散歩を楽しみながら各所を巡って参拝したい。

5 絶対秘仏の観音さまを安置
本堂 ほんどう

昭和20年(1945)の東京大空襲で焼失し、昭和33年(1958)に再建された。秘仏本尊と、裏側の観音像(通称「裏観音さま」)が鎮座する。

6 鮮やかな朱塗りの社
弁天堂 べんてんどう

「老女弁財天」といわれる白髪の弁財天が祀られている。関東三弁天のひとつ。

7 珍しい六角円堂
六角堂 ろっかくどう

室町時代に建立されたもので、境内で最古の建物。「日限地蔵尊」が祀られている。

4 貴重な宝物を収めた、堂々たる仁王門
宝蔵門 ほうぞうもん

左に阿形像、右に吽形像の仁王像が安置されている。上層部分には寺宝が収蔵されている。

参道グルメ & おみやげ

仲見世通りは、雷門から宝蔵門までの表参道のことで、80店以上の雑貨店や菓子店が立ち並んでいる。おみやげやおいしい軽食も販売しており、観光客に人気のスポットとなっている。

かつては浅草寺と一体だったが、神仏分離令により、独立して浅草神社に改められた

浅草寺の起源に関わる「三社様」を祀る神社

浅草神社
あさくさじんじゃ

東京都台東区 MAP P.79B1

浅草寺本堂の東側に隣接する神社。浅草寺の創建に関わった3人を御祭神として祀っていることから「三社様」の呼び名で親しまれる。現在の社殿は徳川家光の寄進により慶安2年(1649)に完成したもので、幣殿と拝殿が渡り廊下でつながれた権現造の様式が特徴。例大祭の三社祭は勇ましい神輿渡御が見どころで、3日間にわたり街全体が熱気に包まれる。

DATA & ACCESS

☎03-3844-1575 所東京都台東区浅草2-3-1 開休料参拝自由 交各線・浅草駅／東武・東武浅草駅から徒歩7〜10分 Pあり

御祭神

土師真中知命 はじのまなかちのみこと
檜前浜成命 ひのくまのはまなりのみこと
檜前武成命 ひのくまのたけなりのみこと

主なご利益

心願成就、商売繁盛、家内安全、交通安全、必勝祈願、無病息災癒ほか

350年前の姿をそのまま残す
社殿 しゃでん
度重なる火災や戦争などの被害を逃れた貴重な社殿で、国指定重要文化財。

出世のご利益で人気
被官稲荷神社
ひかんいなりじんじゃ
町火消の親分・新門辰五郎の妻が病に伏した折、京都の伏見稲荷神社に祈願して全快したことから分霊を勧請。「官を被る」の名から、就職や出世が叶うスポットとして注目を集める。

仲睦まじい狛犬
夫婦狛犬
めおとこまいぬ
寄り添うように配置された珍しい狛犬。その姿から良縁や夫婦和合、恋愛成就のご利益で人気がある。

初夏の例大祭

勇壮な神輿が練り歩く 初夏の風物詩・三社祭

5月の第3土曜を基点とした金・土・日曜に開催。初日は芸妓連などの大行列で幕を開け、2日目は約100基の町内神輿、最終日は3基の宮神輿が渡御する。東京都・国無形文化財指定の神事「びんざさら舞」も奉納される。

浅草神社提供

数多くの招き猫に出会える
癒やしの縁結びスポット

今戸神社

いまどじんじゃ

東京都台東区 MAP P.79B1

康平6年(1063)創建。伊弉諾尊・伊弉冉尊の夫婦神が祀られていることから、縁結びのパワースポットとして話題を集める。招き猫発祥地のひとつと伝えられ、境内のいたるところに配置された大小の招き猫が愛らしい。拝殿の横には2体の「石なで猫」があり、なでると福を授かるという。招き猫をモチーフにした授与品や丸い形をした絵馬も人気。

DATA & ACCESS

☎03-3872-2703 所東京都台東区今戸1-5-22 開休料参拝自由 交各線・浅草駅／東武・東武浅草駅から徒歩10〜15分 Pなし

夫婦の招き猫がお出迎え

招き猫 まねきねこ

拝殿に置かれた招き猫。ほかにも多彩な招き猫があり、今戸焼で作られたものが多い。

幾度もの被災を経て再建

社殿 しゃでん

焼失と再建が繰り返され、現在の社殿は昭和46年(1971)の造営。

御祭神

應神天皇 おうじんてんのう
伊弉諾尊 いざなぎのみこと
伊弉冉尊 いざなみのみこと
福禄寿 ふくろくじゅ

主なご利益

開運、無事息災、縁結び、金運上昇ほか

↓かわいらしい猫を描いた縁結びのお守りなども

度重なる火難を免れた
火伏せの不動尊として有名

橋場不動尊

はしばふどうそん

東京都台東区　MAP P.79B1

正式名称は砂尾山橋場寺不動院で、天平宝字4年(760)に寂昇上人が開創。現在の本堂は弘化2年(1845)に建てられたもので、大火や震災、空襲など幾多の災いを免れたことから「霊験あらたかな火伏せの橋場不動尊」として信仰の対象となっている。本堂右にそびえる大イチョウは樹齢700年を誇り、江戸時代には隅田川往来の目印になったという。

DATA & ACCESS

☎03-3872-5532 所東京都台東区橋場2-14-19 開休料参拝自由 交地下鉄・浅草駅から徒歩25分 Pなし

古色を帯びた美しいお堂
本堂 ほんどう
東京の下町を襲った災禍をすべて免れ、江戸時代の姿をとどめる。

庶民の信仰がうかがえる
百度石 ひゃくどいし
本堂の横に立つ百度石。100回参拝すると願いが叶うというお百度参りの標石として用いられた。

御本尊
大聖不動明王
だいしょうふどうみょうおう

主なご利益
火伏せ、煩悩退散、厄除け、商売繁盛ほか

縁起物の熊手が授与される
「酉の市」発祥の神社

浅草鷲神社

あさくさおおとりじんじゃ

東京都台東区　MAP P.79B1

11月の酉の日に関東各地で開催される酉の市は、この神社が起源。東夷征討を成した日本武尊が、社前の松に武具の熊手をかけて勝ち戦を祝ったのが11月の酉の日であったという故事に由来する。例祭日の午前0時に打ち鳴らされる一番太鼓を合図に始まり、「かっこめ」と呼ばれる熊手守りが授与されるほか、豪華な縁起熊手を売る露店が軒を連ねる。

DATA & ACCESS

☎03-3876-0010(インフォメーション) 所東京都台東区千束3-18-7 開休料参拝自由 交地下鉄・入谷駅から徒歩7分 Pあり

御祭神
天日鷲命 あめのひわしのみこと
日本武尊 やまとたけるのみこと

主なご利益
開運、商売繁昌、家運隆昌、子育て、出世ほか

日本最大級を誇る酉の市
酉の市 とりのいち
開運招福や商売繁昌を願う伝統行事。鷲神社の酉の市は全国でも最大規模で、縁起物の熊手を買い求める人々で賑わう。

朱色の柱が目に鮮やか
社殿 しゃでん
社殿は戦後の再建。6月末と12月末には境内に大祓い茅の輪が設置される。

遊女たちの拠り所となった
5つの稲荷神社と弁財天

吉原神社

よしわらじんじゃ

東京都台東区 MAP P.79B1

かつて吉原遊郭に祀られていた5つの稲荷神社と、遊郭に隣接していた吉原弁財天を合祀した神社。遊女たちの信仰を集めたことから、女性の願いが叶うスポットとして知られる。境内のしだれ桜は「逢初桜」と呼ばれ、「駒止松」「見返り柳」と並ぶ「廓の三雅木」のひとつ。現在の逢初桜は平成24年(2012)に植樹されたもので、遊郭時代の面影が偲ばれる。

DATA & ACCESS

☎03-3872-5966 所東京都台東区千東3-20-2 開休料参拝自由 交地下鉄・三ノ輪駅から徒歩15分 Pなし

遊郭の歴史を今に伝える
社殿 しゃでん

空襲で焼失後、昭和43年(1968)に再建。周囲には住宅街が広がる。

地中の神を祀る小さな社
お穴様 おあなさま

境内の一角にひっそりと鎮座。地中には、神社の土地を守る神がいるとされている。

御祭神

倉稲魂命 うかのみたまのみこと
市杵島姫命 いちきしまひめのみこと

主なご利益

開運、縁結び、商売繁昌ほか

聖天さまの功徳を表した
大根と巾着がシンボル

待乳山聖天

まつちやましょうでん

東京都台東区 MAP P.79B1

正式には本龍院といい、浅草寺の支院のひとつ。推古天皇9年(601)、十一面観音の化身である大聖歓喜天がこの地に降臨し、人々を救ったとの伝承がある。境内各所に見られる大根の印は身体健全や夫婦和合、巾着の印は財福の功徳を表したもの。毎年1月7日の大根まつりでは、正月中にお供えされた大根を調理した風呂吹き大根が振る舞われる。

DATA & ACCESS

☎03-3874-2030 所東京都台東区浅草7-4-1 開休料参拝自由 交各線・浅草駅／東武・東武浅草駅から徒歩7~10分 Pあり

隅田川西岸にある
小高い丘の上に建つ
本堂 ほんどう

標高約10mの待乳山にたたずむ寺院。本堂の正面にも大根や巾着の意匠が施されている。

境内の随所に大根のデザインが
大根 だいこん

大根は心身を浄化する大切なものと考えられ、聖天さまの供養に欠かせない供物となっている。

御本尊

大聖歓喜天 だいしょうかんぎてん

主なご利益

心願成就、商売繁盛、家内安全ほか

厄除け・開運

代々木八幡宮

よよぎはちまんぐう

東京都渋谷区　MAP P.79A2

豊かな自然に恵まれた都会の厄除けスポット

鎌倉時代、源頼家ゆかりの武士・荒井外記智明が鶴岡八幡宮を勧請したのが始まり。八幡神は古くは朝廷や武家からの崇敬を集め、国家鎮護、破邪顕正の神と仰がれてきた。現在は厄除開運をはじめ多数のご利益で知られ、代々木の総鎮守として鎮座。境内には自然林が広がり、都心にいながら美しい緑に癒やされる。

御祭神 応神天皇（おうじんてんのう）

木々に覆われた拝殿。境内には縄文時代の遺跡もある

そのほかこんなご利益も!
縁結び、出世、金運ほか

風情ある石段を上った先に一の鳥居が立つ

仕事運のご利益がある出世稲荷

DATA & ACCESS

℡03-3466-2012 所東京都渋谷区代々木5-1-1 開休料参拝自由 交小田急・代々木八幡駅からすぐ Pなし

厄除け

大國魂神社

おおくにたまじんじゃ

東京都府中市　MAP P.80A2

1900年の長い歴史を誇る格式高い武蔵国の守り神

景行天皇41年(111)創建と伝えられ、格式ある東京五社のひとつ。大國魂大神は出雲大社の大国主神と同神とされ、かつて武蔵国を開き、人々に衣食住の道を教え、医療やまじないの術を授けたという。厄除けや縁結びなどのご利益があり、八方除けをはじめとする各種祈祷も毎日奉仕。毎年5月には例大祭「くらやみ祭」が斎行される。

明治18年(1885)に改築された銅板葺素木造の拝殿

御祭神
大國魂大神（おおくにたまのおおかみ）

そのほかこんなご利益も!
縁結び、商売繁盛ほか

高さ8.5mの随神門。木造の門としては稀な大きさ

DATA & ACCESS

℡042-362-2130 所東京都府中市宮町3-1 開6:00～17:00 9月15日～3月31日 6:30～17:00 休無休 料無料 交JR府中本町駅／京王・府中駅から徒歩5分 Pあり

災いや病気を追い払って心身リフレッシュ。眼病や虫歯など特定の病に効くご利益も。

厄除け・開運

戸越八幡神社

とごしはちまんじんじゃ

東京都品川区 MAP P.79A3

戸越の地名の由来となった江戸越えのお宮さま

室町時代、諸国行脚の僧・行永法師が結んだ成就庵が起源。古歌に「江戸越えて清水の上の成就庵ねがひの糸のとけぬ日はなし」とあり、戸越の地名の起こりと伝えられる。御祭神の誉田別命(応神天皇)は厄除開運の神徳とともに、我国文教の祖、殖産の守護神として有名。境内には25面の貴重な奉納絵馬や力石(さし石)などがある。

御祭神 誉田別命(ほんだわけのみこと)

DATA & ACCESS

☎03-3781-4186 所東京都品川区戸越2-6-23 開休料参拝自由 交地下鉄・戸越駅から徒歩5分 Pなし

そのほかこんなご利益も!
学業成就、産業の発展ほか

2021年に改修工事を終えて美しく蘇った社殿

戸越銀座商店街にほど近い住宅街に鎮座する

御神木の希少なケンポナシの木

厄除け

波除稲荷神社

なみよけいなりじんじゃ

東京都中央区 MAP P.79B2

人生の荒波を乗り切る強い厄除けパワーを授かる

江戸開府当時は一面の海だった現在の築地一帯。万治年間(1658～1661)に埋め立てが進められたが、荒波のため工事は難航を極めていた。ある日、海面を漂う稲荷大神の御神体を見つけ、社殿を建てて祀ったところ、波風が収まって工事が無事完了したという。以後、「災難を除き、波を乗り切る」波除稲荷として信仰を集めている。

御祭神 倉稲魂命(うかのみたまのみこと)

DATA & ACCESS

☎03-3541-8451 所東京都中央区築地6-20-37 開休料参拝自由 交地下鉄・築地市場駅から徒歩5分 Pなし

そのほかこんなご利益も!
商売繁盛、工事安全、芸事上達ほか

築地の発展を見守ってきた神社。境内には活魚塚、海老塚などの食材を祀る塚が並ぶ

寿司屋や料理屋などで使用された卵を供養する玉子塚。卵の形をした石碑が立つ

摂社・弁財天社のお歯黒獅子。例大祭「つきじ獅子祭」で町内を巡行する

厄除け

大宮八幡宮
おおみやはちまんぐう

東京都杉並区　MAP P.80B2

奥州の乱を鎮めた源氏の武将ゆかりの神社

「多摩の大宮」と称された武蔵国三大宮のひとつ。源頼義が奥州平定の折、京都の石清水八幡宮より分霊して創建した。頼義がこの地にさしかかった際、白雲が源氏の白旗のようにたなびいて軍を勝利に導いたとの縁起から、厄除開運の信仰が受け継がれる。授与品の破魔矢を家庭や職場に祀ると、災いを祓い繁栄をもたらすという。

御祭神　応神天皇（おうじんてんのう）
仲哀天皇（ちゅうあいてんのう）
神功皇后（じんぐうこうごう）

DATA & ACCESS

☎03-3311-0105 所東京都杉並区大宮2-3-1 開休料参拝自由 交京王・西永福駅から徒歩7分 Pあり

大樹に囲まれて静かにたたずむ、総檜造りの社殿

そのほかこんなご利益も！
安産、子育て、疫病退散ほか

神門前の「夫婦銀杏」は夫婦和合のシンボル

それぞれに願いが込められた絵馬

健康長寿

とげぬき地蔵尊 髙岩寺
とげぬきじぞうそん こうがんじ

東京都豊島区　MAP P.79A1

心と体の「とげ」をぬく安心と健康のお地蔵さん

「とげぬき地蔵尊」の名で親しまれる曹洞宗の寺。江戸時代に針を誤飲した女性が、本尊の延命地蔵菩薩を写した御札「御影（おすがた）」を飲ませたら、針が御影をつらぬいて出てきたのがいわれ。御影は本堂で授与され、体の悪いところや所持品に貼ると、飲んだりするとご利益があるという。境内には洗ったところがよくなる「洗い観音」も。

御本尊　地蔵菩薩像（延命地蔵）
（じぞうぼさつぞう、えんめいじぞう）

DATA & ACCESS

☎03-3917-8221 所東京都豊島区巣鴨3-35-2 開本堂6:00～17:00、4・14・24日は～20時 休無休 料無料 交JR／地下鉄・巣鴨駅から徒歩5分 Pなし

地蔵通りに面した山門右手の受香所にお参りセット（線香・ろうそく・洗い観音タオル）や御朱印帳などが用意されている

そのほかこんなご利益も！
病気平癒ほか

とげぬき地蔵の「御影」

境内の隅に立つ「洗い観音」

眼病治癒

源覚寺
げんがくじ

東京都文京区 MAP P.79A2

老婆の眼病を治した威厳あるこんにゃく閻魔

2024年に開山400年を迎える浄土宗寺院。右目部分が割れて黄色く濁った閻魔像を安置する。宝暦年間(1751～64)の頃、眼病を患った老婆のために閻魔大王が自らの右目を差し出したとの故事に由来。病が治った老婆は感謝のしるしに好物のこんにゃくを断って大王に供えたことから、「こんにゃく閻魔」と呼ばれるようになった。

御本尊
阿弥陀三尊(阿弥陀如来、観音菩薩、勢至菩薩)(あみださんぞん、あみだにょらい、かんのんぼさつ、せいしぼさつ)

DATA & ACCESS
☎03-3811-4482 所東京都文京区小石川2-23-14 開6:00～17:30 休無休 料無料 交地下鉄・後楽園駅／春日駅から徒歩3分 Pなし

↑閻魔堂には現在も多くのこんにゃくが供えられている

そのほかこんなご利益も!
歯痛緩和

↑昭和初期、サイパン島に転出した汎太平洋の鐘

↑毎年7月に開催されるほおずき市

厄除け

金綱稲荷神社
きんつないなりじんじゃ

東京都千代田区 MAP P.79B2

飛脚問屋から発展した企業の敷地内に鎮座

NIPPON EXPRESSホールディングスのルーツとなった飛脚問屋・京屋弥兵衛が、道中安全を祈念して伏見稲荷大神を勧請したのが始まり。ある夜の夢枕で「汝に黄金の綱を授けるものなり」とのお告げを受けたことから、「金綱」の名をつけたという。以後、京屋の飛脚は道中における山賊などの災いがなくなり、顧客の信用を得て繁盛したと伝えられる。

御祭神 倉稲魂命(うかのみたまのみこと)

DATA & ACCESS
所東京都千代田区神田和泉町2番地NXグループビル前 開休料参拝自由 交各線・秋葉原駅から徒歩5分 Pなし

↑NXグループビルの一角にあり、鮮やかな朱塗りの鳥居が目を引く

そのほかこんなご利益も!
交通安全、商売繁盛

→京屋から陸運元会社などの変遷を経て巨大物流会社となったNIPPON EXPRESSホールディングス

厄除け

池上本門寺
いけがみほんもんじ

東京都大田区 MAP P.81C3

日蓮入滅の霊跡に建つ荘厳な伽藍を誇る名刹

日蓮臨終の地に建立された日蓮宗の大本山。約4万坪の広大な境内に、荘厳な仁王門や大堂、関東最古の五重塔、日蓮の荼毘所跡に立つ多宝塔などが並び、貴重な文化財も数多い。心願成就や厄除けなどのご利益で知られるほか、眼病守護の日朝上人を祀る日朝堂も有名。力道山の墓があることから、格闘技ファンの姿も見られる。

御本尊 釈迦如来像(しゃかにょらいぞう)

DATA & ACCESS

☎03-3752-2331 所東京都大田区池上1-1-1 開5:00~16:00 休無休 料無料 交東急·池上駅から徒歩10分 Pあり

そのほか こんなご利益も!
心願成就、眼病回復ほか

↑空襲で焼失後、昭和52年(1977)に再建された仁王門

↑鉄筋コンクリート造りの大堂(祖師堂)

↑日蓮の灰骨を納めた御廟所

虫歯封じ

日比谷神社
ひびやじんじゃ

東京都港区 MAP P.79B2

ビルの谷間の「鯖稲荷」で歯の健康を祈願する

もとは日比谷の大塚山に鎮座。旅人の無病息災に霊験があったことから「旅泊(さば)稲荷」と称され、のちに通称「鯖稲荷」となった。かつて虫歯で苦しむ人がサバを食すのを断ち祈願したところ治ったと伝えられ、虫歯封じのお礼にサバを奉納する習わしが生まれたという。社務所で授与される「歯守」のお守りが注目を集める。

DATA & ACCESS

☎03-3433-2034 所東京都港区東新橋2-1-1 休水曜 開料参拝自由 交各線·新橋駅から徒歩5分 ゆりかもめ/地下鉄·汐留駅から徒歩3分 Pなし

そのほか こんなご利益も!
病気平癒、商売繁盛、厄除けほか

↑ビル群と鳥居が新旧のコントラストを見せる

↑平成21年(2009)に現在地に遷座された

御祭神

豊受大神(とようけのおおかみ)
瀬織津比賣大神(せおりつひめのおおかみ)
速開都比賣大神(はやあきつひめのおおかみ)
気吹戸主大神(いぶきどぬしのおおかみ)
速佐須良比賣大神(はやさすらひめのおおかみ)

歯の健康

荻窪白山神社

おぎくぼはくさんじんじゃ

東京都杉並区 MAP P.80B2

効果絶大と篤く信仰される 夢枕に立ち歯痛を治した神さま

文明年間(1469～1486)に関東管領上杉顕定の家臣・中田加賀守が、故郷の白山比咩神社から分神を勧請し、当地に祀ったのが始まり。中田加賀守の弟が歯痛に苦しんでいたところ、社前に生える萩で箸を作り食事をせよとお告げがあり、従ったところすぐに歯痛が治ったという言い伝えから、歯の神様として信仰されてきた。かつては祈願成就の際には、萩の箸を納めるのが習わしだった。現在では、歯に関する神事の際に「歯守り」というお守りが授与される。

御祭神 伊邪那美命(いざなみのみこと)

DATA & ACCESS

☎03-3398-0517 所東京都杉並区上荻1-21-7 開6:00～17:00(授与所10:00～16:00) 休無休(授与所は平日不定休) 料無料 交JR荻窪駅から徒歩5分 Pなし

昭和34年(1967)の社殿改修時には長押から多数の萩の箸が出てきた

そのほかこんなご利益も!
縁結び、安産、子育て、家内安全ほか

十二支に入れなかった猫を不憫と石像を置く

お宮参りの際には箸が授与される

健康祈願・病気平癒

五條天神社

ごじょうてんじんじゃ

東京都台東区 MAP P.79B1

上野恩賜公園内に鎮座する 人々の信仰篤い医薬の神

日本武尊が東夷征伐のため上野忍岡を通った際、大己貴命と少彦名命を祀ったのが起源とされる。この二柱は医薬祖神として崇められ、健康を願う人や医薬関係者などから信仰を集めてきた。毎月10日の医療祭には無病健康・病気平癒の祈祷に多くの参拝者が訪れる。前日までに申し込みをすれば当日不在でも祈祷をしてもらえる。

DATA & ACCESS

☎03-3821-4306 所東京都台東区上野公園4-17 開6:00～17:00(授与所9:00～17:00) 休料参拝自由 交JR上野駅から徒歩5分 京成上野駅から徒歩3分 Pなし

公園の緑と調和した社殿。早春は梅が美しい

御祭神
大己貴命(おおなむじのみこと)
少彦名命(すくなひこなのみこと)

そのほかこんなご利益も!
学業成就

同じ境内にある花園稲荷神社も参拝したい

厄除け

深大寺
じんだいじ

東京都調布市 MAP P.80B2

日本最大厄除け大師を祀る 武蔵野の自然に抱かれた寺

1300年の歴史を持つ関東屈指の古刹。日本最大厄除け大師として知られる高さ約2mの元三大師像や、東日本最古の国宝仏である釈迦如来像を安置する。毎年3月3日、4日の両日には厄除元三大師大祭が行われ、これに併せて縁起だるま市も開催。周辺は武蔵野の豊かな森や清らかな水に恵まれ、散策スポットとしても人気がある。

御本尊 宝冠阿弥陀如来像（ほうかんあみだにょらいぞう）

DATA & ACCESS

☎042-486-5511 所東京都調布市深大寺元町5-15-1 開6:00～17:00 休無休 料無料 交京王·調布駅から深大寺／吉祥寺駅／杏林大学病院／三鷹駅行きバスで10～15分、深大寺小学校前下車、徒歩5分 Pあり

↑現在の本堂は大正8年(1919)の再建。屋根は茅葺きから桟瓦葺きに変えられた

↑茅葺き屋根の山門は深大寺で最も古い建物

↑日本三大だるま市のひとつ

咳・喘息平癒

浄名院
じょうみょういん

東京都台東区 MAP P.79B1

数多くの石地蔵が並ぶ 喘息封じの「へちま寺」

旧暦8月15日に行われる「へちま加持祈祷会(へちま供養)」で知られ、別名「へちま寺」。へちま加持とは、咳や喘息などに効験あらたかとされる天台の秘法で、全国から病の治癒を願う人々が訪れる。1600坪を超える境内には、多数の石地蔵を安置。「八万四千体地蔵尊の建立」を目指したもので、現在も数が増え続けている。

御本尊 阿弥陀如来（あみだにょらい）

DATA & ACCESS

☎03-5832-9511 所東京都台東区上野桜木2-6-4 開9:00～17:00 休無休 料無料 交JR鶯谷駅から徒歩5分 Pなし

↑広い境内を埋め尽くす膨大な数の石地蔵。整然と並ぶ様子は壮観

→喘息などの病気平癒にご利益があるという、へちま地蔵尊

そのほか
こんなご利益も!
病気平癒ほか

皮膚病・美肌

玉鳳寺
ぎょくほうじ

東京都港区 MAP P.79A3

肌の悩みを拭い去る真っ白なおしろい地蔵

おしろいを塗って祈願すると、美肌や皮膚病の治癒などを叶えてくれる「おしろい地蔵」が有名。その昔、住職が泥まみれの地蔵を見つけ、洗っておしろいを塗り修復したところ、自身の顔のアザが消えたという言い伝えに由来する。境内には、日航機墜落事故の犠牲となった女優・北原遥子さんをモデルにした「美遥観音」もある。

御本尊 釈迦如来像（しゃかにょらいぞう）

DATA & ACCESS

☎03-3451-7214 所東京都港区三田4-11-19 開休料参拝自由 交地下鉄・白金高輪駅から徒歩5分 Pなし

↑「おしろい地蔵」として知られる御化粧延命地蔵尊。全身が白く塗られている

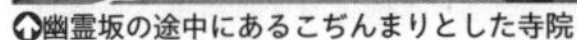

↑幽霊坂の途中にあるこぢんまりとした寺院

↑北原遥子さんを偲ぶ美遥観音

病気治癒

東覚寺
とうかくじ

東京都北区 MAP P.79B1

仁王像に赤い紙を貼って病気の身代わりを祈願

山門近くに立つ一対の仁王像は、寛永18年(1641)、江戸市中に蔓延した疫病を鎮めるために建造されたもの。自分の患部と同じ場所に赤紙を貼ると仁王像が病気の身代わりになってくれると信じられ、全身が赤紙で覆われていることから「赤紙仁王」と呼ばれる。めでたく病が癒えたあかつきには、わらじを奉納する習わしがある。

御本尊 不動明王（ふどうみょうおう）

DATA & ACCESS

☎03-3821-1031 所東京都北区田端2-7-3 開休料参拝自由 交JR田端駅から徒歩7分 Pなし

↑赤紙が貼りつけられた赤紙仁王。阿像から吽像の順にお参りするのがよいとされる

→祈願成就のお礼に奉納されたわらじの数々。わらじは境内で購入できる

安産・子授け

水天宮
すいてんぐう

東京都中央区 MAP P.79B2

戌の日には長い行列も！安産祈願の強力スポット

福岡県久留米に鎮座する水天宮の分社。日本有数の安産祈願所で、戌の日には大行列ができるほど混雑する。戌の日早暁に宮司が祈念を込めた腹帯「御子守帯」のほか、お産が軽い犬をモチーフにした授与品も人気。境内には親子の犬像「子宝いぬ」があり、その周囲に配された十二支のうち自分の干支を撫でると願いが叶うという。

DATA & ACCESS

03-3666-7195 所東京都中央区日本橋蛎殻町2-4-1 開7:00~18:00 休無休 料無料 交地下鉄·水天宮駅からすぐ Pなし

平成28年(2016)に建て替えられた本殿

水天宮前交差点に面して立派な社殿が建つ

そのほかこんなご利益も！
水難除け、病気治癒ほか

御祭神
天御中主大神（あめのみなかぬしのおおかみ）
安徳天皇（あんとくてんのう）
建礼門院（けんれいもんいん）
二位の尼（にいのあま）

安産

雑司ヶ谷鬼子母神堂
ぞうしがや きしもじんどう

東京都豊島区 MAP P.79A1

子を食べる鬼女から転じて安産と育児の守り神に

もとはインドの夜叉神の娘で、人間の子を捕まえては食べていたという鬼子母神。お釈迦様の戒めにより改心し、安産や子育ての神になったといわれる。境内のお堂には、室町時代に掘り出されたと伝えられる鬼子母神像を安置。その姿は鬼形ではなく美しい菩薩形をしているため、角（つの）のつかない「鬼」の字が用いられる。

DATA & ACCESS

03-3982-8347 所東京都豊島区雑司が谷3-15-20 開7:00~17:00 休無休 料無料 交都電·鬼子母神前停留場から徒歩5分 Pなし

寛文4年(1664)、広島藩主·浅野光晟の正室·満姫の寄進で建立された(重要文化財)

樹齢700年を超える御神木の大イチョウ。東京都指定天然記念物

御本尊
鬼子母神像（きしもじんぞう）

そのほかこんなご利益も！
病気平穏、健康

子どもの無事な誕生と健やかな成長を願って参拝。安産祈願の腹帯や縁起物も人気。

安産・子育て

子安神社
こやすじんじゃ

東京都八王子市 MAP P.347C2

燃え盛る炎の中で出産した強く美しい女神を祀る

天平宝字3年(759)、時の皇后の安産祈願のために創建。御祭神の木花開耶姫命は燃え盛る産屋で無事出産したことから、安産の神と崇められる。安産祈願の参拝者には、岩田帯(腹帯)と底抜け柄杓を頒布。底抜け柄杓は母体を表しており、「水が抜けるように安産でありますように」との願いを込め、妊婦自らが神前に奉納する。

御祭神 木花開耶姫命(このはなのさくやひめみこと)

DATA & ACCESS

☎042-642-2551 所東京都八王子市明神町4-10-3 開9:00～18:00(10～3月は～17:00) 休無休 料無料 交JR八王子駅から徒歩5分、京王八王子駅からすぐ Pなし

↑約1260年にわたり崇敬を集めてきた八王子最古の神社

そのほかこんなご利益も!
縁結び、厄除け、交通安全ほか

↑5つの神社が横一列に並ぶ「末社五社」

↑神社に奉納されたキツネの置物

子授け

清水観音堂
きよみずかんのんどう

東京都台東区 MAP P.79B1

子どもにまつわる願いに霊験あらたかな子育て観音

寛永8年(1631)、寛永寺を開創した天海大僧正が、京都の清水寺を模して建立。本尊脇には子育て観音が祀られ、子授け、安産、子育てにまつわるご利益で知られる。この観音像に祈願して子宝に恵まれた折には、子どもの健やかな成長を願って身代わり人形を供えるのが習わし。毎年9月25日に行われる人形供養の始まりとなった。

御本尊 千手観世音菩薩(せんじゅかんぜおんぼさつ)

DATA & ACCESS

☎03-3821-4749 所東京都台東区上野公園1-29 開9:00～17:00 休無休 料無料 交JR上野駅から徒歩5分 京成上野駅から徒歩3分 Pなし

↑京都の清水寺と同じ舞台造りの美しい建物

→歌川広重が浮世絵に描いた「月の松」を再現。円の中心に不忍池弁天堂を望む

そのほかこんなご利益も!
厄除け、開運ほか

子授け

夫婦木神社

めおとぎじんじゃ

東京都新宿区 MAP P.79A2

細い路地裏にたたずむ住宅2階に鎮座する神さま

改築した住宅の2階に神殿がある珍しい神社。日本で初めて結婚式を挙げたとされる伊邪那岐大神と伊邪那美大神を祀り、子授けや縁結び、夫婦和合などのご利益があるといわれる。最近は子宝祈願のパワースポットとして注目を集め、子どもを望む人が全国から参拝。お守りは1階の社務所で授与され、予約制で祈祷も受け付ける。

御祭神 伊邪那岐大神（いざなぎのおおかみ）
伊邪那美大神（いざなみのおおかみ）

DATA & ACCESS

03-3200-0409 所東京都新宿区大久保2-27-18
開休料参拝自由 交JR新大久保駅から徒歩7分
Pなし

小さな鳥居をくぐり、突き当たりの階段を上って2階へ

そのほかこんなご利益も!
縁結び、延命長寿ほか

小さな鳥居をくぐり、突き当たりの階段を上って2階へ

境内には稲荷社も

安産・子育て

天祖神社

てんそじんじゃ

東京都豊島区 MAP P.79A1

雌雄一対の夫婦銀杏と授乳する子育て狛犬が有名

鎌倉時代末期、領主の豊島氏が伊勢の皇大神宮から分霊を迎えたのが始まり。旧巣鴨村の総鎮守として長年にわたり地域を守ってきた。境内には、子どもに授乳する狛犬や樹齢600年といわれる雌雄一対の大イチョウがあり、安産や子育て、縁結びなどのご利益で知られる。境内社の熊野社も安産や女性の守り神として信仰される。

御祭神 天照大御神（あまてらすおおみかみ）

DATA & ACCESS

03-3983-2322 所東京都豊島区南大塚3-49-1 開休料参拝自由 交JR大塚駅／都電·大塚駅前停留場から徒歩5分 Pなし

大塚駅前の賑やかな場所にありながら、境内には神聖な空気が漂う

そのほかこんなご利益も!
縁結び、夫婦円満ほか

雄木と雌木が対になったご神木の「夫婦銀杏」

子どもに乳を与える姿がほほえましい「子育て狛犬」

安産祈願

鳥越神社
とりこえじんじゃ

東京都台東区 MAP P.79B2

志志岐神社で安産祈願 縁起物の犬張り子も人気

白雉2年(651)創建と伝わる古社。末社の志志岐神社には豊玉姫命(とよたまひめのみこと)が祀られ、古くから安産の神として信仰を集める。初宮詣の際に授与される「笊(ざる)かぶり犬張り子」は子どもを守る伝統的な縁起物。「犬」に「竹」をのせると「笑」の字になることから、「子どもが笑顔を絶やさず成長しますように」との願いが込められている。

御祭神 日本武尊(やまとたけるのみこと)

DATA & ACCESS

☎03-3851-5033 所東京都台東区鳥越2-4-1 開9:00～17:00 休料参拝自由 交JR浅草橋駅から徒歩8分／地下鉄・蔵前駅から徒歩5分 Pなし

都内一重いとされる「千貫神輿」で知られる神社

そのほかこんなご利益も!
学業成就
病気平癒ほか

安産の守り神を祀る境内末社の志志岐神社

筋骨隆々とした独特の狛犬

安産・子育て

羽田神社
はねだじんじゃ

東京都大田区 MAP P.81C3

空の安全から子宝まで 願いを叶える羽田総鎮守

鎌倉時代、羽田浦の水軍で領主だった行方与次郎が牛頭天王(ごずてんのう)を祀ったのが起源。羽田の氏神として信仰され、現・羽田空港を含む広い氏子区域を持つ。航空安全のご利益で知られるが、御祭神として安産、子育て、子宝の神としても有名。安産や子授かりの祈祷を受けることも可能で、「安産守護」や「子宝守護」などの授与品もある。

御祭神 須佐之男命(すさのおのみこと)
稲田姫命(いなだひめのみこと)

DATA & ACCESS

☎03-3741-0023 所東京都大田区羽田3-9-12 開休料参拝自由 交京急・大鳥居駅から徒歩10分 Pなし

昭和63年(1988)に建てられた社殿。近年塗り替え工事が完了し、美しく立派な姿となった

そのほかこんなご利益も!
航空安全、旅の安全、合格祈願ほか

羽田空港の近くにあり、航空関係者からの崇敬が篤い

明治時代初頭に富士山を模して築かれた「羽田富士」

良縁

東京大神宮
とうきょうだいじんぐう

東京都千代田区 MAP P.79A2

縁結びで有名な 神前結婚式創始の神社

東京における伊勢神宮の遥拝殿として明治13年(1880)に創建。伊勢神宮と同じ神々のほか、天地万物の結びの働きを司る造化の三神が祀られているため、良縁のご利益を求める参拝者が全国から訪れる。日本で初めて神前結婚式を執り行った神社としても有名。縁結び絵馬や恋みくじ、かわいいデザインのお守りも種類が多い。

DATA & ACCESS

☎03-3262-3566 所東京都千代田区富士見2-4-1 開6:00～21:00、御守り授与8:00～19:00 休無休 料無料 交各線・飯田橋駅から徒歩5分 Pなし

「東京のお伊勢さま」として親しまれる

伊勢神宮と同様、素木を用いた神明鳥居

そのほかこんなご利益も!
家内安全、商売繁盛、厄除開運ほか

御祭神
天照皇大神(あまてらすすめおおかみ)
豊受大神(とようけのおおかみ)
天之御中主神(あめのみなかぬしのかみ)
高御産巣日神(たかみむすびのかみ)
神産巣日神(かみむすびのかみ)
倭比賣命(やまとひめのみこと)

縁結・夫婦和合

花園神社
はなぞのじんじゃ

東京都新宿区 MAP P.79A2

境内の密かな人気スポット 縁結びを叶える威徳稲荷

江戸開府以前から新宿の総鎮守として重視されてきた神社。もとは250mほど南にあったが、寛永年間(1624～44)に尾張藩下屋敷の庭園の一部だった現在の場所に移された。境内末社の威徳稲荷神社は女性に人気の隠れたパワースポット。大きな木製の男根像が祀られ、縁結びや夫婦和合などのご利益を求めて撫でていく人も多い。

御祭神 倉稲魂神(うがのみたまのかみ)、日本武尊(やまとたけるのみこと)、受持神(うけもちのかみ)

DATA & ACCESS

☎03-3209-5265 所東京都新宿区新宿5-17-3 開休料参拝自由 交地下鉄・新宿三丁目駅からすぐ Pなし

靖国通り側の参道。夜は明かりが情緒を醸す

そのほかこんなご利益も!
商売繁盛、芸道成就ほか

幾度も火災に見舞われ、再建されてきた社殿

商売繁盛を祈願する酉の市

運命の出会いを叶えてくれる縁結びスポット。恋みくじで恋愛運を試すのもおすすめ。

縁結び・夫婦円満

赤城神社

あかぎじんじゃ

東京都新宿区 MAP P.79A2

女性の願いが成就する モダンな社殿が美しい神社

正安2年(1300)、上野国の豪族が故郷の赤城神社を勧請して創建。江戸時代には日枝神社や神田明神とともに「江戸の三社」に数えられた。平成22年(2010)に再建された社殿は、建築家・隈研吾(くまけんご)氏設計の洗練されたデザインが特徴。御祭神の赤城姫命は女性の願いを叶える女神で、縁結びや夫婦円満、安産などのご利益が期待できる。

御祭神 磐筒雄命(いわつつおのみこと)
赤城姫命(あかぎひめのみこと)

DATA & ACCESS

☎03-3260-5071 所東京都新宿区赤城元町1-10 開休料参拝自由 交地下鉄・神楽坂駅からすぐ Pなし

そのほか こんなご利益も!
安産、殖産興業、学業成就ほか

⬆都心部にありながら静けさに包まれた社殿

⬆学問の神様・菅原道真公を祀る蛍雪天神

⬆神楽坂の住宅街にたたずむ

良縁

陽運寺

よううんじ

東京都新宿区 MAP P.79A2

悪縁を断って良縁を招く お岩さまゆかりの寺院

鶴屋南北の代表作『東海道四谷怪談』に登場するお岩さまを祀る。本堂にはお岩さまの立像が安置され、悪縁を断ち切って良縁を結ぶご利益があると信じられている。境内は情緒ある雰囲気で、お岩さまゆかりの井戸や石碑などが点在。歌舞伎役者からの崇敬も篤く、歌舞伎興行の際には安全や成功を願って関係者が参拝に訪れるという。

御本尊 大曼荼羅(だいまんだら)

DATA & ACCESS

☎03-3351-4812 所東京都新宿区左門町18 開8:00～17:00 休無休 料無料 交地下鉄・四谷三丁目駅から徒歩5分 Pなし

そのほか こんなご利益も!
厄除け、開運、芸事上達ほか

⬆四谷にある小さな日蓮宗の寺院。通称「於岩稲荷」とも呼ばれる

⬇境内の「心願成就の石」に願いを込めて「叶玉」を投げ入れると叶うという

⬆お岩さまも使用したと伝わる「龍神さまの手水」

学業 芸事上達・合格祈願

湯島天満宮
ゆしまてんまんぐう

東京都文京区 MAP P.79B2

受験生の強い味方 関東を代表する天神様

雄略天皇2年(458)、勅命により創建。当初は天之手力雄命を祀っていたが、正平10年(1355)に菅原道真が合祀され、文学、詩歌、書道、芸能の神として崇敬されてきた。現在は学問の神様「湯島天神」の名で全国に知られ、受験シーズンには大勢の受験生が参拝。お守りのほか学業成就鉛筆なども人気がある。

御祭神 天之手力雄命(あめのたぢからをのみこと) 菅原道真公(すがわらみちざねこう)

DATA & ACCESS

03-3836-0753 所東京都文京区湯島3-30-1 開6:00~20:00 休無休 料無料 交地下鉄・湯島駅からすぐ Pなし

平成7年(1995)に再建された総檜造りの社殿。手前には合格祈願の絵馬が掛けられている

撫でるとご利益があるといわれる「撫で牛」。頭を撫でれば知恵がつくという

そのほかこんなご利益も! 勝負運、縁結びほか

合格祈願・学業成就

宝泉寺
ほうせんじ

東京都新宿区 MAP P.79A2

「勝守り」で合格必勝! 早稲田大学の受験生に人気

早稲田大学に隣接する天台宗寺院。約1200年の歴史を持ち、かつては現在の早稲田キャンパスの大部分を寺領としていた。早稲田大学をはじめ各学校を目指す受験生の合格祈願スポットで、Wマークが入った早稲田カラーの「勝守り」が人気。特に成道会(12月8日)の前後1週間にお守りを授かると、いっそうご利益が高まるという。

御本尊 薬師如来(やくしにょらい)

DATA & ACCESS

03-3203-8383 所東京都新宿区西早稲田1-1-2 開休料参拝自由 交地下鉄・早稲田駅から徒歩3分 Pなし

昭和41年(1966)建立のモダンな本堂

そのほかこんなご利益も! 病気平癒、家内安全、諸願成就ほか

早稲田キャンパスの南門近くに入口がある

江戸時代に鋳造された貴重な梵鐘

菅原道真をはじめ、学問や知恵を司る神仏を祀る。受験前に訪れて合格必勝を祈願！

学業成就・受験合格

世田谷観音
せたがやかんのん

東京都世田谷区 MAP P.81C2

知恵を司る仏さま 文殊菩薩に学力向上を祈願

昭和26年(1951)に睦賢和尚が私財を投じて建立。どの宗派にも属さない祈願寺として地域の人々に親しまれている。境内に立つ文殊菩薩像は九州の太宰府天満宮から招来した石仏で、右手に知恵の剣、左手に青蓮華を持っているのが特徴。「三人寄れば文殊の知恵」のことわざにもなった知恵を象徴する菩薩として信仰されている。

御本尊 聖観世音菩薩(しょうかんぜおんぼさつ)

DATA & ACCESS

☎03-3410-8811 所東京都世田谷区下馬4-9-4 開6:00～16:00(土・日曜、祝日は～12:00) 休無休 料無料 交東急・三軒茶屋駅から徒歩15分 Pあり

↑本尊のほか、日光・月光菩薩、布袋尊、マリア観音まで祀られた本堂

↑運慶の孫・康円作の仏像を安置する六角堂

↑阿弥陀堂そばに立つ文殊菩薩像

学業成就

谷保天満宮
やぼてんまんぐう

東京都国立市 MAP P.80A2

道真の第三子が父を祀った 東日本最古の天満宮

菅原道真の第三子・道武が配流された場所と伝えられる現在の国立市谷保。左遷先の大宰府で没した道真を偲び、道武が父の像を刻んで鎮座したのが起こりとされる。東日本にある天満宮では最も古く、湯島天神、亀戸天神と並ぶ関東三天神のひとつ。学業成就や合格祈願のご利益のほか、交通安全祈願発祥の地としても知られる。

御祭神 菅原道真公(すがわらのみちざねこう)

DATA & ACCESS

☎042-576-5123 所東京都国立市谷保5209 開休料参拝自由 交JR谷保駅から徒歩5分 Pなし

↑江戸時代末期に造営された入母屋造りの拝殿。この奥に、三間社流造の本殿がたたずむ

→境内にある牛像。多くの参拝者が撫でるため鼻が光っている

そのほか
こんなご利益も!
厄除け、
交通安全ほか

学業成就・合格祈願

北野神社

きたのじんじゃ

東京都文京区　MAP P.79A2

「撫で岩」発祥地と伝わる源頼朝が創建した牛天神

源頼朝が東征の折、この地の岩に腰掛けて休息したところ、牛に乗った菅原道真が夢に現れ2つの吉事が訪れると告げたという。その後、頼家が生まれ戦にも勝利したことから、この岩を祀って牛天神を創立したと伝わる。境内にある牛に似た岩を撫でると願いが成就するといわれ、全国にある撫で岩(願い牛)の発祥地となった。

御祭神 菅原道真公(すがわらのみちざねこう)

DATA & ACCESS

☎03-3812-1862 所東京都文京区春日1-5-2 開6:00~17:00 休無休 料無料 交各線・飯田橋駅／地下鉄・春日駅／地下鉄・後楽園駅から徒歩10分 Pなし

↑梅の名所でもあり、毎年2月には紅梅まつりが開催される

そのほか こんなご利益も!
家内安全、安産祈願、商売繁盛

↑撫でると願いが叶うという頼朝ゆかりの牛石

↑氏子や崇敬者が奉納した手水舎

学問成就

小野照崎神社

おのてるさきじんじゃ

東京都台東区　MAP P.79B1

マルチな才能を発揮した小野篁と菅原道真を祀る

平安時代初期に和歌や漢詩、絵画、政治などあらゆる分野で才能を発揮した小野篁を祀る。江戸時代には菅原道真を配神として迎え、学問や芸能上達、仕事の成功を願う人々に信仰されてきた。境内には天明2年(1782)に築かれた富士塚があり、毎年6月30日と7月1日のみ一般に開放。繭を用いた珍しい「まゆ玉みくじ」も試したい。

御祭神 菅原道真公(すがわらのみちざねこう)
小野篁公(おののたかむらこう)

DATA & ACCESS

☎03-3872-5514 所東京都台東区下谷13-14 開休料参拝自由 交地下鉄・入谷駅から徒歩3分 Pなし

↑関東大震災や空襲の被害を逃れた本殿。江戸時代末期の建造で、軒下の彫刻も見どころ

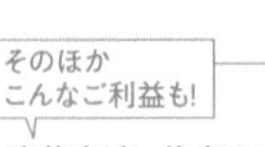
そのほか こんなご利益も!
諸芸上達、仕事の成功ほか

↑道案内の神とされる猿田彦命を祀った庚申塚

↑富士山の溶岩で築き上げられた高さ約6mの富士塚

学業成就・合格祈願

成子天神社
なるこてんじんじゃ

東京都新宿区 MAP P.79A2

都会の風景と調和する 千年以上の歴史を紡ぐ古社

高層ビルが立ち並ぶ西新宿に鎮座する神社。延喜3年(903)、菅原道真の死を嘆いた家臣が、平安京から持ち帰った道真の像を祀り、平和と文道の神として崇めたことに始まる。江戸時代には春日局の勧請により天満天神社として社殿を造営。境内には、高さ約12mの富士塚をはじめ、七福神像や撫で牛、力石など見どころが多い。

御祭神 菅原道真公（すがわらのみちざねこう）

DATA & ACCESS

☎03-3368-6933 所東京都新宿区西新宿8-14-10 開休料参拝自由 交地下鉄・西新宿駅からすぐ Pなし

↑平成26年(2014)に境内が整備され、本殿も再建された。色鮮やかな柱と装飾が印象的

←マンションに隣接する参道。奥に赤い鳥居と楼門が立つ

そのほか こんなご利益も!
厄除け、子授け、安産ほか

合格祈願

羽田航空神社
はねだこうくうじんじゃ

東京都大田区 MAP P.81D3

「落ちない」ご利益に注目 知る人ぞ知る空港内の神社

羽田空港第1ターミナルの一角に、ひっそりと鎮座する小さな社。航空業界の安全と発展を願い、昭和38年(1963)に新橋の航空神社より分霊を迎えて創設された。パイロットや客室乗務員などの参拝が多く、隠れたパワースポットとして話題に。「空の安全＝落ちない」とあって、合格祈願の受験生からも密かな人気を集める。

御祭神 航空殉職者、航空功労者

DATA & ACCESS

所大田区羽田空港3-3-2 羽田空港第1ターミナル1階 開休料参拝自由 交京浜・東京モノレール・羽田空港第1ターミナル駅すぐ Pあり

↑第1ターミナル1階、到着ロビーの片隅に鎮座。細い通路を抜けた先の一室にある。羽田航空神社に参拝して空の旅へ出発してみては

そのほか こんなご利益も!
航空安全、旅の安全ほか

金運

小網神社

こあみじんじゃ

東京都中央区 MAP P.79B2

お金を清めて金運アップ 東京銭洗い弁天の社

金運を授かる「東京銭洗い弁天の杜」として親しまれる神社。境内には弁財天（市杵島比賣神）が祀られ、その足元にある「銭洗いの井」で金銭を洗い清め、財布に収めておくと財運が得られるという。東京大空襲の際、社殿を含む境内の建物が奇跡的に戦災を免れたことなどから、強運厄除けのパワースポットとしても名高い。

御祭神 倉稲魂命（うがのみたまのみこと）
市杵島比賣神（いちきしまひめのかみ）

DATA & ACCESS

03-3668-1080 所東京都中央区日本橋小網町16-23 開休料参拝自由 交地下鉄・人形町駅から徒歩5分 Pなし

↑日本橋地区で唯一現存する戦前の神社建築。社殿は総欅造りで、昇り龍・降り龍の彫刻が見事

←社殿の前に祀られた弁財天像。舟に乗っているため、「萬福舟乗弁財天」と称される

そのほかこんなご利益も!
強運、厄除けほか

金運・勝負運

皆中稲荷神社

かいちゅういなりじんじゃ

東京都新宿区 MAP P.79A2

百発百中のご利益を授かる 皆中る（みなあたる）神社

皆中は「みなあたる」とも読めることから、宝くじの当選祈願スポットとして有名。江戸時代、射撃が上達せずに悩んでいた鉄炮組与力がこの神社にお参りしたところ、百発百中の腕を得たとの言い伝えがある。宝くじをはじめ、スポーツでの勝利、チケット当選、試験合格など、あらゆる百発百中を願う人々が参拝に訪れる。

御祭神 倉稲之魂之大神（うかのみたまのおおかみ）

DATA & ACCESS

03-3361-4398 所東京都新宿区百人町1-11-16 開休料参拝自由 交JR新大久保駅からすぐ Pなし

↑新大久保の繁華街に鎮座。「的中守」など授与品も人気

→江戸幕府が現在の百人町一帯に配備した「鉄炮組百人隊」ゆかりの神社

そのほかこんなご利益も!
家内安全、商売繁盛

金運

豊川稲荷東京別院

とよかわいなりとうきょうべついん

東京都港区 MAP P.79A2

10円の「融通金」を授かり 金銀財宝の融通を叶える

愛知県にある豊川稲荷の別院。境内には財宝を生む尊天（そんてん）さまを祀る融通稲荷があり、金銀財宝の融通を叶えてくれるという。お堂の前には「融通金」の10円が入った黄色い袋が置かれ、参拝の際に1人1枚ずつ持ち帰ることができる。この融通金を財布に入れておくと金運に恵まれるとされ、のちに礼金をつけてお返しする習わしがある。

御祭神 豊川吒枳尼眞天（とよかわだきにしんてん）

DATA & ACCESS

☎03-3408-3414 所東京都港区元赤坂1-4-7 開5:00〜20:00 休無休 料無料 交地下鉄・赤坂見附駅／永田町駅から徒歩5分 Pあり

江戸時代、大岡越前守が豊川稲荷の分霊を祀ったのが起源

そのほかこんなご利益も!
商売繁盛、良縁、縁切りほか

多数のキツネの石像が祀られた霊狐塚

青山通りに面した風情ある山門と石段

金運

蛇窪神社

へびくぼじんじゃ

東京都品川区 MAP P.79A3

独特の作法で銭洗い 金運を呼び込む白蛇さま

龍神と白蛇神を祀る神社で、通称「東京の白蛇さま」。境内社の白蛇辨財天社にある白蛇清水でお金を洗うと、金運を授かるという。まずは「白蛇種銭」を1枚いただき、石臼の上の金杯にのせて3回ゆっくり回すのが作法。その後、白蛇種銭と自分のお金を一緒にザルに入れ、水鉢に浸して清めたあと、白蛇辨財天社にお参りするとよい。

DATA & ACCESS

☎03-3782-1711 所東京都品川区二葉4-4-12 開9:00〜17:00 休無休 料無料 交地下鉄／東急・中延駅から徒歩5分 Pなし

そのほかこんなご利益も!
病気平癒、良縁、立身出世ほか

境内社の蛇窪龍神社。白蛇や白龍の像は地元の真鍋勝氏による手作り

銭洗所に用意された「白蛇種銭」。初穂料を納めてから1枚受け取る

鎮座700年を記念して2019年に建造された大鳥居

御祭神
天照大御神
（あまてらすおおみかみ）

金運

金王八幡宮

こんのうはちまんぐう

東京都渋谷区 MAP P.79A2

渋谷の変遷を見守ってきた 金運と繁栄を招く玉造稲荷

渋谷発祥の地と伝えられる歴史ある神社。境内にたたずむ玉造稲荷神社は、知る人ぞ知る金運スポットとして注目される。御祭神の宇賀御魂命(うがのみたまのみこと)は、農耕をはじめ諸産業に神徳がある神。明治の頃まではこのあたりでも稲作が行われ、商業も盛んだったことから人々に崇敬され、現在は財運アップや商売繁盛のご利益で人気を集める。

御祭神 応神天皇(おうじんてんのう)

DATA & ACCESS

☎03-3407-1811 所東京都渋谷区渋谷3-5-12 開休料参拝自由 交各線・渋谷駅から徒歩10分 Pなし

そのほか こんなご利益も!
交通安全、子授け、立身出世ほか

↑江戸初期の建築様式をとどめる権現造の社殿。随所に施された彫刻も見応えがある

→金運パワーが得られる玉造稲荷神社。江戸中期の創建時から人々の信仰を集めてきた

↑開運や商売繁盛の神を祀る御嶽神社。特に客商売を営む人の崇敬が篤い

勝負運

鳩森八幡神社

はとのもりはちまんじんじゃ

東京都渋谷区 MAP P.79A2

名だたる棋士も訪れた 将棋会館に隣接する神社

武運の神である八幡神(応神天皇)を御祭神とする神社。将棋会館に隣接することから、境内には将棋の技術向上を目指す人々の守護神を祀る将棋堂があり、有名棋士が参拝したことでも知られる。将棋の駒をかたどった「王手みくじ」のほか、黄金色に輝くお守り「王手勝守」も人気。勝負事に王手をかけ、勝利に導いてくれるという。

DATA & ACCESS

☎03-3401-1284 所東京都渋谷区千駄ケ谷1-1-24 開休料参拝自由 交JR千駄ケ谷駅/地下鉄・国立競技場駅/地下鉄・北参道駅から徒歩5分 Pあり

そのほか こんなご利益も!
縁結び、子宝、安産ほか

↑千駄ヶ谷一帯の総鎮守。境内には戦火を逃れた大イチョウがある

→内部に巨大な将棋の駒が納められた将棋堂

御祭神
応神天皇(おうじんてんのう)
神功皇后(じんぐうこうごう)

↑寛政元年(1789)築造の富士塚は都の有形民俗文化財

勝負運

亀戸香取神社

かめいどかとりじんじゃ

東京都江東区 MAP P.79B2

勝利と幸運を引き寄せるスポーツ振興の神さま

平将門が乱を起こした際、追討使の俵藤太秀郷（たわらのとうたひでさと）がこの神社で勝利を祈願し、見事に乱を平定。お礼に奉納した弓矢は「勝矢」と命名され、現在も毎年5月5日に「勝矢祭」が行われる。最近はスポーツ振興の神として信仰を集め、必勝を願うアスリートや関係者などが数多く参拝。境内には、触れると勝運を授かるという「勝石」もある。

御祭神 経津主神（ふつぬしのかみ）

DATA & ACCESS

03-3684-2813 所東京都江東区亀戸3-57-22 開休料参拝自由 交JR亀戸駅から徒歩10分 Pなし

そのほかこんなご利益も!
災難除け、交通安全ほか

↑歴代天皇をはじめ、源頼朝や徳川家康などの武将からも篤い崇敬を受けてきた

→兜の絵が描かれた「必勝絵馬」。スポーツ大会や試合の勝利を祈願する人が多い

↑大国神と恵比寿神。自分の体の痛いところを洗うとご利益があるという

金運

福徳神社

ふくとくじんじゃ

東京都中央区 MAP P.79B2

宝くじの当選祈願スポット授与品の「宝袋」も人気

貞観年間(859～877)よりこの地に鎮座する古社。江戸時代には富くじの興行を許された数少ない社寺のひとつで、「福徳」という社名も縁起がよいことから、宝くじやチケット抽選の当選祈願に訪れる人が多い。金運や宝くじ当選にご利益がある「富籤守」、宝くじをはじめ大切なものを保管する「宝袋」などの授与品も人気がある。

御祭神 倉稲魂命（うかのみたまのみこと）

DATA & ACCESS

03-3276-3550 所東京都中央区日本橋室町2-4-14 開休料参拝自由 交JR新日本橋駅／地下鉄・三越前駅からすぐ Pなし

↑一時はビルの屋上にあったが、日本橋室町の再開発により遷座された

→平成26年(2014)に完成した社殿。周囲にはビジネス街が広がる

そのほかこんなご利益も!
家内安全、商売繁盛ほか

商売繁盛

愛宕神社

あたごじんじゃ

東京都港区 MAP P.79A2

「出世の石段」を上って仕事運アップを目指したい

自然の山としては東京23区内で最も高い愛宕山に鎮座。境内に続く急な階段(男坂)は「出世の石段」と呼ばれ、一気に上りきると出世できるといわれる。3代将軍徳川家光が愛宕山に咲く梅の香に気づき、「誰か、馬にてあの梅を取って参れ」と命じると、家臣の曲垣平九郎が見事に成し遂げ、日本一の馬術の名人と讃えられた故事に由来する。

御祭神 火産霊命(ほむすびのみこと)

傾斜約40度、全部で86段ある「出世の石段」にチャレンジ

そのほかこんなご利益も!
防火、防災、縁結びほか

社殿の手前に立つ美しい丹塗りの門

標高26mの愛宕山山頂にたたずむ社殿

DATA & ACCESS

03-3431-0327 所東京都港区愛宕1-5-3 開休料参拝自由 交地下鉄·神谷町駅から徒歩5分、虎ノ門駅から徒歩10分 Pなし

商売繁盛

豪徳寺

ごうとくじ

東京都世田谷区 MAP P.80B2

招き猫発祥の地と伝わる彦根藩主・井伊家の菩提寺

福を呼ぶ縁起物の招き猫。その発祥の地のひとつとされるのが豪徳寺だ。彦根藩主の井伊直孝が鷹狩の帰り、門前で猫に手招きされて寺に立ち寄り一服。おかげで雷雨を避けられたことから、寺を支援し井伊家の菩提寺としたという。福を招く猫「招福猫児」を祀る招福殿には、商売繁盛や開運のご利益を求めて多くの参拝者が訪れる。

十二支のほか猫の彫刻が施された三重塔

御本尊 釈迦牟尼仏(しゃかむにぶつ)

そのほかこんなご利益も!
開運招福、縁結びほか

参拝者が奉納した大小さまざまな「招福猫児」が並ぶ

DATA & ACCESS

03-3426-1437 所東京都世田谷区豪徳寺2-24-7 開6:00~18:00(9月下旬~3月中旬は~17:00) 休無休 料無料 交東急·宮の坂駅から徒歩5分 Pあり

仕事での成功をもたらすご利益スポット。古くから語り継がれる故事も興味深い。

商売繁盛

烏森神社

からすもりじんじゃ

東京都港区 MAP P.79A2

カラフルな御朱印が人気 新橋駅前の由緒ある神社

飲食店が立ち並ぶ新橋駅前の路地裏にあり、1000年以上の歴史を誇る古社。御祭神の倉稲魂命は五穀豊穣や商売繁盛の神として知られ、新橋という土地柄もあって仕事運向上を祈願するビジネスマンの姿も見られる。4色の巴紋をあしらった御朱印や、願い事によって4色に色分けされたユニークな「心願色みくじ」もこの神社ならでは。

DATA & ACCESS

☎03-3591-7865 所東京都港区新橋2-15-5 開休料参拝自由 交各線・新橋駅から徒歩3分 Pなし

↑昭和46年(1971)、建築家・郡菊夫氏の設計で建てられたコンクリート造りの独創的な社殿

御祭神

倉稲魂命(うがのみたまのみこと)
天鈿女命(あめのうづめのみこと)
瓊々杵尊(ににぎのみこと)

そのほかこんなご利益も!

必勝祈願、技芸上達、家内安全ほか

商売繁盛

身延別院

みのぶべついん

東京都中央区 MAP P.79B2

油をかけて願い事を祈念 珍しい大黒天を安置する

江戸時代の伝馬町牢屋跡に建つ身延山久遠寺の別院。多くの獄死者を弔うため、明治16年(1883)に創建された。油をかけて祈願する「油かけ大黒天神」を祀る寺としても有名。その昔、京都伏見で油売り商人が道端の石像に誤って油をかけてしまったが、それ以来商売が大繁盛したとの故事から、商売繁盛や開運のご利益で知られる。

DATA & ACCESS

☎03-3661-3996 所東京都中央区日本橋小伝馬町3-2 開9:00～17:00 休無休 料無料 交地下鉄・小伝馬町駅からすぐ Pなし

↑本堂は関東大震災で焼失後、昭和4年(1929)に再建。東京大空襲は奇跡的に免れた

そのほかこんなご利益も!

開運、安産ほか

御本尊

願満高祖日蓮大菩薩像(がんまんこうそにちれんだいぼさつぞう)

↑ひしゃくで頭から油をかけて祈るとご利益があるという「油かけ大黒天神」

↑境内に立つ鰻供養塔。うなぎの蒲焼店が多い日本橋の土地柄を反映している

商売繁盛

目黒大鳥神社

めぐろおおとりじんじゃ

東京都目黒区 MAP P.79A3

商売繁盛や招福を願う 伝統の酉の市で大賑わい

大同元年(806)に創建された目黒区最古の神社。社名の「おおとり」は「大取」に通じることから、宝物を大きく取り込む商売繁盛や開運招福の神として信仰を集める。毎年11月の酉の日に行われる酉の市は、浅草の酉の市と並ぶ伝統行事。社殿で太々神楽や熊手の舞が奉納され、縁起物の熊手を売る店や屋台が所狭しと立ち並ぶ。

御祭神 日本武尊(やまとたけるのみこと)

DATA & ACCESS

☎03-3494-0543 所東京都目黒区下目黒3-1-2 開5:00〜16:00 休無休 料無料 交各線・目黒駅から徒歩9分 Pあり

そのほか こんなご利益も!
縁結び、火難除けほか

↑昭和37年(1962)に再建された風格のある美しい社殿

↑空襲の被害から復活したご神木の大イチョウ

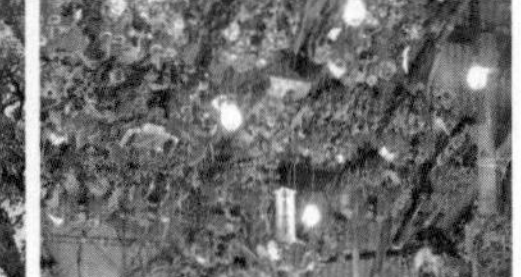

↑江戸時代から続く賑やかな酉の市

都心にたたずむ海上守護の「こんぴらさん」を参拝

海上守護

金刀比羅宮

ことひらぐう

東京都港区 MAP P.79A2

広く庶民から信仰を集める 伝統的な神社建築にも注目

万治3年(1660)、讃岐丸亀藩主の京極高和が金刀比羅宮本宮の御分霊を芝・三田の江戸藩邸に勧請したのが始まりで、のちに虎ノ門に遷座された。境内には、港区では珍しい御百度石が建ち、江戸時代頃より良縁を求める女性たちから信仰されてきたという「結神社」が鎮座する。毎月十日(日曜、祝日除く)の月次祭では、神楽殿にて里神楽が奉納される。

DATA & ACCESS

☎03-3501-9355 所東京都港区虎ノ門1-2-7 開休料参拝自由 交地下鉄・虎ノ門駅からすぐ Pなし

そのほか こんなご利益も!
商売繁盛、殖産興業ほか

↑昭和26年(1951)に再建された総尾州檜造り、銅板葺き権現造りの社殿。建築史家・伊東忠太氏の設計校閲による

→文政4年(1821)に奉納された銅鳥居。柱には四方の守護神(東は青龍、西は白虎、南は朱雀、北は玄武)が彫られている

御祭神
大物主神(おおものぬしのかみ)
崇徳天皇(すとくてんのう)

出世

銀座出世地蔵尊

ぎんざしゅっせじぞうそん

東京都中央区 MAP P.79B2

路上から百貨店の屋上へ出世を遂げたお地蔵さま

銀座三越の屋上にある地蔵尊。明治時代に三十間堀から掘り出されたと伝えられ、近くの空き地に祀られると参拝者で賑わったという。昭和43年(1968)、銀座三越の新築を機に現在地へ移設。路上のお地蔵さまが百貨店の屋上に上り詰めたことから「出世地蔵尊」と呼ばれ、出世や就職、試験合格などのご利益で密かな人気を博す。

左は出世地蔵尊の分身像。本物の出世地蔵菩薩像は隣のお堂に安置されている

DATA & ACCESS

03-3562-1111(銀座三越) 所東京都中央区銀座4-6-16 銀座三越9F 開10:00～20:00 休無休 料無料 交地下鉄・銀座駅から徒歩すぐ Pあり(銀座三越)

お堂の横に鎮座する三囲神社銀座摂社。三井財閥の守護社として知られ、向島の言問橋近くに本社がある

銀座三越9階の屋上テラスにある

商売繁盛

曹源寺

そうげんじ

東京都台東区 MAP P.79B1

浅草かっぱ橋の地名の由来河童伝説が語り継がれる寺

浅草の河童伝説ゆかりの寺。江戸時代、水害に苦しむ人々を救うため、雨合羽商の喜八が私財を投じて水はけ工事に尽力。これを隅田川の河童たちが手伝ったといい、河童を見た者は不思議と商売が繁盛したと伝えられる。喜八が葬られた曹源寺には「かっぱ大明神」が祀られ、商売繁盛や火水難除けなどに霊験あらたかとされる。

御本尊 釈迦牟尼佛(しゃかむにぶつ)

それぞれに個性的な河童が描かれた天井画。なかには、手塚治虫や水木しげるの作品もある

DATA & ACCESS

03-3841-2035 所東京都台東区松が谷3-7-2 開休料参拝自由※かっぱ堂内の見学は事前に要予約 交地下鉄・稲荷町駅／入谷駅から徒歩12分 Pなし

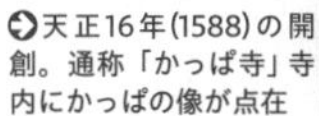

天正16年(1588)の開創。通称「かっぱ寺」寺内にかっぱの像が点在

文章上達、受験合格

北野神社
きたのじんじゃ

東京都大田区 MAP P.81C3

多くの文筆家が暮らした「馬込文士村」にたたずむ

大正から昭和初期に多くの文人が居を構え、「馬込文士村」とも呼ばれた馬込。そんな文化の薫り漂う静かな一角に鎮座する。天文年間(1532〜1555)に京都の北野天満宮から分霊を迎えたのが始まりといわれ、文筆や学問の神として崇められてきた。境内には昭和12年(1937)に建てられた筆塚があり、文章上達を願う人々が訪れる。

御祭神 菅原道真公(すがわらのみちざねこう)

DATA & ACCESS

☎03-3776-5480(北野会館) 所東京都大田区南馬込2-26-14 開休料参拝自由 交地下鉄・馬込駅から徒歩12分 Pなし

↑住宅街に囲まれた境内。筆塚のほか古い庚申塔も残る

←小さな公園に隣接した細い参道

そのほかこんなご利益も!
合格成就ほか

俳句上達

炎天寺
えんてんじ

東京都足立区 MAP P.81D1

「俳句寺」とも呼ばれる小林一茶ゆかりの趣ある寺

平安時代中期に源頼義、義家父子が建立。江戸時代の俳人・小林一茶はよくこの寺を訪れ、「蝉鳴くや六月村の炎天寺」「やせ蛙負けるな一茶是にあり」などの句を残したことから、俳句上達のご利益があるとか。一茶の命日に近い祝日の11月23日には毎年「一茶まつり」が開催され、一茶を偲ぶ法要や奉納蛙相撲などが行われる。

御本尊 阿弥陀如来坐像(あみだにょらいざぞう)

DATA & ACCESS

☎03-3883-0787 所東京都足立区六月3-13-20 開休料参拝自由 交東武・竹ノ塚駅から徒歩12分 Pなし

↑境内には一茶の句碑や像が立ち、カエルの置物も多い

→全国から多くの一茶ファンや俳句愛好家が訪れる

全国的にも珍しい一風変わったご利益のある寺社。独特の石像や授与品も目を引く。

貧乏除去

妙泉寺
みょうせんじ

東京都台東区 MAP P.79B1

撫でると貧乏が去る ゆるキャラ系の石像に注目

境内でまず目を引くのは、頭に猿をのせた貧乏神の石像。ゲーム『桃太郎電鉄』のキャラクター「ボンビー(貧乏神)」をモチーフにしたもので、貧乏神を撫でたあと頭上の猿を撫でると、貧乏が去る(猿)という。貧乏神をこらしめる猿は、一説によると四天王の一人で毘沙門天の化身とも。貧乏を追い払い、心も豊かにしてくれる。

御本尊 宗祖日蓮大聖人剪定の久遠常住輪円具足の南無妙法蓮華経
(しゅうそにちれんだいせいじんせんていのくおんじょうじゅりんえんぐそくのなむみょうほうれんげきょう)

↑平成15年(2003)に設置された「貧乏が去る像」

←貧乏が去る像がデザインされた御朱印もあり

DATA & ACCESS

☎03-3821-8908 所東京都台東区谷中1-5-34 開休料参拝自由 交地下鉄・根津駅から徒歩7分 Pなし

お天気(晴天)祈願

気象神社
きしょうじんじゃ

東京都杉並区 MAP P.80B2

天気にまつわる願いが叶う 日本唯一のユニークな神社

高円寺氷川神社の境内にある日本唯一の気象神社。御祭神の八意思兼命は、天岩戸に隠れた天照大御神(あまてらすおおみかみ)を外界に誘い出す方法を考えたとされ、世界に太陽を取り戻したことから「気象の神さま」として祀られたという。晴天祈願のかわいい「晴守り」や「てるてる守り」、下駄をかたどった絵馬やカラフルな月替わりの御朱印も人気がある。

そのほかこんなご利益も!
学業成就、出世

↑晴天祈願をはじめ気象予報士の試験合格、脱雨男・雨女などを願って訪れる参拝者が多い

→カラフルな授与品。映画『天気の子』にも登場した下駄絵馬もある

御祭神
八意思兼命
(やごころおもいかねのみこと)

DATA & ACCESS

☎03-3314-4147 所東京都杉並区高円寺南4-44-19 氷川神社 開早朝~17:00 休不定休 ※X(旧ツイッター)で確認可 料無料 交JR高円寺駅から徒歩2分 Pあり

谷中七福神
やなかしちふくじん

下町風情とともにご参拝

江戸中期に始まったと伝わる江戸最古の七福神。田端、日暮里、谷中、上野の7カ寺にあり、下町を巡ることから散策コースとして人気が高い。毎年1月1～10日には七福神の御開帳と御朱印授与が行われ(寛永寺のみ9月御開帳)、谷中七福神御朱印台紙を各寺で購入できる。

東覚寺 とうかくじ

室町中期創建とされ、本堂に本尊・不動明王と福禄寿を祀る。赤紙を貼ると体の悪いところを治してくれるという赤紙仁王も有名。
所東京都北区田端2-7-3

青雲寺 せいうんじ

江戸時代の花見の名所で、「花見寺」とも呼ばれた。恵比寿神を祀り、『南総里見八犬伝』著者の滝沢馬琴の筆塚碑や硯塚碑がある。
所東京都荒川区西日暮里3-6-4

修性院 しゅしょういん

青雲寺とともに「ひぐらしの里」と呼ばれた江戸期の行楽地に建つ。笑顔の布袋尊像「ひぐらしの布袋」を安置する。
所東京都荒川区西日暮里3-7-12

寛永2年(1625)開創の護国院

長安寺 ちょうあんじ

江戸前期に開創した臨済宗寺院で、御本尊は千手観世音菩薩。寿老人像は等身大の寄木彫刻で、徳川家康が奉納したと伝えられている。所東京都台東区谷中5-2-22

天王寺 てんのうじ

谷中霊園に続く桜並木の墓地参道の突き当たりにある天台宗寺院。江戸時代には富くじ興行で賑わった。毘沙門堂に毘沙門天像を安置。所東京都台東区谷中7-14-8

護國院 ごこくいん

寛永寺初の子院として江戸前期に開基し、江戸中期再建の本堂が建つ。3代将軍徳川家光が寄進したと伝えられる大黒天画像を安置。
所東京都台東区上野公園10-18

寛永寺 かんえいじ

天台宗の別格大本山。不忍池の中の島に辨天堂があり、八臂大辯才天を安置。8本の腕には、煩悩を破壊するさまざまな武器を持つ。
所東京都台東区上野桜木1-14-11

START JR田端駅
徒歩7分
1 東覚寺
徒歩13分
2 青雲寺
徒歩2分
3 修性院
徒歩10分
4 長安寺
徒歩5分
5 天王寺
徒歩12分
6 護國院
徒歩5分
7 寛永寺
徒歩8分
GOAL JR鶯谷駅

柴又七福神

しばまたしちふくじん

寅さんスポットも一緒に見学

葛飾区柴又周辺にある7カ寺で、映画『男はつらいよ』に登場する帝釈天も七福神のひとつ。寅さんゆかりのスポットも併せて巡りたい。七福神の御朱印は1月1日〜31日に授与。七福神の御開帳は1月1日に始まり、観蔵寺は15日まで、万福寺は31日まで、残り5カ寺が7日まで。

⬆京成高砂駅の近くにあり、文明元年(1469)創建と伝わる真言宗豊山派寺院。大正初期再建の本堂に、長命の神さま・寿老人座像を祀る。
㊟東京都葛飾区高砂5-5-2

⬆室町前期創建と伝えられる。寺に恵比寿天を安置した中興の祖・源珍が蕎麦地蔵尊として境内に祀られており、そば寺とも呼ばれる。
㊟東京都葛飾区柴又5-13-6

⬆寛永元年(1624)に京橋付近に創建し、関東大震災後に現在地に移転。出世大黒天は江戸時代に将軍家をはじめ多くの信仰を集めた。
㊟東京都葛飾区柴又5-9-18

⬆昭和3年(1928)の創建で、釈迦牟尼仏を本尊とする曹洞宗寺院。年代不詳の福禄寿を祀り、境内には110体の弘法大師石像を安置。
㊟東京都葛飾区柴又6-17-20

⬆江戸初期に、ある商人が山中で布袋尊像を見つけて店に祀ったところ、店が大繁盛した。のちに「宝袋尊」として寺に奉納されたという。㊟東京都葛飾区柴又3-33-13

⬆大同元年(806)創建と伝わる真言宗豊山派寺院。弁財天を祀り、境内には江戸初期建造の5体の五智如来石像が並ぶ。
㊟東京都葛飾区柴又7-5-28

⬆日蓮宗寺院で正式名は経栄山題経寺。江戸前期に開基し、日蓮が彫ったとされる帝釈天が御本尊。『男はつらいよ』の有名なロケ地。
㊟東京都葛飾区柴又7-10-3

START 京成高砂駅
徒歩3分
1 観蔵寺
徒歩21分
2 医王寺
徒歩2分
3 宝生院
徒歩6分
4 万福寺
徒歩9分
5 良観寺
徒歩4分
6 真勝院
徒歩2分
7 柴又帝釈天
徒歩3分
GOAL 京成柴又駅

⬆柴又帝釈天の参道めぐりも楽しみ

雑司が谷七福神
ぞうしがやしちふくじん

鬼子母神のある雑司が谷を散策

唯一の都電・荒川線が走り、雑司ヶ谷霊園などの自然の広がる池袋近郊に寺社が点在。雑司が谷の町おこしのために、平成23年(2011)から七福神めぐりがスタートした、比較的新しい七福神コース。通年で楽しめ、各所の赤い幟旗が目印。大鳥神社や雑司が谷案内所など数カ所で、御朱印スタンプ用の色紙を購入できる。

大鳥神社 おおとりじんじゃ

↑正徳2年(1712)に創始した雑司が谷の総鎮守。創始時に恵比寿神が合祀されていたと伝えられる。江戸時代から続く酉の市が有名。
所東京都豊島区雑司が谷3-20-14

鬼子母神堂 きしもじんどう

↑江戸時代から信仰される安産・子育ての神さま。本尊・鬼子母神の夫神・大黒天を大黒堂に祀り、土・日曜や祝日におせん団子を販売。
所東京都豊島区雑司が谷3-15-20

観静院 かんじょういん

↑元禄年間(1688～1704)初期に創建した法明寺の塔頭寺院。法明寺へ続く桜並木の途中にあり、境内に芸術の女神・弁財天を祀る。
所東京都豊島区南池袋3-5-7

↑恵比寿様を祀る大鳥神社からスタート

第3中野ビル だいさんなかのビル

↑中野家は石材建築業を営み、7代目は布袋尊を護持。戦火を被った尊像が、池袋復興のシンボルとしてビルの敷地内に安置された。
所東京都豊島区南池袋2-12-5

仙行寺 せんぎょうじ

↑江戸時代創建の日蓮宗寺院。堂宇は戦災で焼失、石造浄行菩薩像のみ現存する。一般的な姿とは異なる木彫の「華の福禄寿」を安置。
所東京都豊島区南池袋2-20-4

清立院 せいりゅういん

↑真言宗寺院として創建し、後に日蓮宗に改宗。皮膚病・雨乞いの祈願寺として信仰された。木彫毘沙門天像は区の文化財。
所東京都豊島区南池袋4-25-6

清土鬼子母神 せいときしもじんどう

↑鬼子母神堂に祀られる鬼子母神像が出土した地で、別称は鬼子母神出現所。寿老人の代わりに、鬼子母神の娘神・吉祥天を祀る。
所東京都文京区目白台2-14-9

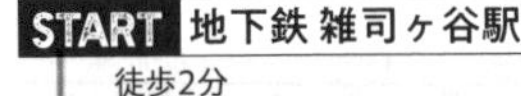

START 地下鉄 雑司ヶ谷駅
徒歩2分
1 大鳥神社
徒歩3分
2 鬼子母神堂
徒歩2分
3 観静院
徒歩4分
4 第3中野ビル
徒歩2分
5 仙行寺
徒歩10分
6 清立院
徒歩8分
7 清土鬼子母神
徒歩6分
GOAL 地下鉄 護国寺駅

多摩川七福神

たまがわしちふくじん

南北朝の武将ゆかりの地が点在

矢口・新丸子地区で平成26年（2014）に始まった七福神めぐり。南北朝時代の武将の新田義興（にったよしおき）が多摩川の矢口渡（やぐちのわたし）で謀殺されたとの伝説が残り、ゆかりの寺社にも七福神が祀られる。御朱印色紙は新田神社のみで通年購入可能。七福神スタンプは、新田神社へゴール後にまとめてもらえる。

新田神社 にったじんじゃ

↑武将・新田義興を祀るため南北朝時代に建立。戦火や雷被害を耐え抜いた樹齢約700年の欅、縁結びの「LOVE神社」オブジェが人気。
所 東京都大田区矢口1-21-23

↑新田神社の恵比寿さま

頓兵衛地蔵 とんべえじぞう

↑新田義興の謀殺に加担した船頭の頓兵衛が罪を悔いて建てたと伝わる。義興の恨みで顔が溶けたとの伝承から「とろけ地蔵」とも。
所 東京都大田区下丸子1-1-19

矢口中稲荷神社 やぐちなかいなりじんじゃ

↑約200年前の大凶作の年に、京都伏見稲荷を矢口村田町に勧請したところ大豊作になったという。昭和10年（1935）に現在地に移転。
所 東京都大田区矢口1-5

氷川神社 ひかわじんじゃ

↑厄災から人々を守るという素戔嗚尊を祀る神社。拝殿横には三社稲荷、社殿内には出世や商売繁盛の神さま・大黒天を安置する。
所 東京都大田区矢口1-27-7

延命寺 えんめいじ

↑南北朝時代に蓮花寺として創建。新田義興の霊によるとされる雷火で寺は焼失。難を逃れた延命地蔵にあやかって延命寺に改称した。
所 東京都大田区矢口2-26-17

東八幡神社 ひがしはちまんじんじゃ

↑鎌倉時代に創建され、応神天皇を御祭神に武士の守り神として崇拝された。多摩川沿いに建ち、鳥居近くに矢口渡跡の石碑がある。
所 東京都大田区矢口3-17-3

十寄神社 とよせじんじゃ

↑多摩川の矢口渡で謀殺された新田義興と、運命を共にした10人の従者を祀るため創建された。社殿内に毘沙門天を安置する。
所 東京都大田区矢口2-17-28

START 東急 武蔵新田駅
徒歩3分
1 新田神社
徒歩7分
2 頓兵衛地蔵
徒歩4分
3 矢口中稲荷神社
徒歩6分
4 氷川神社
徒歩6分
5 延命寺
徒歩6分
6 東八幡神社
徒歩9分
7 十寄神社
徒歩10分
GOAL 東急 武蔵新田駅

市民が寄進した六地蔵

江戸の出入口6カ所に安置された露天の地蔵菩薩像。深川の地蔵坊正元が病気平癒を地蔵菩薩に祈願したところ、治癒したことから、京都の六地蔵にならって宝永3年(1706)に造立を発願し、人々から浄財を集めて完成させた。六地蔵のうち、江東区・永代寺の地蔵菩薩は、廃仏毀釈で廃寺となった際に取り壊された。

品川寺の地蔵菩薩坐像

品川寺

ほんせんじ

東京都品川区　MAP P.79A3

品川随一の古刹

大同年間(806〜810)に創建した品川最古の寺院。真言宗醍醐派の別格本山で、旧東海道品川宿にある。第1番となる地蔵菩薩は宝永5年(1708)の創建。江戸初期の大梵鐘や樹齢約600年のイチョウの木がある。

DATA & ACCESS

03-3474-3495 所東京都品川区南品川3-5-17 開休料参拝自由 交京急・青物横丁駅から徒歩3分 Pなし

東禅寺

とうぜんじ

東京都台東区　MAP P.79B1

銅製の地蔵菩薩が鎮座

寛永元年(1624)創建の曹洞宗寺院。本堂前に宝永7年(1710)建立の銅造地蔵菩薩坐像が鎮座し、旧奥州街道の鎮守とされていた。菩薩像の隣には、銀座木村屋總本店の創業者・木村安兵衛と妻・文(ぶん)の夫婦像が立つ。

DATA & ACCESS

03-3873-4212 所東京都台東区東浅草2-12-13 開休料参拝自由 交地下鉄・三ノ輪駅から徒歩15分 Pなし

太宗寺

たいそうじ

東京都新宿区　MAP P.79A2

大名・内藤氏の菩提寺

慶長元年(1596)頃建立の草庵「太宗庵」を起源とする浄土宗寺院。旧甲州街道の宿場・内藤新宿内にあり、内藤家の寄進を受けて社殿を建立した。銅造地蔵菩薩坐像や閻魔像、奪衣婆像、内藤家墓所などがある。

DATA & ACCESS

03-3356-7731 所東京都新宿区新宿2-9-2 開7:00〜18:00 休無休 料無料 交地下鉄・新宿御苑前駅から徒歩2分 Pなし

眞性寺

しんしょうじ

東京都豊島区　MAP P.79A1

奈良時代創建の古刹

中山道の出入り口であった巣鴨にある真言宗寺院。聖武天皇の勅願で行基が開いたと伝えられる古刹。境内左手に、正徳4年(1714)に完成した高さ約3.5mの唐銅製の地蔵菩薩坐像が鎮座する。

DATA & ACCESS

03-3918-4068 所東京都豊島区巣鴨3-21-21 開休料参拝自由 交JR巣鴨駅から徒歩5分 Pなし

霊巌寺

れいがんじ

東京都江東区　MAP P.79B2

大名家の墓が数多い

隅田川河口を埋め立てて生まれた霊巌島に、寛永元年(1624)に創建した浄土宗寺院。明暦3年(1657)の明暦の大火で延焼し、現在地に移転。地蔵菩薩像が立ち、境内の陸奥白河藩主・松平定信の墓所は国の史跡。

DATA & ACCESS

03-3641-1523 所東京都江東区白河1-3-32 開休料参拝自由 交地下鉄・清澄白河駅から徒歩5分 Pなし

江戸の街を囲むように安置された不動明王や地蔵菩薩。往時の人々の信仰が伝わる。

江戸市中を守る五色不動

東京には五色不動、または五不動と総称される5種6カ所の不動尊(不動明王像)がある。3代将軍・徳川家光が、江戸城鎮護のために江戸の東西南北と中央に配したと伝えられる。目黒、目白などの色は、中国の五行思想に基づく方角の色と考えられている。目黄不動は2寺が知られている。
※本ページで紹介の目黄不動(最勝寺)のほか、台東区三ノ輪にも目黄不動(永久寺)がる。

交通量の多い明治通り(旧日光街道)沿いにひっそりと建つ、台東区三ノ輪の目黄不動(永久寺)

目黒不動(瀧泉寺)

めぐろふどう(りゅうせんじ)

東京都目黒区 MAP P.79A3

関東最古の不動霊場

大同3年(808)創建と伝わる天台宗寺院。開基の慈覚大師自ら御本尊の不動明王像を刻み、大師が法具の独鈷を投じて湧出させたという「独鈷の瀧」から今も2筋の清水が流れる。毎月28日が大縁日。

DATA & ACCESS

☎03-3712-7549 所東京都目黒区下目黒3-20-26 開休料参拝自由 交東急・不動前駅から徒歩12分 Pなし

目白不動(金乗院)

めじろふどう(こんじょういん)

東京都豊島区 MAP P.79A1

歴史的な石造物が点在

真言宗豊山派の寺院で、開山の永順が天正年間(1573~1592)に御本尊・観世音菩薩を勧請したのが起源とされる。文京区にあった目白不動新長谷寺が戦災で焼失し、合寺となり、金乗院に不動明王像が祀られた。

DATA & ACCESS

☎03-3971-1654 所東京都豊島区高田2-12-39 開休料参拝自由 交都電・学習院下停留所から徒歩3分 Pなし

目赤不動(南谷寺)

めあかふどう(なんこくじ)

東京都文京区 MAP P.79A1

元の名は赤目不動

元和年間(1615~1624)に、比叡山南谷出身の万行律師が駒込動坂に不動明王像を祀った赤目不動が起源とされる。鷹狩で立ち寄った3代将軍徳川家光の命により目赤不動と名称が変わり、現在地に遷された。

DATA & ACCESS

☎03-3942-0706 所東京都文京区本駒込1-20-20 開9:00~16:30 休無休 料無料 交地下鉄・本駒込駅から徒歩3分 Pなし

目青不動(最勝寺)

めあおふどう(さいしょうじ)

東京都世田谷区 MAP P.81C2

青銅製の前立不動明王像

慶長9年(1604)に江戸城内紅葉山に創建し、明治後期に現在地へ移転。不動堂に祀られる目青不動は、廃寺となった麻布・観行寺から移された。慈覚大師作と伝わる不動明王像は秘仏で、前立不動明王像を拝観できる。

DATA & ACCESS

☎03-3419-0108 所東京都世田谷区太子堂4-15-1 開7:00~17:00 休無休 料無料 交東急・三軒茶屋駅から徒歩3分 Pなし

目黄不動(最勝寺)

めきふどう(さいしょうじ)

東京都江戸川区 MAP P.81D2

牛島神社の別当も務めた

貞観2年(860)に隅田川畔に創建したとされる天台宗寺院で、大正初期に現在地に移転。木造不動明王坐像は元は末寺・東栄寺の御本尊だったが、最勝寺に安置された。江戸川区登録有形文化財で、高さ127cm。

DATA & ACCESS

☎03-3681-7857 所東京都江戸川区平井1-25-32 開休料参拝自由 交JR平井駅から徒歩15分 Pあり

都市の中心に造成された
鬱蒼たる森の中に鎮座

明治神宮

めいじじんぐう

東京都渋谷区 MAP P.79A2

明治天皇と昭憲皇太后を祀るため、大正9年(1920)に創建。内苑と外苑で構成され、内苑を覆う森は、神宮造営にあたり全国から献木された約10万本を植栽して人工的に造成された。広大な境内には、宝物殿や明治神宮ミュージアム、加藤清正が掘ったと伝わる「清正井」などの見どころが点在。年間を通して参拝者が多く、初詣者数は日本一を誇る。

DATA & ACCESS

☎03-3379-5511 所東京都渋谷区代々木神園町1-1 開日の出～日没(月によって異なる) 休無休 料御苑維持協力金500円 交JR原宿駅／地下鉄·明治神宮前(原宿)駅から徒歩1分 Pあり

御祭神

明治天皇 めいじてんのう
昭憲皇太后 しょうけんこうたいごう

主なご利益

夫婦円満、家内安全ほか

鎮座100年を節目に社殿を改修。銅板の葺き替えで、屋根は青緑色から褐色へと変化

日本一を誇る木造の明神鳥居

大鳥居 おおとりい

台湾ヒノキで造られた第二鳥居。高さ12m、幅9.1mで、木造の明神鳥居としては日本一の大きさ。

銅板葺きの大きな屋根が美しい

御社殿 ごしゃでん

空襲で焼失後、昭和33年(1958)に再建。日本伝統の木造建築で、屋根は銅板葺き。外拝殿の奥に内拝殿と本殿がある。

近現代に実在した人物を御祭神とする新しい神社。明治以降の時代背景も垣間見える。

戦火を免れた貴重な建造物

南神門 みなみしんもん

大正9年(1920)に建てられた楼門。創建当時の姿をとどめる貴重な建物で、他の社殿群とともに国指定の重要文化財。

高貴な咲き姿で
梅雨の苑内を彩る

菖蒲田 しょうぶだ

明治天皇が昭憲皇太后のために花菖蒲を植えたのが始まり。6月上旬から中旬に、約150種1500株が咲き競う。

2本の楠が並ぶ
縁結びスポット

夫婦楠 めおとくす

神宮創建時に献木された2本の楠。「夫婦楠」と呼ばれ、縁結びや夫婦円満の象徴に。

100年の森について

未来を見据えた豊かな人工の森

約70万㎡に及ぶ鎮守の森は、林学の専門家により設計された人工林。人が手を入れずとも永遠に続く森を目指し、100年先を見据えてこの地に適したシイ、カシ、楠などの照葉樹を中心に植栽された。現在は大樹が茂る森へと成長し、貴重な動植物の宝庫となっている。

神明造を基調とした近代建築
拝殿 はいでん　昭和39年(1964)に再建された鉄筋コンクリート造りの社殿。左側には、勝利のシンボルとされる4色の旗「Z旗」が掲げられている。

勝利と強運をもたらす
海軍の英雄を御祭神とする社

東郷神社
とうごうじんじゃ

東京都渋谷区　MAP P.79A2

日露戦争の日本海海戦で連合艦隊を指揮した東郷平八郎を祀る神社。日本を勝利に導いたことから勝利や強運のご利益で知られ、受験生やスポーツ選手の参拝も多い。約8600坪の境内には森と池が広がり、海軍ゆかりの碑や施設が点在。竹下通りに隣接する土地柄もあって、原宿の「カワイイ文化」を反映したハローキティとのコラボ授与品なども用意する。

角張ったデザインが特徴
獅子像 ししぞう
現代アートのような狛犬。かつては東京築地の海軍大学校敷地内にあった。

海と縁の深い人々を合祀
海の宮 うみのみや
海軍、海事、水産関係者などの霊を祀る境内霊社。昭和47年(1972)に創建された。

若い特年兵の歴史を伝える
海軍特年兵の碑 かいぐんとくねんへいのひ
14歳の少年から志願者を採用した海軍特別年少兵の殉国碑。自然石に碑名が刻まれている。

御祭神
東郷平八郎命
とうごうへいはちろうのみこと

主なご利益
必勝祈願、良縁祈願、合格祈願ほか

DATA & ACCESS
☎03-3403-3591 所東京都渋谷区神宮前1-5-3 開6:00～17:00(11～3月6:30～) 休無休 料無料 交JR原宿駅／地下鉄･明治神宮前駅から徒歩5分 Pあり

幕末の志士から先の大戦まで
明治以降の戦歿者を祀る

靖國神社

やすくにじんじゃ

東京都千代田区　MAP P.79A2

明治2年(1869)、明治天皇の命により建てられた招魂社が前身。明治12年(1879)に靖國神社と改められ、幕末の志士や明治以降の内戦や対外戦争において護国のために殉じた人々の霊を祀る。境内にある遊就館では、戦歿者の遺品や歴史資料、零戦などを展示。春は約500本の桜が咲き誇り、毎年7月の「みたままつり」開催中は大小3万を超える提灯が彩る。

DATA & ACCESS

☎03-3261-8326 所東京都千代田区九段北3-1-1 開6:00～18:00(12～2月は～17:00) 休無休 料無料 交地下鉄・九段下駅から徒歩5分 Pあり

御祭神
護国の英霊
ごこくのえいれい

曲線を巧みに生かした設計
拝殿 はいでん　明治34年(1901)の建築。直線的な本殿に対して、拝殿は曲線美を取り入れている。

日本屈指の大きさに圧倒
大鳥居(第一鳥居)
おおとりい(だいいちとりい)
昭和49年(1974)に当時の最新技術で建造。高さ25m、重さ100tを誇る。

池を眺めながら散策できる
神池庭園 しんちていえん
明治初期に造られた回遊式庭園。滝石組みが美しく、趣ある3軒の茶室がたたずむ。

明治天皇に忠誠を尽くした
名将・乃木大将を祀る

乃木神社

のぎじんじゃ

東京都港区　MAP P.79A2

明治天皇崩御に殉じた陸軍大将の乃木希典命と夫人・静子命を祀る。明治時代に大きな功績を残した乃木大将にあやかり、勝運や仕事運、学業成就などのご利益で知られる。宝物殿では、殉死に使われた刀や遺言状、勲章などゆかりの品々を展示。隣接する乃木公園には乃木夫妻が暮らした邸宅が現存し、年に3回程度、期間限定で内部が公開される。

DATA & ACCESS

☎03-3478-3001 所東京都港区赤坂8-11-27 開6:00～17:00(授与所は9:00～) 休無休 料無料 交地下鉄・乃木坂駅からすぐ Pあり

飾り気がなく合理的な造り
旧乃木邸 きゅうのぎてい
明治35年(1902)に建てられた和洋折衷の住居。乃木大将が自ら設計した。

乃木夫妻が崇敬した神社
赤坂王子稲荷神社 あかさかおうじいなりじんじゃ
昭和37年(1962)、乃木夫妻が崇敬していた北区の王子稲荷神社の末社として勧請。

大江宏氏設計による立派な屋根を持つ
拝殿 はいでん　旧社殿は空襲で焼失。昭和37年(1962)、御祭神50年祭に合わせて復興された。

御祭神
乃木希典命
のぎまれすけのみこと
乃木静子命
のぎしずこのみこと

主なご利益
学業成就、
勝負運、
縁結びほか

将門塚をめぐる伝説とミステリー

非業の死を遂げた武将・平将門を供養する将門塚。
大都会の真ん中に残る史跡には、祟りと恐れられる数々の逸話が語り継がれている。

平安の武将・平将門を供養する首塚

近代的なオフィスビルが建ち並ぶ東京・千代田区大手町に、一基の石碑がたたずんでいる。平安中期の豪族・平将門を祀る首塚だ。東京の超一等地の一角に今も大切に保存されているのは、数々のミステリアスな伝承や出来事が関係していると巷で噂されている。

平将門は桓武天皇の血を引く平安中期の豪族で、下総(茨城県)を本拠に関東で勢力をふるった。一族の内紛を機に関東各地の国司と対立し、関東八カ国を制圧する平将門の乱を起こす。自らを新皇(新しい天皇)と称したことから朝敵とみなされ、下野(栃木県)の豪族・藤原秀郷らの軍と交戦して下総で討死する。将門の亡骸は故郷・下総に胴体が埋葬され、首は京都・平安京に送られて都大路に晒された。日本の歴史で初めての晒し首と伝えられることから、将門の首は数々の数奇な伝説を各地に生むことになる。なかでも有名な伝承として語り継がれるのが、東京・大手町の将門塚だ。

伝説によれば、京都に晒された将門の首はやがてかっと眼を見開いたあとに、胴体のある下総へ向けて飛来した。途中、武蔵国豊島郡芝崎村(現在の千代田区大手町)に落ちたため、供養の首塚(将門塚)が立てられたと伝えられている。

将門の強い霊力を伝える都市伝説

14世紀に天変地異や疫病の流行が頻発すると、平将門の怨念と人々は恐れた。将門供養の祈祷が行われ、首塚近くにあった神田明神の御祭神として将門が祀られる。その後、将門塚の取り壊しが幾度となく計画されたが、祟りと思えるような不幸な出来事が起こってその度に計画は頓挫した。

大正時代、将門塚は大蔵省の敷地内に組み込まれていた。関東大震災で庁舎が焼失すると、首塚を壊して仮庁舎が建設される。ところが、大蔵大臣や大蔵官僚、建設関係者ら十数名が相次いで不審死を遂げる不幸に見舞われた。将門の怨霊を恐れて仮庁舎は取り壊され、首塚も復活した。

戦後、米軍が施設建設のために首塚を撤去しようとした際にも、重機が横転して運転手が死亡する事故が起こり、建設工事が中止されている。ほかにも、将門の祟りと噂される出来事は数多い。

近年、将門塚の一帯で大規模な再開発事業が行われたが、首塚は手を付けずに残された。東京都の旧跡に指定され、周辺はきれいに整備されている。同じ千代田区内にある築土神社は、将門の首を秘かに持ち込んで祀った観音堂を神社の起源と伝えている。将門塚を訪ねる際には、同じく将門ゆかりの神田明神や築土神社へも足を運びたい。

↑大手町の高層ビル群のなかにたたずむ

DATA & ACCESS

☎03-3556-0391(千代田区観光協会) 所東京都千代田区大手町1-2-1 開休料見学自由 交地下鉄・大手町駅からすぐ Pなし MAP P.79B2

↑2021年4月に新しくなった将門塚。いまでも多くの人が訪れる

山岳信仰

神々が織りなす天空回廊

羽黒山、月山、湯殿山の総称

出羽三山

でわさんざん

山形県鶴岡市・庄内町

古来より祖霊が鎮まる神々の峰として信仰され、約1400年前に蜂子皇子が開山。中世以降は修験道場として栄えた。三山はそれぞれ、現世の幸せ、前世の安楽、生まれ変わりを祈る山とされる。江戸時代、出羽三山参りは「生まれ変わりの旅」として、西の伊勢参りに対し東の奥参りといわれるほど人気を博したという。

羽黒山の山頂に鎮座
羽黒派古修験道の根本道場

出羽三山神社

でわさんざんじんじゃ

MAP P.342B2

推古天皇元年(593)、崇峻(すしゅん)天皇の皇子・蜂子皇子(はちのこのおうじ)が三本足の八咫烏(やたがらす)に導かれて羽黒山にたどり着き、修行をして開山したと伝わる。蜂子皇子の修行道は「羽黒派古修験道」と呼ばれ、出羽三山神社はその根本道場である。山内には五重塔など貴重な文化財が点在。山頂には豪壮な社殿が建ち、三山の三神が合祀されている。月山と湯殿山は冬季の参拝が難しいため、三山の祭典は出羽三山神社で行われる。

DATA & ACCESS

☎0235-62-2355 所山形県鶴岡市羽黒町手向手向7 開参拝自由 休無休(羽黒山五重塔より上は冬期通行不可) 料無料 交五重塔へ：JR鶴岡駅から庄内交通バス・羽黒山頂方面行きで40分、羽黒随神門下車、徒歩15分／出羽三山神社(三神合祭殿)へ：羽黒山頂方面行きバスで1時間5分、羽黒山頂下車、すぐ Pあり

↑広大な神域の表玄関とされる随神門

←東北地方最古の塔とされる、国宝指定の五重塔。平将門創建と伝わり約600年前に再建。2025年まで改修工事中

御祭神

伊氏波神 いではのかみ
稲倉魂命 うかのみたまのみこと

主なご利益

商売繁盛、五穀豊穣ほか

参拝の玄関口に威風堂々と立つ羽黒山大鳥居。ここから続く坂は神路坂と呼ばれる

⬆三神合祭殿は、羽黒派古修験道独自の社殿

⬅表参道の両側には、国の特別天然記念物である樹齢数百年の杉並木が続く

⬆祓川に架かる美しい神橋。古くは三山参りをする者は祓川で身を清めたという。近くには須賀の滝もある

山頂に社殿が建つ
庄内平野を望む。
頂からの眺めは見事。
登山道の湿原には
遊歩道が整備

元東北で唯一の官幣大社
農業神・漁業神として信仰

月山神社本宮

がっさんじんじゃほんぐう

MAP P.342B2

出羽三山の主峰である、標高1984mの月山山頂に神社がある。古くは千年前の書物にも名前が記された古社であり、農業の神、航海漁労の神として信仰されてきた。卯年が御縁年であり、この年に参拝すると12年分のご利益があるという。なお現世の幸せを祈る羽黒山に対し、月山は前世、湯殿山は来世の浄土を表すことから、三山参りは羽黒山、月山、湯殿山の順に巡るのが一般的だ。

御祭神

月読命 つきよみのみこと

主なご利益

五穀豊穣、大漁満足
ほか

登山道に広がる弥陀ヶ原湿原。希少な高山植物の宝庫であり、幻想的な湖沼があちこちに点在している

DATA & ACCESS

090-8921-9151 所山形県庄内町立谷沢本澤31 開7~8月7:00~16:00 休期間中無休 料御祓料500円(必須) 交月山ビジターセンターへ:JR鶴岡駅から庄内交通バス・羽黒山頂行きで50分、荒沢寺下車すぐ/山頂へ:月山ビジターセンターから徒歩2時間30分 Pあり

山岳信仰を体験

出羽三山の山岳信仰・文化を追体験したい

自然との一体化を目指して

山伏の修行体験

やまぶしのしゅぎょうたいけん

山岳信仰の歴史などが学べる「いでは文化記念館」を拠点に、2泊3日の山伏修行体験を開催している。
0235-62-4727(羽黒町観光協会) 開休料詳細は要問合せ

出羽三山の奥宮
土足・写真撮影厳禁の神域

湯殿山神社本宮

ゆどのさんじんじゃほんぐう

MAP P.342B2

月山南西の湯殿山の森の中に鎮座し、出羽三山の奥宮とされる。近世の出羽三山参りは、現在・過去・未来の三世を乗り越える「三関三渡（さんかんさんと）」の旅であり、湯殿山は生まれ変わりを祈る神の世界であった。御神体は湯が湧き出る巨石であり、この御神体そのものを巡拝する習わしから、社殿はない。今なお御神体を巡拝できるのは素足でお祓いを受けた人のみ。写真撮影も禁止という神秘的な場所だ。

DATA & ACCESS

☎0235-54-6133 所山形県鶴岡市田麦俣六十里山7 開6月～11月3日(年により異なる、湯殿山有料道路ゲート8:30～15:50) 休積雪時 料御祓料500円(必須)、湯殿山有料道路400円 交湯殿山有料道路終点(仙人沢駐車場)から本宮参拝バスで5分下車すぐ Pあり(仙人沢駐車場) ※本宮へは一般車乗り入れ不可

御祭神

大山祇命 おおやまつのみこと
大己貴命 おおなむちのみこと
少彦名命 すくなひこなのみこと

主なご利益

家内安全、
病気平癒、
五穀豊穣ほか

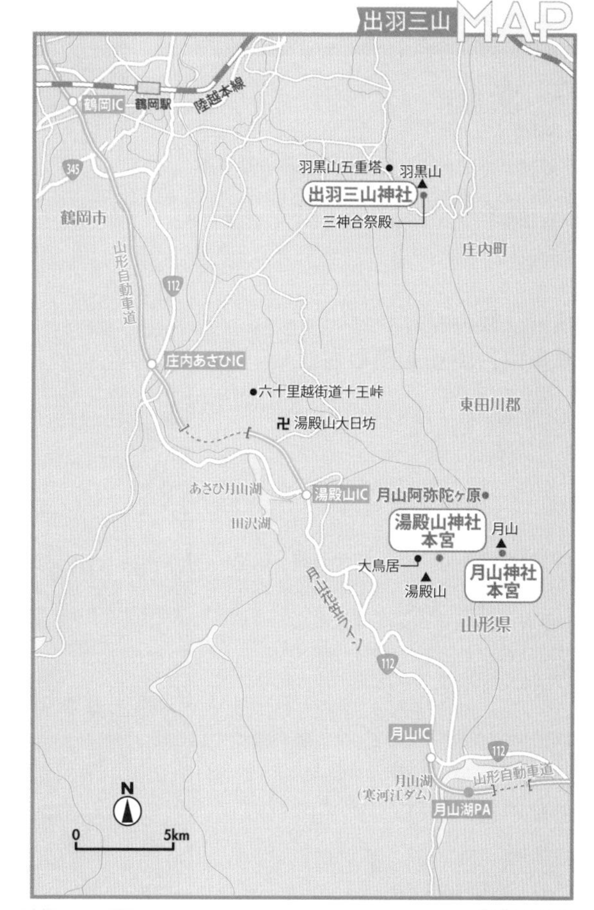

平成5年(1993)に竣工した大鳥居。本宮近くまではバスで参拝することができる

奥秩父に連なる日本武尊ゆかりの地

三峰山

みつみねさん

埼玉県秩父市

雲取山、妙法ヶ岳、白岩山の総称。道に迷った日本武尊を狼が案内した伝説があり、「おいぬさま信仰」はこの地から関東一円に広まった。

秩父三社のひとつ
霧の中に山々を望む古社

三峯神社

みつみねじんじゃ

MAP P.346B1

東国平定に遣わされた日本武尊(やまとたけるのみこと)が国生みの二神を祀ったのが、社の起源と伝わる。また狼(山犬)が山を登る日本武尊を道案内したといい、神の使いとして祀られている。「おいぬさま信仰」は江戸時代に各地に広まり、神社はその中心的存在として栄えた。境内には、権現造の拝殿のほか博物館などもある。また周辺には下界を望む遥拝殿、妙法ヶ岳の山頂には奥宮が鎮座し、ハイキングが楽しめる。

DATA & ACCESS

☎0494-55-0241 所埼玉県秩父市三峰298-1 開休料参拝自由 交西武秩父駅から三峯神社行きで75分、三峯神社下車すぐ Pなし

御祭神

伊弉諾尊 いざなぎのみこと
伊弉冊尊 いざなみのみこと

主なご利益

火難盗難除け、諸難除けほか

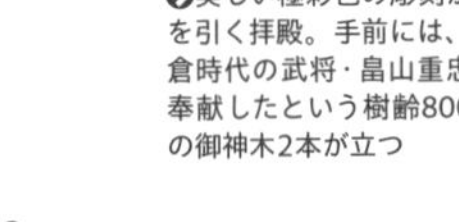

➲美しい極彩色の彫刻が目を引く拝殿。手前には、鎌倉時代の武将・畠山重忠が奉献したという樹齢800年の御神木2本が立つ

下界の峰々を一望する奥宮遥拝殿。妙法ヶ岳の頂にある奥宮を遥拝する場所

⬆三峯神社のなかでもとりわけ神聖な場所とされる奥宮。本殿からはゆっくり登って1時間30分ほどで到着する

⬆両脇に2つの鳥居を組み合わせた、全国でも珍しい三ツ鳥居。狛犬の代わりに狼が参拝者を迎える

⬆拝殿下の手水舎も彫刻が見事

⬆境内の各所に、山中に生息していたという神の使い、狼の像が鎮座する

⬇江戸時代、仁王門として建立された随身門

修験道の継承地。天狗信仰でも有名

高尾山

たかおさん

東京都八王子市

飯縄大権現信仰の山として、また天狗信仰の霊山としても知られる。さらに修験道の根本道場でもあり、今も伝統が受け継がれている。

都心にほど近い豊かな山中に飯綱大権現を祀る諸堂が建つ

薬王院

やくおういん

MAP P.347C2

天平16年(744)、東国鎮守の祈願寺として僧・行基が開山。14世紀には御本尊である飯縄大権現が奉祀され、戦国武将の守護神として信仰された。また御本尊の眷属とされる天狗も広く崇められている。高尾山は古来より修験道の道場であり、修験者(山伏)を天狗と同一視することも多い。寺では今なお滝を水行道場の場として開放しているほか、各種体験修行や精進料理も伝承している。

DATA & ACCESS

☎042-661-1115 所東京都八王子市高尾町2177 開休料参拝自由 交ケーブルカー高尾山駅から徒歩20分 Pあり

御本尊

飯縄大権現 いづなだいごんげん

主なご利益

家内安全、商業繁昌、事業繁栄ほか

↑境内を山頂に向かって登っていくと、奥の院が鎮座する。堂宇には不動明王が祀られている

↑薬王院の中心となる本社。正式名称は、飯縄権現堂という

←境内には、神通力を持つとされる天狗の像が多く建立されている

浄心門の先に108段階段が続く。宗教的に保護された山中には、豊かな自然が残っている

❖ ハイキングを楽しむ ❖

見どころの多い山歩き。7コースが整備されている

高尾山は都心から西へ50kmほどの位置にありながら、山中に豊かな自然が残る。さらに標高599mと低山であることから、年間登山者が日本一になるほどハイキングスポットとして人気が高い。天候がよければ、山頂からは富士山も望める。

↑石造りの大きな輪、願叶輪潜。くぐり抜けると願い事が叶うとされる

↑縁結びの仏を祀る愛染堂。赤い糸で5円玉を結び柵に奉納するとご縁があるという

→御護摩修行が行われる大本堂。天狗の面が掲げられている

←たこ杉の脇にある蛸の石像。なでると運が開けるとされる

高尾山MAP

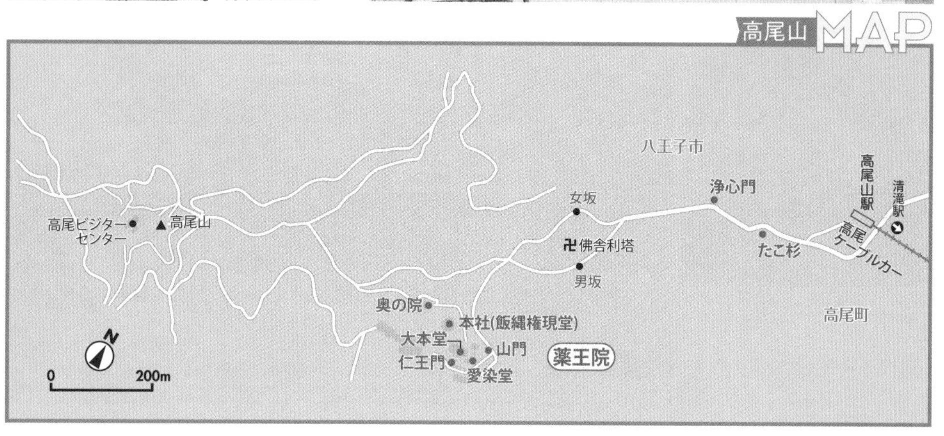

火山活動により生まれた“天下の険”

箱根山

はこねやま

神奈川県箱根町

険しい山は長い火山活動によって形成され、古くから神宿る山として信仰された。さらに中世以降は、山岳修行僧の修験霊場として栄えた。

山岳信仰の一大拠点であり
武家からも篤く信仰された

箱根神社

はこねじんじゃ

MAP P.346B3

2000有余年前の孝昭天皇の時代、箱根山駒ヶ岳の主峰・神山を神体山として祀ったのが始まりという。奈良時代に入り現在の地に社殿が建立され、箱根権現として広く信仰された。さらに平安時代以降は、名だたる武将から崇敬を集めて栄えた。江戸時代になると東海道が整備され、箱根は東西交通の要所となる。そのため箱根神社は交通安全の祈願所として、広く庶民にも信仰される聖地となった。

御祭神

箱根大神
はこねおおかみ

瓊瓊杵尊
ににぎのみこと

木花咲耶姫命
このはなのさくやひめのみこと

彦火火出見尊
ひこほほでみのみこと

主なご利益

開運厄除、心願成就、交通安全ほか

平和の鳥居。芦ノ湖に立つ水上鳥居で、正参道の石段下にあり、真っ青な湖と赤い鳥居のコントラストが目を引く

お札やお守りの授与品は石段の上と下の2カ所にある御札所で受けられる

九頭龍神社新宮前に湧く霊水「龍神水」。口にすると一切の不浄を清めてくれるという。自由に汲んで持ち帰り可

DATA & ACCESS

☎0460-83-7123 所神奈川県箱根町元箱根80-1 開休料参拝自由 交箱根登山鉄道・箱根湯本駅から箱根登山バス・元箱根・箱根町行きで30分、元箱根下車、徒歩10分 Pあり

矢立の杉。坂上田村麻呂が表矢を献じて勝利祈願したことが名の由来。樹齢1200年とも

本殿と幣殿、拝殿が一体となった権現造の荘厳な社殿。背後には珍しいヒメシャラの純林が広がる

箱根外輪の
金時山からの眺め。
神山を拝する
芦ノ湖の畔に
箱根神社が鎮座

⬅箱根神社の奥宮で、駒ヶ岳山頂に鎮座する箱根元宮(はこねもとつみや)。鳥居近くには白馬の伝説にちなむ「馬降石(ばこうせき)」がある。箱根駒ヶ岳ロープウェー・駒ヶ岳駅山頂駅から徒歩10分ほど

箱根山MAP

金時山
矢倉沢峠
乙女峠
乙女道路
乙女トンネル
公時神社
明神ヶ岳
神奈川県
丸岳
仙石原温泉
久野川
箱根登山ケーブルカー
小田原市
138
明星ヶ岳
箱根CC
芦ノ湖スカイライン
仙石原高原
箱根ロープウェイ
強羅温泉
姥子温泉
大涌谷
箱根登山鉄道
堂ヶ島温泉
神山
早雲山
塔之沢
九頭龍神社本宮
箱根町
蛇ノ滝
玉簾ノ滝
箱根湯本温泉
駒ヶ岳
箱根元宮
1
旧東海道
箱根駒ヶ岳ロープウェー
元箱根石仏群
箱根新道
二子山
芦ノ湖
お玉ヶ池
アネスト岩田ターンパイク
箱根神社
平和の鳥居
白銀山
静岡県
1
芦ノ湖温泉
湯河原町
道の駅 箱根峠
箱根峠
箱根峠
大観山
富士見峠
三島市
白雲の滝
N
0
2km

箱根神社と一緒に参拝

神秘的な伝承が残る

九頭龍神社本宮

くずりゅうじんじゃほんぐう MAP P.346B2

箱根大神の霊力を授かった万巻上人が、芦ノ湖で荒れ狂う毒龍を調伏(ちょうぶく)し、九頭龍大神として祀ったのが始まり。芦ノ湖畔に鎮座する本宮のほか、箱根神社境内に新宮がある。本宮に参拝するには、月次祭(毎月13日)で運航される、専用の参拝船に乗るのが便利。

☎0460-83-7123(箱根神社) 所神奈川県箱根町元箱根 箱根九頭龍の森内 開9:00～17:00 休無休 料箱根九頭龍の森入園料600円 交箱根園バス停から徒歩30分 Pなし

⬆湖畔にひっそりとたたずむ本宮

⬆本宮の月次祭は10時から神事が開始。祝詞(のりと)が奏上され、祈祷申込者の名前や願い事が読み上げられる

江戸時代には「大山詣り」が流行

大山
おおやま

神奈川県秦野市・厚木市・伊勢原市

「雨降り山」という別名もあり、古くは雨乞いの霊地として信仰。江戸時代は庶民の間で「大山詣り」が盛んに行われ、隆盛した。

五穀豊穣や安全を祈願し 江戸っ子がこぞって参詣した

大山阿夫利神社
おおやまあふりじんじゃ

MAP P.347C2

2200年以上の歴史を伝える古社。古代、神社が鎮座する大山は雨乞いの神と崇められた。山頂からは祭祀用と思われる縄文土器も発掘され、山岳信仰を物語る。神仏習合時代は修行の霊山として栄え、武家政権下には有力武将から信仰された。大山の名が庶民に広まったのは江戸時代。年間20万人もの参拝者が「大山詣り」を行い、その人気ぶりは落語や浮世絵にも残されている。

DATA & ACCESS

☎0463-95-2006 所神奈川県伊勢原市大山355 開休料参拝自由(大山ケーブルの運行時間は 9:00～16:30、土·日曜は～17:00) 交大山ケーブル阿夫利神社駅から徒歩5分(下社) Ⓟあり

御祭神

大山祇大神 おおやまつみのおおかみ
大雷神 おおいかずちのかみ
高龗神 たかおかみのかみ

主なご利益

家内安全、商売繁盛、心願成就ほか

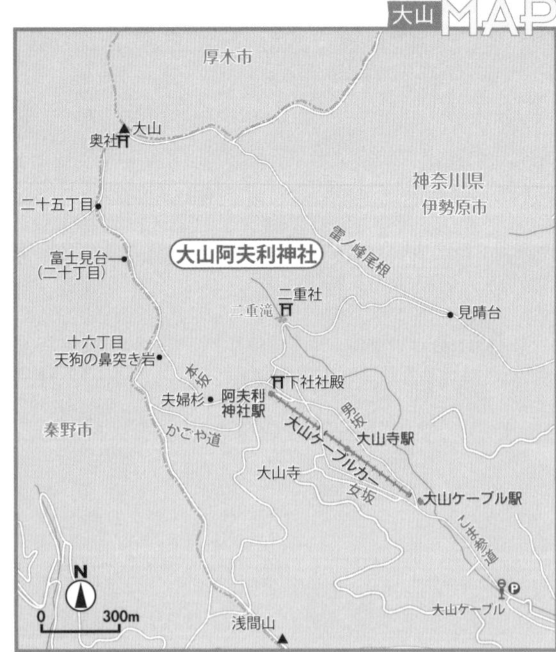

境内の獅子山。明治期の災害や大正の地震で消失されたかつての獅子像を偲び、平成時代に奉納された

丹沢を代表する
標高1252mの山。
表丹沢の塔ノ沢から
三角形の美しい
山容を眺める

⇧摂社の浅間神社。大山阿夫利神社の主祭神・大山祇大神と神縁のある、富士山の御祭神・木花咲耶姫命を祀っている

⇧大山山頂に本社があり、さらにその奥に奥社鎮座する。下社から本社までは90～120分の道のり

⇧大山詣りの主な参詣場所である、下社の社殿。大山の中腹に建ち、御祭神3柱を祀る

⇧11月下旬頃の紅葉シーズンになると下社でライトアップが行われ、美しく染まる木々と眼下の夜景が楽しめる

⇦下社から山頂へと向かう途中に根元が1つの夫婦杉が立つ。樹齢は500～600年

大山豆腐を味わいたい

清澄な湧水が育む名物豆腐は参詣登山を支える活力源

大山阿夫利神社参詣の楽しみのひとつが名物の大山豆腐。日本の名水100選の清らかで豊かな湧水が生み出したなめらかな絹ごし豆腐だ。江戸時代の参詣客も竹筒に詰めた豆腐で、水分と栄養を補給しながら大山を登ったという。参道や付近の飲食店、宿では、大山豆腐の湯豆腐やさまざまにアレンジした豆腐料理が味わえる。毎年3月中旬には、直径４mの仙人鍋で湯豆腐を無料で振る舞う「大山とうふまつり」も開催。

神話の神々に縁のある険しい山

戸隠山

とがくしやま

長野県長野市

戸隠連峰の中央に位置する山。岩戸に隠れた天照大神にお出ましいただいたという天岩戸開き神話や九頭龍伝説など、数々の神話が今に伝わる。

2000年の歴史を感じながら全社を参拝する五社めぐりを

戸隠神社

とがくしじんじゃ

MAP P.344A3

奥社・中社・宝光社・九頭龍社・火之御子社の五社からなる。御祭神は「天岩戸開き神話」のゆかりの神々が中心であり、ほかに水・豊作の神である九頭龍大神も祀る。山岳信仰を源流とする戸隠信仰は中世に修験道と習合。戸隠三千坊と呼ばれるほど多くの僧坊が建ち、大道場として栄えた。樹齢数百年の古木が立ち並ぶ山の麓は神聖な雰囲気が漂い、多くの参拝者が訪れる。「五社めぐり」も人気だ。

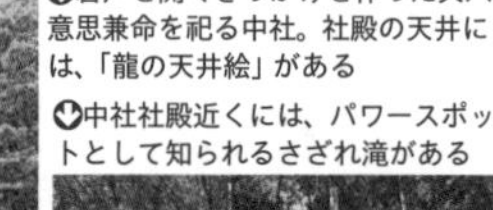

←岩戸を開くきっかけを作った天八意思兼命を祀る中社。社殿の天井には、「龍の天井絵」がある

↓中社社殿近くには、パワースポットとして知られるさざれ滝がある

←戸隠神社の本社である奥社。御祭神は、天岩戸を無双の神力で開き天照大神を導いた、天手力雄命

DATA & ACCESS

【中社】☎026-254-2001 所長野県長野市戸隠中社3506 開休料参拝自由 交JR長野駅からアルピコ交通バス・戸隠キャンプ場行きで1時間、各社最寄りのバス停下車 Pあり

御祭神

【宝光社 ほうこうしゃ】
天表春命 あめのうわはるのみこと

【火之御子社 ひのみこしゃ】
天鈿女命 あめのうずめのみこと

【中社 ちゅうしゃ】
天八意思兼命 あめのやごころおもいかねのみこと

【九頭龍社 くずりゅうしゃ】
九頭龍大神 くずりゅうのおおかみ

【奥社 おくしゃ】
天手力雄命 あめのたぢからおのみこと

主なご利益

開運、心願成就、五穀豊熟ほか

→奥社の参道に続く、樹齢400年を超える杉並木。県の天然記念物に指定されている

岩戸の前で神楽を舞った、天鈿女命を祀る火之御子社。代々の社人によって、太々神楽(だいだいかぐら)が伝えられた

火之御子社の境内には、樹齢500年超の夫婦杉が立つ

古代より雨乞いの神、水の神として信仰を集めた九頭龍社

荘厳な社殿が目を引く宝光社。石段を登った先に鎮座

五社めぐりに挑戦しよう

戸隠の世界観に浸る旅 五社それぞれのご利益を

戸隠山の麓に点在する奥社、中社、宝光社、九頭龍社、火之御子社の五社すべてを参拝するのが、五社めぐり。参拝順序に決まりはない。車の場合、移動総距離は約5.2km、駐車場から社殿への時間、参拝時間も入れると全体で3時間ほどみておくといい。徒歩で巡る場合、総距離は約6.2km、所要6時間、ほぼ半日から一日を予定しておこう。観光シーズンには駐車場が満車になることも多く、シャトルバス(1日500円)の利用が便利。

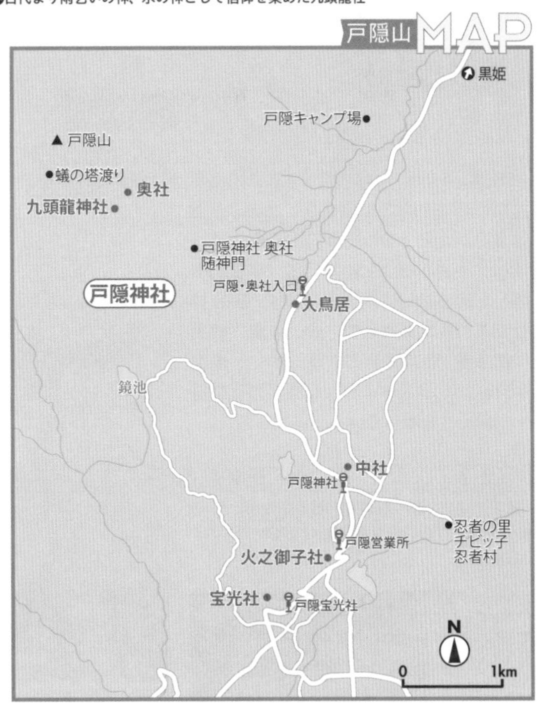

聖なる山「王嶽」が名前の由来

御嶽山

おんたけさん

長野県王滝村・木曽町、岐阜県下呂市・高山市

日本七霊山のひとつであり、かつては「王の御嶽」と呼ばれていた。登山道沿いには二万基超の霊神碑が立ち、厳粛さを感じさせる。

王の風格が漂う雄大で秀麗な山容。独立峰としては富士山に次ぐ高さである

数々の神社や霊神場を護持 水行の場である滝も神聖

御嶽神社

おんたけじんじゃ

MAP P.346A2

御嶽山を称え、大宝2年(702)に頂上奥社が創建されたのが始まりとされる。信仰登拝が盛んであった御嶽山の登山道には神社や神仏をはじめ、行者・御嶽講の信者を祀る霊神碑が各所にあり、御嶽神社がこれらを護持している。里宮の参道に茂る樹齢500年超の木曽五木や、厳粛な立岩から絶えることなく湧き出る御神水が神聖さを示している。

御祭神(里宮)

国常立尊 くにのとこたちのかみ
大己貴命 おおなむちのみこと
少彦名命 すくなひこなのみこと

主なご利益

心身浄化、五穀豊穣、長寿ほか

➲4合目までの道中に流れ落ちる新滝。裏側から滝を見ることができる

DATA & ACCESS

【里宮】☎0264-48-2660 所長野県王滝村3315 開休料参拝自由 交中央自動車道・伊那ICから車で1時間 Pあり

➲神社の中心的役割を担う里宮。社殿裏に御神水が湧き出る

↑標高約2200mに遥拝所があり、御神像が立つ。ここまでは届け出なく登拝可能

優美な名峰、別名は津軽富士

岩木山

いわきやま

青森県弘前市

古来より地元の総氏神的な霊山であり、優美な姿から津軽富士の別称もある。安寿と厨子王の伝説や、三女神の神話も残る。

山頂からは津軽平野を望む農海産物の守護神祖霊の座す山として崇められている

守護神として崇められる
津軽の民の心のよりどころ

岩木山神社

いわきやまじんじゃ

MAP P.340B2

岩木山を御神体とする山岳信仰に始まる古社で、お岩木さまと親しまれる。宝亀11年(780)山頂に社殿を創建したのが起こりであり、その後坂上田村麻呂が再建した。農業・漁業・商工業・医薬・交通関係と広く崇敬されており、とりわけ農業との関わりは深い。現在も旧暦8月1日には五穀豊穣を願い山頂奥宮に登拝する「奥宮神賑祭」が行われる。

⬆津軽平野の中央に岩木山がそびえ、麓に神社が建つ。古くから続く登拝行事も有名

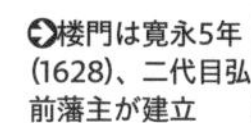

御祭神

顕国魂神 うつしくにたまのかみ
多都比姫神 たつびひめのかみ
宇賀能売神 うかのめのかみ
大山祇神 おおやまつみのかみ
坂上刈田麿命 さかのうえのかりたまろのみこと

主なご利益

開運、五穀繁盛、商売繁盛ほか

DATA & ACCESS

☎0172-83-2135 所青森県弘前市百沢寺沢27 開8:00～17:00 11～3月8:30～16:00 休無休 料無料 交JR弘前駅から車で40分 Pあり

➡山頂の奥宮。奥宮神賑祭はお山参詣とも。ここを目指し登山する

➡楼門は寛永5年(1628)、二代目弘前藩主が建立

⬇切り妻造りの中門。本殿と同時に建てられたもの

岩鷲山とも呼ばれる活火山

岩手山

いわてさん

岩手県八幡平市・滝沢市・雫石町

雄大な裾野を持つ奥州随一の霊山。古くから信仰の対象であり、桓武天皇の時代、坂上田村麻呂が岩鷲山大権現社を創建したとされる。

明治中頃まで女性は入山禁止 江戸期から参詣者が増え、町民らが道標の碑を建立

陸奥国の守神として信仰
境内に湧き出る名水も有名

岩手山神社

いわてさんじんじゃ

MAP P.341C3

霊峰岩手山の麓にあり、かつてはこの地が登拝の入口のひとつであった。蝦夷討伐に遠征した坂上田村麻呂(さかのうえのたむらまろ)が国土鎮護を祈願し、大同2年(807)に建立したと伝わる。境内には夫婦杉をはじめとする杉の木が立ち、厳かな空気が流れる。また「神山の秘水」と呼ばれる岩手山の雪解け水が手水舎から湧き出ており、長寿が叶うとされ、多くの人々が訪れる。

DATA & ACCESS

☎019-693-2974 所岩手県雫石町長山頭無野 開休料参拝自由 交東北自動車道・盛岡ICから車で30分 Pあり

参道を進んだ先に社殿が建つ。坂上田村麻呂が建立したという、古社の風情が漂う

神山の秘水。名水として知られ、この水を求めて訪れる人も多い

静寂の参道。途中には樹齢400年を超える御神木・夫婦杉が立つ

御祭神

宇迦御魂神 うかのみたまのかみ
大穴牟遅命 おおなむちのみこと
日本武尊 やまとたけるのみこと

主なご利益

縁結び、金運、健康長寿ほか

岩手山の山頂には火口跡があり、周囲を歩くお鉢めぐりが可

五穀豊穣・豊漁をもたらす女神

早池峰山

はやちねさん

岩手県宮古市・遠野市・花巻市

穏やかな山容から、男神の岩手山に対し女神と称される。海上からも見えるため、古く山麓の農民だけでなく漁師からも信仰された。

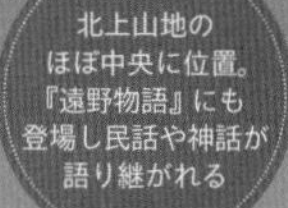

北上山地のほぼ中央に位置。『遠野物語』にも登場し民話や神話が語り継がれる

早池峰信仰の拠点であり
山伏神楽も奉納される

早池峯神社

はやちねじんじゃ

MAP P.343D1

創建は大同元年(806)。所説あるが、猟師の藤蔵(とうぞう)が早池峰山の山頂で神霊に接し、山道を開いて神霊を祀ったことが起源といわれている。遠野は座敷童子の昔話でも知られるが、毎年4月に境内で座敷わらし祈願祭が執り行われる。早池峰山は山伏の修験道の地でもあり、7月の例大祭では彼らによって伝承された早池峰神楽が奉納される。

↑現存する本殿は慶長期の建築手法が見られる。県の有形文化財に指定

DATA & ACCESS

☎0198-64-2455 所岩手県遠野市附馬牛町上附馬牛19-81 開休料参拝自由 交JR遠野駅から車で30分 Pあり

→杉木立に囲まれた参道。進んでいくと神楽殿や本殿がある

御祭神

瀬織津姫命 せおりつひめのみこと

主なご利益

五穀豊穣、航海安全ほか

→山頂にある奥宮。岩に陰に小さな祠が立つ

大物大忌神を祀る出羽国の最高峰

鳥海山
ちょうかいさん

山形県遊佐町・酒田市、秋田県由利本荘市・にかほ市

古くは活発に大火活動を起こし、火を噴く荒ぶる神「大物忌大神」として崇められた。中世には鳥海修験道が発達し、白衣の行者で賑わった。

出羽富士とも呼ばれる美しい山。古代には国家の守護神として崇敬された

鳥海山を神体山とし出羽国山岳信仰の中心を担う

鳥海山大物忌神社
ちょうかいさんおおものいみじんじゃ

MAP P.342B2

御祭神

大物忌大神 おおものいみのおおかみ

主なご利益

五穀豊穣ほか

⬆鳥海湖は約16万年前の火山湖。鳥海山登山の見どころのひとつ

活火山である鳥海山の山頂に本社が、山麓に2社の口之宮が鎮座する。創建は1450年以上前と伝わり、噴火が起こると朝廷から奉幣があり鎮祭が行われた。その後、出羽国一之宮となり、歴代天皇から篤く崇敬されたという。御祭神の大物忌大神は倉稲魂命、豊受姫神と同神とされ、農業・衣食住の守護神である。なお里の口之宮の本殿は国の有形文化財に登録。

⬇標高2236mの山頂付近に御本社が鎮座する。地元の人々にとって御本社は身近な存在で、五穀豊穣を願い山参りが行われる

DATA & ACCESS

【吹浦口之宮】☎0234-77-2301 所山形県遊佐町吹浦布倉1 開休料参拝自由 交JR吹浦駅から車で3分 Pあり

➡里の口之宮のひとつ、蕨岡口之宮の本殿。直線的意匠の壮大な建造物

金鑽神社が御神体と仰ぐ神の山

御室ヶ嶽

みむろがたけ

埼玉県神川町

日本武尊が東国遠征の折、火打金を山中に納めたと伝わる金鑽神社の神体山。かつて山からは鉄が産出したという言い伝えも残される。

断層ができたときの摩擦力で磨かれた鏡岩。国の天然記念物に指定

御室ヶ嶽を直接拝する社 古くは金佐奈神社とも記載

金鑽神社

かなさなじんじゃ

MAP P.346B1

日本武尊（やまとたけるのみこと）が東国遠征の際、二柱の神を祀ったことが創建の由来という。御室ヶ嶽を御神体として祀るため、拝殿のみで本殿はなく、古代の祭祀形態をとどめている。山中には県内有数の木造建築物である多宝塔が建つほか、御室ヶ嶽の山中には9000万年前の岩断層活動の跡である幅5m、高さ9mの鏡岩、戦国時代の御嶽城跡など貴重な文化財も点在する。

神社の主要建物である拝殿。この奥にある御室ヶ嶽一帯が御神体

DATA & ACCESS

0495-77-4537 所埼玉県神川町二ノ宮751 開休料参拝自由 交関越自動車道・本庄児玉ICから車で20分 Pあり

御祭神

天照大神 あまてらすおおみかみ
素戔嗚尊 すさのおのみこと

主なご利益

家内安全、金運ほか

安保弾正全隆が建立した、総朱塗りの多宝塔

拝殿の奥にある御室ヶ嶽が御神体 そのため本殿のない古い祭祀形態を今に伝える

大百足や竜神伝説が残る霊山

赤城山
あかぎやま

群馬県前橋市

古くは山岳信仰の対象であり、仏教が融合した中世以降は死者の魂を鎮める霊峰とされた。火口湖である大沼は、竜神信仰の対象でもある。

5市1村に広がり3つの湖水を持つかつて麓の人々は死者の魂を慰める登拝を行った

湖の霧の中に建つ厳かな神社 赤城姫の伝説も残る

赤城神社
あかぎじんじゃ

MAP P.344B3

山頂にある湖、大沼のほとりに鎮座する。赤城山と湖の神さま・赤城大明神を主祭神とし、ほか赤城山の峰々に鎮まる神も祀っている。社の創祀年代は不詳だが、大同元年(806)に地蔵岳から遷宮されたという記録が残る。神仏習合の時代には赤城山全域を神域として発展。さらに江戸時代には徳川家康公を祀り、徳川家や諸大名から篤い信仰を受けた。

DATA & ACCESS

027-287-8202 所群馬県前橋市富士見町赤城山4-2 開休料参拝自由 交関越自動車道・赤城ICから車で1時間 Pあり

現在の社殿は小鳥ヶ島にある。啄木鳥橋はかけかえ工事中

御祭神

赤城大明神 あかぎだいみょうじん
大國主神 おおくにぬしのかみ
磐筒男神 いわつつおのかみ
磐筒女神 いわつつめかみ
経津主神 ふつぬしのかみ

主なご利益

心身健康、子授安産、女性の願かけほか

朱塗りの美しい社殿が目を引く

数々の巨岩が散在する霊峰

筑波山

つくばさん

茨城県つくば市

山中に点在する多くの巨岩・奇石は、古代人の祭祀遺跡とされる。男体山・女体山2つの峰があり、信仰の山として篤く崇敬されてきた。

西の富士、東の筑波と親しまれた山頂周辺では祭祀の土器類が発見されている

創祀は神代の昔に遡る
日本屈指の歴史を誇る古社

筑波山神社

つくばさんじんじゃ

MAP P.347D1

神宿る山・筑波山を御神体とし、男体山頂の磐座(いわくら)に伊弉諾尊、女体山頂の磐座に伊弉冊尊を祀る。また中腹の拝殿から山頂を含む約370haの境内には、多数の神社が鎮座。さらに出船入船や弁慶七戻りなど神聖な巨岩も多い。なお筑波山は『日本書紀』『古事記』に記された「おのころ島」を指すとも伝わるほか、江戸時代には鬼門を護る神山として徳川家に崇敬された。

御祭神

筑波男大神伊弉諾尊
つくばのおおかみいざなぎのみこと

筑波女大神伊弉冊尊
つくばのおおかみいざなみのみこと

主なご利益

縁結び、夫婦和合、家内安全ほか

かつては遥拝所であった隋神門

天に向かってそびえる北斗岩(上)。高天原と現世の境界線といわれる、弁慶七戻り(下)

DATA & ACCESS

029-866-0502 所茨城県つくば市筑波1-1 開休料参拝自由 交つくばエクスプレス・つくば駅から関東鉄道バス・筑波山シャトルバスで40分、筑波神社入口下車、徒歩10分 Pあり

山の中腹に建つ拝殿。神仏混淆の中世、この場所には中禅寺という寺があり栄えたという

庶民に信仰された上毛三山のひとつ

妙義山

みょうぎさん

群馬県下仁田町・富岡市・安中市

複数の岩山からなり、荒々しい岩肌が特徴的。その山容から日本三大奇勝のひとつに数えられ、古くは修行者の行場として栄えた。

白雲山、金洞山などの峰々の総称。切り立つ断崖絶壁や奇岩・怪石で名高い景勝地

山麓に鎮座し境内上部は神域 本社の壮麗な装飾が圧巻

妙義神社

みょうぎじんじゃ

MAP P.346B1

創建は宣化天皇2年(537)と伝わる。妙義山の主峰である白雲山の東山麓に鎮座し、古くは波己曽神(はこそじん)と称された。波己曽は「岩社」を意味し、神が降臨した山岳信仰を物語る。境内には、全国的にも珍しい総黒漆塗りの本社や朱色の総門など、国の重要文化財に指定された貴重な建造物が建ち並ぶ。妙義山の紅葉など自然の風景も訪れる人々を癒やす。

御祭神

日本武尊 やまとたけるのみこと
豊受大神 とようけのおおみかみ
菅原道真公 すがわらのみちざねこう
権大納言長親卿 ごんだいなごんながちかきょう

主なご利益

開運、商売繁盛、縁結びほか

↑参道を登っていくと、安永2年(1773)創建の総門が建つ

DATA & ACCESS

☎0274-73-2119 所群馬県富岡市妙義町妙義6 開参拝自由(宝物殿9:00～17:00) 休無休(宝物殿12月20日～1月10日) 料無料(宝物殿200円) 交上信越自動車道・松井田妙義ICから車で5分 P道の駅 みょうぎの駐車場利用可

→上部の神域へと続く石段を進んだ先に本社がある。江戸時代の豪華絢爛な建築美を示す

関東随一の修験道場の霊山

武州御嶽山

ぶしゅうみたけさん

東京都青梅市

奥多摩山系にあり、古くは武蔵の国魂が降臨する山とされた。中世になると修験の聖地として栄え、有力な武将からも信仰されたという。

長尾平展望台から眺める秀麗な姿。金峰山とも呼ばれる蔵王権現信仰の霊場である

関東有数の霊山であり御嶽信仰の聖地として発展

武蔵御嶽神社

むさしみたけじんじゃ

MAP P.347C2

山頂の境内に本殿や拝殿があり、数々の神を祀る。創建は神話の時代とされ、奈良時代の僧・行基が蔵王権現を安置し知られるようになった。鎌倉～室町時代には関東修験の中心的道場として発展。武蔵国を代表する武将・畠山重忠も鎧などを奉納したという。江戸時代以降は日本武尊を魔物から助けたニホンオオカミを敬う「おいぬ様」信仰も広まった。

⬆本殿前に建つ入母屋造りの拝殿。江戸時代に5代将軍徳川綱吉によって改築された

⬅禊の行事に使われる、落差10mの綾広の滝。周囲を巨大な岩が囲み、神聖な雰囲気が漂う

御祭神

櫛真智命 くしまちのみこと

主なご利益

家内安全、商売繁盛、魔除け、厄除けほか

DATA & ACCESS

☎0428-78-8500 所東京都青梅市御岳山176 開休料参拝自由 交御岳登山鉄道・御岳山駅から徒歩25分 Pなし

➡おいぬ様信仰にちなんだ、ニホンオオカミをかたどった狛犬

戦国時代に武士の信仰を集めた

飯縄山

いいづなやま

長野県長野市

9世紀に学問行者が開山。飯縄大明神は不動明王の化身でもあるとされ、上杉・武田両家など戦国武将から守護神として信仰された。

山頂にある奥社御本殿。建物に覆われ、周囲には石祠が立つ

全国の飯縄神社の総社
飯縄忍法でも知られる

飯縄神社

いいづなじんじゃ

MAP P.344A3

御祭神

大戸道命 おおとのぢのみこと
大戸辺命 おおとのべのみこと
保食命 うけもちのみこと

主なご利益

家内安全、厄除け、商売繁盛ほか

3世紀頃、山頂に大戸道尊を祀り飯縄大明神と称したのが起源とされる。9世紀には学問行者が開山。鎌倉時代になると伊藤忠綱・盛綱親子が入山、忠綱は飯縄大権現を勧請し、子の盛綱は管狐を使う独特の法術である「飯縄の法」を確立した。また飯縄信仰は足利将軍をはじめ武田・上杉両家、さらに3代将軍徳川家光など武門から篤い崇拝を受けた。

DATA & ACCESS

026-254-2007(宮司宅) 所長野県長野市富田380 開休料参拝自由 交JR長野駅から車で20分 Pあり

武田家が造営・遷宮をしたという里宮の拝殿(上)と本殿(下)

樹高約30mの大杉。この神社には過去3回の落雷があったが、この大杉は被害を受けていない

パノラマが開ける山頂。山ごもりの行者が食べた頂の砂(天狗の麦飯)が名前の由来という

万葉の昔から詠われる山の神

弥彦山
やひこやま

新潟県弥彦村

日本海を望む新潟県のほぼ中央に位置し、古来から越後の陸の民と海の民を見守ってきた。山頂には弥彦神社の御神廟が祀られている。

御神廟のある山頂。8合目まではロープウェイも整備されている

2400年以上脈々と続く歴史 鎮守の杜に多くの殿舎が建つ

彌彦神社
やひこじんじゃ

MAP P.344B1

御祭神

天香山命 あめのかごやまのみこと

主なご利益

家内安全、厄除け、商売繁盛など

玉の橋は、神さまが渡るという神聖な橋。かつては拝殿前にあったとされる

起死回生の神である天香山命を祀る。弥彦山を御神山として2400年以上もの昔に創祀されたといい、古くは「伊夜比古神社」と記された。その名は『万葉集』にも詠われている。新潟の人々から「おやひこさま」と親しまれ、越後開拓の祖神を慕い、年間140万人もの参拝者が訪れる。樹林に覆われた深い境内の杜は神々しく、紅葉スポットとしても名高い。

荘厳な本殿。明治の大火ののち、大正5年(1916)に再建された

DATA & ACCESS

☎0256-94-2001 所新潟県弥彦村弥彦2887-2 開休料参拝自由 交JR弥彦駅から徒歩15分 Pあり

越後随一の霊峰 修験の山でもあり日本三彦山のひとつ。登山道が整備され多くの人が訪れる

霊魂が集まる日本三霊山のひとつ

恐山
おそれざん

青森県むつ市

比叡山、高野山と並ぶ日本三霊山であり、死者の霊魂が集まるとされる。御霊を呼ぶ巫女・イタコの存在が有名で大祭には多くの人が訪れる。

硫黄臭が漂う荒涼とした山中。地獄と極楽の風景が広がり、あの世に近い場所とされる

死者の霊の安らぎを願い 地蔵堂に人々が参拝する

恐山
おそれざん

MAP P.341C1

御本尊

地蔵菩薩 じぞうぼさつ

主なご利益

若返りほか

貞観4年(862)、高僧・慈覚大師円仁が諸国を行脚してこの地にたどり着き、地蔵尊を祀り開山したと伝わる。参道を進むと御本尊が安置された地蔵堂があり、ここが死者の霊魂の集まるところといわれる。イタコの口寄せが厳かに行われる大祭と秋詣りの際は、祖先の霊を供養する信者が参拝。また周囲には死者への鎮魂を願い小石が積まれている。

DATA & ACCESS

☎0175-22-3825 所青森県むつ市田名部宇曽利山3-2 開6:00〜18:00(10月は〜17:00) 休無休(11〜4月は閉山) 料500円 交JR下北駅から下北交通バス・恐山行きで43分、恐山下車すぐ Pあり

↑浄土とされる、神秘的な宇曽利山湖

↑宇曽利山湖のほとりに座す地蔵菩薩像。両脇に希望の鐘と鎮魂の鐘がある

←入母屋造りの立派な山門。この先に参道が続き、地蔵堂に行き着く

→三途の川に見立てられた天津川。現世とあの世を分ける境界とされ、対岸はあの世を意味する

海辺の聖地

風光明媚。波間に浮かぶ社寺へ

泰安殿に祀られる八臂弁財天像は、奥州平定祈願のために源頼朝が奉納したと伝えられる

⬆辺津宮境内に建つ八角形の奉安殿。鎌倉時代の傑作といわれる妙音弁財天像と八臂弁財天像が祀られている

日本三大弁財天のひとつ 福徳財宝のご利益の3女神

江島神社

えのしまじんじゃ

神奈川県藤沢市 MAP P.347C2

江の島に鎮座する辺津宮、中津宮、奥津宮の3社からなる。欽明天皇13年(552)に欽明天皇の勅命で、島の洞窟(岩屋)に神さまを祀ったのが起源とされる。のちに建立された3社に天照大神(あまてらすおおみかみ)と須佐之男命(すさのおのみこと)の間に生まれた3姉妹の女神がそれぞれ祀られた。江島弁財天として信仰され、金運や海上安全などの功徳で知られる。参道に賑やかな商店街が続いている。

⬅朱の鳥居の先にある瑞心門は竜宮城を模して造られ、壁や天井には参拝者の厄災除けの唐獅子などが描かれている

DATA & ACCESS

☎0466-22-4020 所神奈川県藤沢市江の島2-3-8 開参拝自由(奉安殿8:30~17:00) 休無休 料無料(奉安殿200円) 交小田急・片瀬江ノ島駅から徒歩15分、江ノ電・江ノ島駅/湘南モノレール・湘南江の島駅から徒歩20~30分 Pなし

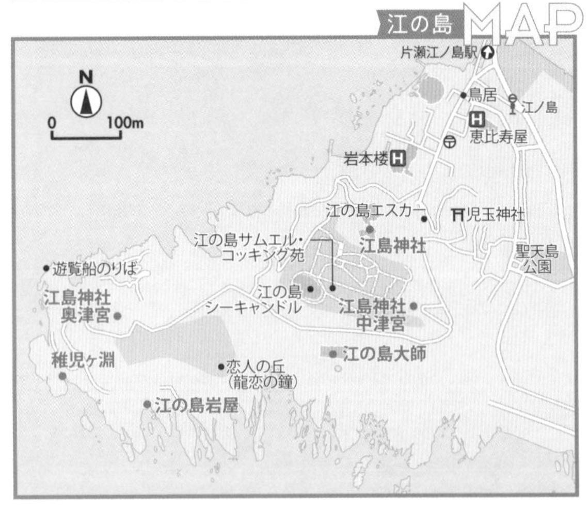

中津宮に祀られる市寸島比賣命は弁財天としても信仰される女神。社殿は5代将軍徳川綱吉が建立した江戸初期の様式で再建

田寸津比賣命を祀る辺津宮は、建永元年(1206)に3代将軍源実朝の創建と伝わる。一番下にあるため別名は下之宮

江の島は龍神伝説も知られており、龍宮には龍宮大神を祀る

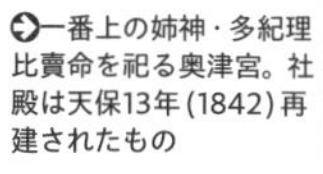

一番上の姉神・多紀理比賣命を祀る奥津宮。社殿は天保13年(1842)再建されたもの

御祭神

多紀理比賣命 たぎりひめのみこと
市寸島比賣命 いちきしまひめのみこと
田寸津比賣命 たぎつひめのみこと

主なご利益

金運、商売繁盛、航空·航海の安全、子授け、安産ほか

近くのパワースポットへ

同じ江の島内のパワースポットと腰越の小動神社へ

本尊は高さ6mの赤不動像

江の島大師

えのしまだいし MAP P.347C2

鹿児島県に鎮座する高野山真言宗最福寺の別院で、平成5年(1993)の創建。屋内で国内最大級とされる赤不動像を祀る。

☎0466-50-2111
所神奈川県藤沢市江の島2-4-10
開9:00～18:00
休無休 料無料
交江ノ電·江ノ島駅から徒歩30分
Pなし

伝説の地の海食洞へ

江の島岩屋

えのしまいわや MAP P.347C2

島の最奥部にある、波の浸食により生まれた海食洞窟。江の島信仰発祥地、龍神伝説の地とされ、見学できる。☎0466-22-4141(藤沢市観光センター) 所神奈川県藤沢市江の島2 開9:00～17:00(変更あり) 休無休(天候により閉洞) 料500円 交江ノ電·江ノ島駅から徒歩40分 Pなし

江の島を望む崖の上の神社

小動神社

こゆるぎじんじゃ MAP P.347C2

新田義貞(にったよしさだ)が鎌倉攻めの戦勝祈願をし、倒幕後に太刀と黄金を寄進したと伝えられる。断崖上の境内にある展望台は眺望抜群で、江の島を見晴らせる。☎0467-31-4566 所神奈川県鎌倉市腰越2-9-12 開休料境内自由 交江ノ電·腰越駅から徒歩5分 Pなし

神々の降臨地にたたずみ
朝焼けに染まる聖なる鳥居

大洗磯前神社

おおあらいいそさきじんじゃ

茨城県大洗町 MAP P.347D1

疫病が大流行した平安初期に、大己貴命と少彦名命の2神が人民救済のために降臨し、神社が創建されたと伝わる。現在、境内には水戸藩主・徳川光圀(みつくに)の命で江戸前期に再建された本殿と拝殿、随神門が残る。神々の降臨地とされる社殿前の海辺には、その地を示す鳥居が建てられた。日の出の時刻には、鳥居と海面が朝焼けに染まる神々しい風景が広がる。

DATA & ACCESS

☎029-267-2637 所茨城県大洗町磯浜町6890
開5:30～18:00(10～3月6:00～17:00) 休無休
料無料 交鹿島臨海鉄道・大洗駅から車で5分 Pあり

⇧拝殿は徳川光圀の命で造営され、享保15年(1730)に完成した。欄間には鳥や植物の見事な彫刻が見られる

⇧海を見下ろす高台に境内地が広がる

御祭神

大己貴命
おおなむちのみこと
少彦名命
すくなひこなのみこと

主なご利益

縁結び、家内安全、開運招福ほか

白波が砕け散り、朝日に照らされる海上鳥居。神々の降臨地にふさわしい神秘的な風景

御祭神の降臨地に立つ神磯の鳥居。元旦には神職が海岸に下り、初日の出に一年の安泰を祈願する

⬆白浜海岸の端にある赤鳥居。注連縄も掛けられており、一帯が神域となっている

伊豆を代表する古社 海と空に映える赤鳥居

伊古奈比咩命神社

いこなひめのみことじんじゃ

静岡県下田市 MAP P.346B3

通称は白濱（しらはま）神社といい、白砂の美しい白浜大浜海水浴場に隣接して鎮座。創建は約2400年前で、伊豆最古の神社。主祭神の伊古奈比咩命は、黒潮に乗って伊豆白浜に上陸し、伊豆七島をつくったという三嶋大明神の妃神。夫神の三嶋大明神とその随神たちともに祀られている。神社裏にある大明神岩の上に、朱塗りの大鳥居が空と海の青を背景に鮮やかにたたずむ。

⬆樹齢2000年とされる御神木には、薬師如来を祀る

⬆拝殿は江戸後期の造営。さらに石段を上ると本堂がある

DATA & ACCESS

☎0558-22-1183 所静岡県下田市白浜2740 開休料参拝自由 交伊豆急・下田駅から東海バスで11分、白濱神社下車すぐ Pあり

御祭神

伊古奈比咩命
いこなひめのみこと

主なご利益

縁結び、安産、海上安全、大漁満足ほか

もうひとつの海辺の鳥居

伊古奈比咩命神社の北へ約1km、竜宮島の神社を望む

小島にある小さな社

竜宮神社

りゅうぐうじんじゃ MAP P.346B3

白浜板戸海岸近くの竜宮島にある小さな神社。島へは堤防を歩いて上陸でき、赤鳥居から崖を上ると小さな社がある。滑りやすいので要注意。所静岡県下田市白浜137 開休料参拝自由 交伊豆急・下田駅から東海バスで15分、一色口下車、徒歩5分 Pなし

富士を望む相模の地に鎮座
生命の母なる海を守護

森戸大明神

もりとだいみょうじん

神奈川県葉山町 MAP P.347C2

源頼朝が三嶋明神を勧請し、治承4年(1180)に創建した。森戸神社の名で親しまれる葉山の総鎮守。海辺にたたずみ、江の島や富士山を一望できる。末社には海にゆかりの水天宮があり、子授け、安産の御神徳で名高い。子授けのお守りとして、丸い「子宝石」の授与が知られている。沖合いの名島(菜島)では、海洋神・大綿津見神を祀り、海の守護を司っている。

DATA & ACCESS

☎046-875-2681 所神奈川県葉山町堀内1025 開休料参拝自由 交JR逗子駅／京急・逗子・葉山駅から京急バス・葉山一色行きで15分、森戸神社下車すぐ Pあり

↑相模湾越しの神々しい富士。手前には鳥居が立つ名島(菜島)と葉山灯台が立つ

↑慶長2年(1597)造営の本殿は町指定の重要文化財

御祭神

大山祇命 おおやまつみのみこと
事代主命 ことしろぬしのみこと

主なご利益

開運厄除け、安産、良縁、商売繁昌ほか

断崖絶壁に築かれた社
海のエネルギーが間近に

石室神社

いろうじんじゃ

静岡県南伊豆町 MAP P.346B3

伊豆半島の突端、石廊崎に鎮座。岸壁のくぼみに建てられた社殿に驚かされる。明治34年(1901)、社殿建て替えの土台に使われたのは、以前から神前に打ち上げられていた帆柱。これは暴風雨に遭遇した千石船が海に投げ入れて神社に奉納した帆柱で、これで海が静まったと伝わっている。伊豆の守り神として同社が篤く信仰されてきたことがうかがえる。

DATA & ACCESS

☎0558-65-1064 所静岡県南伊豆町石廊崎125 開休料参拝自由 交伊豆急下田駅から東海自動車バス・石廊崎港口行きで40分、石廊崎港口下車、徒歩20分 Pあり

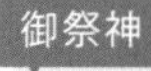

御祭神

伊波例命 いわれのみこと

主なご利益

海上安全ほか

↑石廊崎の岩は海底火山の溶岩流の塊で、塩分の風化作用でできたくぼみに社殿が建つ

→社殿廊下の一部がガラス張り。土台の帆柱が見える

↓突端の岩場には末社の熊野神社が。ここは縁結びの社。強風で足を取られないように注意を

遊女の深情けが始まり
狛犬を回す珍しい願掛け

湊稲荷神社

みなといなりじんじゃ

新潟県新潟市 MAP P.344B1

享保元年(1716)の創建。「願掛け高麗犬(狛犬)」が有名で、願いを念じながら、男性は阿形、女性は吽形の狛犬をゆっくり回すのが作法。起こりは江戸時代末期。同社は船乗りが遊ぶ花街の信仰を集めており、情を通じた船乗りを足止めしたい遊女が、西風で海が荒れるようにと、狛犬の頭が西に向くように回して、願を掛けたのが始まりといわれている。

DATA & ACCESS

☎025-222-6549 所新潟県新潟市中央区稲荷町3482 開休料参拝自由 交JR新潟駅から観光循環バス・朱鷺メッセ先回りコース、歴史博物館前下車、徒歩5分 Pあり

現在の狛犬は3代目。2代目は新潟市指定の有形文化財となり、社殿に保存されている

御神水の池。浮かべると文言が出る水みくじや紙の人形(ひとがた)を使った厄払いができる

御祭神

倉稲魂神
うかのみたまのみこと

主なご利益

五穀豊穣、商売繁盛、海上安全、良縁祈願、病気平癒ほか

ウミネコの生命力が満ちる
八戸の鬼門を守護する神の島

蕪嶋神社

かぶしまじんじゃ

青森県八戸市 MAP P.341C2

蕪島はウミネコの営巣地として天然記念物に指定されている貴重な島。その頂上に鎮座するのが同社。創建は永仁4年(1296)で、海中より浮かび上がった市杵嶋姫命(弁財天)の像を祀ったと伝えられる。商売繁盛、海上安全の守護神として地元の信仰篤く、「蕪(かぶ)」が「株(かぶ)」に通じることから、株価や人望の株が上がるという縁起の良さも評判に。

DATA & ACCESS

☎0178-34-2730 所青森県八戸市鮫町鮫56-2 開春～夏8:45～17:20(秋～冬季は～16:50) 休無休 料無料 交JR鮫駅から徒歩15分 Pあり

平成27年(2015)社殿が焼失し、2020年に再建。丘の上の社殿まで約90段の階段が続く

社殿の屋根はウミネコの羽ばたく姿がモチーフになっている

御祭神

市杵嶋姫命
いちきしまひめのみこと

主なご利益

財運、子授安産ほか

薬師如来と弁財天
パワー強力な海辺の霊域

波立寺

はりゅうじ

福島県いわき市 MAP P.345D2

大同元年(806)、海中から出現した薬師如来像を安置し、創建したと伝わる。眼前の波立海岸は玉砂利を敷いたような珍しい海岸で、石を持ち帰るのは禁忌。薬師如来の怒りに触れて目を患うといわれている。海岸のそばには弁財天を祀る弁天島がある。そそり立つような造形は力強く、ゴツゴツした岩場に波が砕けて、海のエネルギーがみなぎるスポット。

弁天島へは歩道橋で渡ることができる。初日の出のスポットとしても人気が高い

DATA & ACCESS

☎0246-82-2820 所福島県いわき市久之浜町田之網横内89 開休料参拝自由 交JR久之浜駅から車で5分 Pあり

波立寺は八茎寺や常福寺とともに「いわき三大薬師」に数えられている

御本尊

薬師如来やくしにょらい

主なご利益

家内安全、当病平癒ほか

疫病退散、地域安寧
海と山の神気が満ちる社

八坂神社

やさかじんじゃ

千葉県勝浦市 MAP P.347D3

創建は延宝6年(1678)と伝わる。鵜原の名主が地域の疫病退散を願い、尾張の津島神社から御祭神を勧請。以来、厄除けの神、土地の守り神として信仰されてきた。鵜原海岸に真っ白な一ノ鳥居が立ち、そこから500mほど山側に社殿がある。海と山、両方の気が満ちてくるような社。例祭は7月第4土曜で、神輿を伴った大名行列が街から海岸を練り歩く。

波打ち際の一ノ鳥居。白色が青い海や空に映え、神聖さがいちだんと際立つ

DATA & ACCESS

☎0470-73-2500(勝浦市観光協会) 所千葉県勝浦市鵜原天王山785 開休料参拝自由 交JR鵜原駅から徒歩5分 Pなし

社殿の背後の山には奥宮が鎮座。千葉県指定天然記念物の自然林が広がっている

御祭神

須佐之男命すさのおのみこと

主なご利益

無病息災、厄除けほか

海の中に潜ってお参り
日本で唯一、海底にある神社

海底神社

かいていじんじゃ

千葉県館山市 MAP P.347C3

館山市の沖合600mの高根と呼ばれる海底に鎮座する神社。地元のダイビングショップオーナーにより、水難事故防止の願いを込めて、平成9年(1997)7月20日の海の日に設置された。由緒正しい洲崎神社の分社にあたり、鳥居は水深約18m、社は水深約12mの場所にある。周辺はさまざまな魚が集まる海の生き物の宝庫で、参拝に訪れるダイバーもいるという。

↑多くの魚以外にも、ジンベイザメやザトウクジラなどの巨大生物が現れることも

DATA & ACCESS

☎0470-29-1648(波左間海中公園) 所千葉県館山市波左間海中公園内 開休料訪問はダイビングにて(要相談) Pなし

→鳥居だけでなく、本殿も設けられた、れっきとした神社

御祭神

天比理乃咩命 あまのひりのめのみこと

主なご利益

海上安全、大漁祈願ほか

緑の中に朱の鳥居が鮮やか
歌人の心を動かす景勝の地

曲木神社

まがきじんじゃ

宮城県塩竈市 MAP P.343C3

陸奥国一之宮である鹽竈(しおがま)神社の14末社のひとつで、松島弯内に浮かぶ小島・曲木島(籬島)(まがきじま)に鎮座している。鹽竈神社の海側を守護する社とも考えられるが、詳細は明らかでない。曲木島は、平安の昔からつとに知られた歌枕の地で、『奥の細道』で松尾芭蕉も訪れた。豊かな緑に囲まれて、こぢんまりとした社殿があり、のどかで心安らぐ聖域である。

↑曲木島の名の由来は、島を杜松(ねず)の老木が覆っていたからなど、諸説あり

DATA & ACCESS

☎022-367-1611(鹽竈神社) 所宮城県塩竈市新浜町1-10 開毎月1日と土・日曜、祝日の10:00～16:00 休毎月1日以外の平日 料無休 交JR東塩釜駅から徒歩7分 Pなし

御祭神

奥津彦大神 おきつひこおおみかみ
奥津姫大神 おきつひめおおみかみ

主なご利益

大漁祈願、航海安全、家内安全ほか

豪華なひな祭りで有名
房総開拓の神を祀る古社

遠見岬神社
とみさきじんじゃ

千葉県勝浦市 MAP P.347D3

房総半島に技術と文化をもたらしたという天冨命を祀る。もとは八幡岬突端の冨貴島にあったが、慶長6年(1601)の大津波で社殿や社宝が流出し、現在地に遷座された。毎年2月下旬から3月に行われる「かつうらビッグひな祭り」は、御祭神ゆかりの徳島県勝浦町から7000体のひな人形を譲り受けたことに始まる盛大な祭りで、多くの観光客が訪れる。

DATA & ACCESS

☎0470-73-0034 所千葉県勝浦市浜勝浦1 開休料参拝自由 交JR勝浦駅から徒歩10分 Pあり

↑勝浦ビッグひな祭りでは、60段の石段に約1800体のひな人形が並べられ、その豪華さと迫力に圧倒される

→かつて神社があった旧冨貴島に立つ海上鳥居。津波で社殿が流され、鳥居だけ残された

御祭神

天冨命
あめのとみのみこと

主なご利益

縁結び、無病息災ほか

かつて北前船で賑わった
港に鎮座する海の守護神

津神神社
つがみじんじゃ

新潟県佐渡市 MAP P.344A1

江戸時代から廻船の寄港地として栄えた佐渡東海岸の大川集落の守り神。仁平2年(1152)に海中から現れた御神体を祀ったのが始まりと伝えられ、北前船の航海安全や商売繁盛の神として信仰されてきた。かつては集落背後の段丘にあったが、元禄時代前後に津神島に遷座。境内には、明治時代に建てられた私設灯台や北前船のイカリなどが残されている。

DATA & ACCESS

☎0259-27-5000(佐渡観光交流機構) 所新潟県佐渡市両津大川613 開休料参拝自由 交両津港から車で15分 Pあり

↑海の神である住吉三神を祀る本殿。こぢんまりとした社殿ながら彫刻が美しい

→津神島に架かる色鮮やかな津神橋。この橋を渡ると、松の木に囲まれた社殿がある

御祭神

底筒男命
そこつつのおのみこと

中筒男命
なかつつのおのみこと

表筒男命
うわつつのおのみこと

主なご利益

航海安全、商売繁盛ほか

参詣、総本社

圧倒的な「気」に満ちた境内

諏訪湖畔に4社が鎮座
信濃国一之宮の社格を誇る

諏訪大社
すわたいしゃ

長野県諏訪市・下諏訪町・茅野市

荘厳な上社本宮。本殿がなく幣拝殿と片拝殿のみが建つ、諏訪造と呼ばれる独特の様式

全国1万余の諏訪大社の総本社で、日本最古の神社のひとつとされる。『古事記』によると、天照大御神(あまてらすおおみかみ)が大国主神(おおくにぬしのかみ)に国譲りを迫った際、大国主神の御子神・建御名方神が反対して諏訪へと移り、信濃の国を築いたとされる。建御名方神は妃神の八坂刀売神と諏訪大社に祀られ、風と水を司る五穀豊穣や生活の源を守る神、武勇の神として広く信仰を集める。

諏訪湖の東南に上社の前宮と本宮、西北に下社の春宮と秋宮の4社が鎮座。本殿を持たない古代の形式を保ち、上社は山、下社は木を御神体とする。7年に一度行われる勇壮な御柱祭でも知られる。

御祭神

建御名方神 たけみなかたのかみ
八坂刀売神 やさかとめのかみ

主なご利益

五穀豊穣、必勝祈願ほか

諏訪造の重厚な社殿を
精巧な彫刻が美しく飾る

諏訪大社上社本宮

すわたいしゃかみしゃほんみや

長野県諏訪市 MAP P.346A1

御神体である守屋山（もりやさん）の山麓に鎮座する。幣拝殿と片拝殿からなる諏訪造の社殿のほか、徳川家康が寄進した江戸初期建造の四脚門、布橋など6棟が国の重要文化財に指定されている。現在の社殿は江戸末期の再建で、精緻な彫刻が見られる。手水舎からは温泉が流れている。

神体山に向かって建つ

勅願殿 ちょくがんでん

国の重要文化財で江戸末期の再建。個人の祈祷を行う場所とされている。

DATA & ACCESS

☎0266-52-1919 所長野県諏訪市中洲宮山1
開参拝自由(宝物館9:00～16:00) 休無休 料無料
交JR茅野駅から車で15分 Pあり

神域の入口を守る

塀重門 へいじゅうもん

大鳥居をくぐると石畳の先に厳かな雰囲気の塀重門が正面に現れる。

大晦日に大太鼓が響く

神楽殿 かぐらでん

文政10年(1827)の建立。かつては神楽が盛んに行われた。江戸時代の大太鼓があり、大晦日に叩かれる。

豊かな水と緑にあふれる
諏訪大社の発祥の地

諏訪大社上社前宮

すわたいしゃかみしゃまえみや

長野県茅野市 MAP P.346A1

御祭神が諏訪で最初に居を定めた諏訪信仰発祥の地とされる。豊かな水や日照を得られる高台の地に建てられた。現在の本殿は、昭和7年(1932)に伊勢神宮の御用材を用いて造営されたもの。毎年4月には、鳥獣などを供えて農作物の豊穣を祈願する御頭祭（おんとうさい）を十間廊で執り行う。

諏訪大社で唯一の本殿

本殿 ほんでん

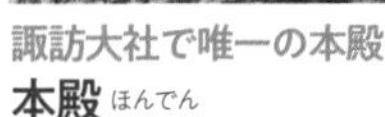

伊勢神宮の御用材を利用した神明造の本殿。緑豊かな静寂の地にたたずむ。諏訪大社4社で本殿があるのは唯一ここのみ。

DATA & ACCESS

☎0266-72-1606 所長野県茅野市宮川2030
開休料参拝自由 交JR茅野駅から車で10分 Pあり

諏訪祭政が行われていた

十間廊 じっけんろう

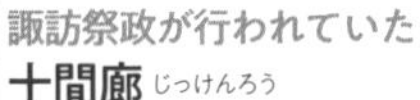

中世まで諏訪大社の政庁とされた場所。上社の重要祭祀の御頭祭が行われる。

4本の柱が社殿を囲む

一之御柱 いちのおんばしら

御柱祭の際、社殿の四隅に御柱が建てられる。本殿に向かって右手前が一之御柱。

御祭神を秋に迎え入れる
下諏訪温泉街のお社

諏訪大社下社秋宮
すわたいしゃしもしゃあきみや

長野県下諏訪町 MAP P.346A1

中山道と甲州街道が交わる地に鎮座し、温泉街の広がる下諏訪宿に隣接する。幣拝殿と片拝殿、宝殿などからなり、拝殿奥に御神木のイチイの木がある。8月1日の遷座祭に春宮から秋宮へ御祭神を迎え、2月1日に春宮へ戻される。神楽殿に控える狛犬は青銅製では日本一の大きさ。

DATA & ACCESS

☎0266-27-8035 所長野県下諏訪町5828
開休料参拝自由 交JR下諏訪駅から徒歩10分 Pあり

華麗な彫刻で飾られる
幣拝殿 へいはいでん
安永10年(1781)の再建。二重楼門造りの拝殿の左右に片拝殿が並び建つ。

温泉の湯で手を清める
手水舎 ちょうずしゃ
龍の口から温泉の流れる手水舎「御神湯」。駐車場のほど近くにある。

巨大な注連縄が目を引く
神楽殿 かぐらでん
神前に神楽を奉納するための建物で、江戸後期の再建。大注連縄の重量は約1t。

長い参道の先にたたずみ
春に御祭神が鎮座する

諏訪大社下社春宮
すわたいしゃしもしゃはるみや

長野県下諏訪町 MAP P.346A1

秋宮の西約1kmの中山道沿いに鎮座し、JR下諏訪駅方面から約900m続く大門通りが参道。宝殿の奥に御神木の杉がそびえ立つ。神楽殿と幣拝殿、宝殿、左右片拝殿の配置は秋宮とほぼ同じ。2月から7月までは、御霊代(みたましろ)(御祭神)が秋宮から遷されることから春宮という。

DATA & ACCESS

☎0266-27-8316 所長野県下諏訪町193 開休料参拝自由 交JR下諏訪駅から徒歩15分 Pあり

神楽を奉納する建物
神楽殿 かぐらでん
江戸前期頃の造営とされる建物で、幾度となく改修・改築が行われている。

神域の境界を示す橋
下馬橋 げばばし
参道途中にある太鼓橋。かつては御手洗川が下を流れ、橋から先が神域とされた。

江戸中期再建とされる社殿
幣拝殿 へいはいでん
安永8年(1779)建立と伝わる二重楼門造りの建築。多くの彫刻装飾が見られる。

国譲り神話の立役者
国家鎮護の神を祀る

香取神宮

かとりじんぐう

千葉県香取市 MAP P.347D2

全国約400社の香取神社の総本社で、神武天皇18年(紀元前643)の創建と伝わる。鹿島神宮、息栖(いきす)神社と合わせて東国三社と総称される。御祭神の経津主大神は日本神話に登場する神で、武勲により出雲の国譲りを成し遂げたとされ、国家鎮護の神、あるいは軍神として朝廷や武家の崇敬を集めた。老杉が生い茂る広大な神域に檜皮葺き黒漆塗りの本殿がたたずむ。

DATA & ACCESS

☎0478-57-3211 所千葉県香取市香取1697-1
開休料参拝自由 交JR佐原駅から佐原循環バスで15分、第一駐車場脇下車すぐ Pあり

御祭神

経津主大神 ふつぬしのおおかみ

主なご利益

勝運、家内安全、災難除けほか

神宮さまをお参り
拝殿 はいでん
本殿正面に昭和15年(1940)年に造営された。本殿と同じく、檜皮葺き黒漆塗りの権現造風の建築。

社殿前に立つ朱塗りの門
楼門 ろうもん
本殿と同じ元禄13年(1700)造営で国の重要文化財。楼上の額は東郷平八郎の筆。

御祭神の荒ぶる魂を祀る
奥宮 おくみや
経津主大神の荒魂を祀る社。鬱蒼とした森に包まれて立つ現在の社殿は、伊勢神宮の古材を用いて造営された。

威厳が漂う黒漆の社殿
本殿 ほんでん
元禄13年(1700)に徳川幕府により造営され、国の重要文化財に指定されている。

檜皮葺きに黒漆塗り、極彩色の装飾が施された風格ある構えに、格式の高さを感じさせる

朱塗りの鮮やかな楼門は、江戸初期に水戸藩主・徳川頼房が奉納。日本三大楼門のひとつ

徳川将軍家が崇拝した
武神を祀る常陸國一之宮

鹿島神宮

かしまじんぐう

茨城県鹿嶋市 MAP P.347D1

神武天皇元年(紀元前660)創祀と伝わる古社。御祭神の武甕槌大神は、香取神宮の御祭神・経津主大神(ふつぬしのおおかみ)とともに国譲り神話で活躍したという武神。神武天皇の東征の際、天皇に佩刀韴霊剣(ふつのみたまのつるぎ)を授けて窮地を救ったことから鹿島神宮が創祀されたと伝わる。皇室や将軍家から崇敬され、現存の本宮は2代将軍徳川秀忠が寄進した。12年に一度催される「御船祭」が有名。

DATA & ACCESS

☎0299-82-1209 所茨城県鹿嶋市宮中2306-1 開休 料参拝自由 交JR鹿島神宮駅から徒歩10分 Pあり

御祭神

武甕槌大神 たけみかづちのおおかみ

主なご利益

必勝祈願、武道上達、安産祈願など

極彩色の鮮やかな装飾

本殿 ほんでん

石の間、幣殿拝殿とともに2代将軍徳川秀忠が元和5年(1619)寄進。重要文化財。

見える部分はほんの一部

要石 かなめいし

地中深くまで埋まり、地震を起こす大ナマズの頭を抑えていると伝わる石。

澄み渡る神秘的な池

御手洗池 みたらしいけ

誰が入っても水面が胸の高さを越えないと伝わる湧水池。年始に大寒禊を催す。

愛くるしい神さまの使い

鹿園 ろくえん

国譲り神話では、鹿神が神の使いとして登場。境内で大切に保護されている。

関ヶ原の戦勝御礼の社殿

奥宮 おくのみや

建物は、慶長10年(1605)に徳川家康が奉納した本殿を移築。御祭神の荒魂を祀る。

現在の社殿は仙台藩主・伊達家が宝永元年(1704)に造営。境内の14棟が国の重要文化財

本殿前に構える江戸期の門
門・廻廊 もん・かいろう
彩色が施された朱塗りの唐門。左右には廻廊が延びる。唐門をくぐると、正面に左右宮拝殿が現れる。

東北随一の格式を誇る古社
石段を上って運気を上げる

鹽竈神社
しおがまじんじゃ

宮城県塩竈市　MAP P.343C3

奈良時代以前の創建と伝わる陸奥国一之宮で、奥州藤原氏や仙台藩伊達家が篤く信仰。別宮に祀られる主祭神の塩土老翁神は人々に塩作りを教えた塩の神で、安産や道案内の神としても信仰される。松島湾を一望する高台に位置し、社殿に至る急勾配の長い石段を上るとパワーや運気が上がるといわれている。鹽竈桜、ロウバイなどの花の名所で寺宝も数多い。

DATA & ACCESS

☎022-367-1611 所宮城県塩竈市一森山1-1
開5:00〜18:00(11〜2月は〜17:00) 休無休 料無料
交JR塩釜駅から徒歩15分 Pあり

御祭神

塩土老翁神 しおつちおじのかみ

主なご利益

海上安全、安産祈願、延命長寿ほか

国譲り神話の2神を祀る
別宮 べつみや
拝殿の奥に左宮本殿と右宮本殿が並び立つ。左宮に武甕槌神、右宮に経津主神を祀っている。主祭神の塩土老翁神は、手前右側に立つ別宮に祀られている。

長い石段の先に建つ
随神門 ずいしんもん
202段の石段を上ると現れる二階建ての楼門。唐門や本殿と同じく宝永元年(1704)の造営。

農耕や国土開発の神さま
志波彦神社 しわひこじんじゃ
仙台市岩切に創建され、のちに現在地に遷座。社殿は昭和13年(1938)の建造。農耕守護の神さまとして知られる。

雲海も期待できる秘境
火の神さまに開運を願う

秋葉山本宮秋葉神社

あきはさんほんぐうあきはじんじゃ

静岡県浜松市 MAP P.346A3

大杉が鬱蒼と茂る標高866mの秋葉山を御神体とし、山頂に上社、山麓に下社がある。神仏分離までは秋葉大権現と称し、烏天狗の姿をした三尺坊を習合していた。社殿の創建は和銅2年(709)と伝わり、火の神さま・火之迦具土大神を祀る。黄金に輝く幸福の鳥居の向こうにはるか遠州灘を望む。山麓の下社から上社まで歩くと片道約90〜120分。

DATA & ACCESS

☎053-985-0111(上社) 所静岡県浜松市天竜区春野町領家841 開6:00〜21:00 休無休 料無料 交遠州鉄道・西鹿島駅から遠鉄バス・秋葉線で50分、秋葉神社下車すぐ Pあり

4神に守られた楼門
西ノ閽の神門 にしのかどもりのしんもん
スーパー林道沿いの参道に平成17年(2005)に建立。門の四隅に青龍・朱雀・玄武・白虎の4神の木彫が見られる。

御祭神
火之迦具土大神
ひのかぐつちのおおかみ

主なご利益
火除け、厄除け開運ほか

神域の秋葉山頂を背に建つ
本殿 ほんでん
石垣の組まれた境内最高所に建つ。現在の建物は昭和61年(1986)の再建。

境内にたたずむ黄金の鳥居。その向こうには遠州灘。早朝に雲海が見られることもある

幸せを象徴する黄金の鳥居
幸福の鳥居 こうふくのとりい
古くより金銅製の鳥居が奉納されていたという。人々の幸福を願って建てられた。

源頼朝が源氏再興を祈願
武家の信仰篤い伊豆の古社

三嶋大社

みしまたいしゃ

静岡県三島市 MAP P.346B3

創建年は不詳、奈良時代の書物にその名が登場する古社。山森農産の守護神・大山祇命と種々の産業神・積羽八重事代主神（恵比須さま）を祀り、2柱を総じて三嶋大明神と呼ぶ。伊豆に流された源頼朝が源氏再興を三嶋大明神に祈願して成就したことから、中世以降は武士たちの崇敬を集めた。春は三島桜、秋には樹齢1200年超のキンモクセイが境内を彩る。

DATA & ACCESS

055-975-0172 所静岡県三島市大宮町2-1-5
開8:30〜16:00 休無休 料無料 交JR三島駅から徒歩15分、伊豆箱根鉄道・三島田町駅から徒歩7分 Pあり

御祭神

大山祇命おおやまつみのみこと
積羽八重事代主神つみはやえことしろぬしのかみ

主なご利益

家内安全、商売繁盛ほか

高い格式を象徴する大建築
本殿 ほんでん
慶応2年(1866)竣功の国指定重要文化財。名工・小沢派の彫刻が飾られている。

頭上の彫刻が見事
神門 しんもん
慶應3年(1867)の建造。本殿、舞殿と同様に小沢派の彫刻が目を引く。

数多くの祭事を催行
舞殿 ぶでん
さまざまな神事や奉納行事が一年を通じて執り行われる。慶応3年(1867)建立。

注連縄の太さは2m
総門 そうもん
伊豆大地震の翌年の昭和6年(1931)に完成。昭和初期の代表的な神社建築。

子の成長と健脚を祈願
神馬舎 しんめしゃ
慶應4年(1868)に建立された。神馬が毎朝神さまを乗せて箱根山に登るとの伝説が残る。

池を取り囲むシダレザクラが開花する春は神々しいまでに華やか。水面を鮮やかに染める

源頼朝ゆかりの池
神池 しんち
源頼朝が生き物を放って供養する放生会を行い妻・北条政子が中島に厳島神社を勧請したと伝わる。

「湯出づる神」の御神徳が
伊豆の国名の由来となった

伊豆山神社

いずさんじんじゃ

静岡県熱海市 MAP P.346B3

創建は紀元前まで遡るとされる。当初は日金山に創祀され、のちに現在地に遷座したと伝わる。中世になると、麓の伊豆浜に走り下る霊湯・走り湯を神格化した伊豆大権現（走湯大権現）と融合し、一大山岳霊場へと発展した。源頼朝が崇敬し、妻・北条政子と結ばれた地であることから縁結びのご利益で知られる。境内からは雄大な相模灘を一望できる。

DATA & ACCESS

☎0557-80-3164 所静岡県熱海市伊豆山708-1 開休料参拝自由 交JR熱海駅から東海自動車バスで7分、伊豆山神社前バス停下車、徒歩10分 Pあり

海の眺望地に鎮座する
拝殿 はいでん
長い石段を上ると、朱塗りの拝殿が現れる。海抜170mの相模灘の絶景地にある。

洞窟から湧き出る霊湯
走り湯 はしりゆ
山中から海岸へ温泉が走り落ちる様子から走り湯と呼ばれた。伊豆山温泉の源泉。

御祭神

火牟須比命
ほむすびのみこと
天之忍穂耳命
あめのおしほみみのみこと
栲幡千千姫命
たくはたちぢひめのみこと
邇邇芸命
ににぎのみこと

主なご利益

良縁祈願、強運守護ほか

華やかな社殿に鎮座する
日本唯一の夢結びの神さま

大杉神社

おおすぎじんじゃ

茨城県稲敷市 MAP P.347D1

創始は神護景雲元年(767)と伝えられる。境内の大杉（太郎杉）は「あんばさま」と呼ばれ、奇跡を起こすことから広く信仰を集めた。太郎杉は江戸時代に焼失し、二郎杉も猛暑で立ち枯れ、三郎杉が現在の御神木とされる。あらゆる夢を叶えてくれる夢結びの神、悪縁切りの神としても知られる。「茨城の東照宮」と称される極彩色の豪華絢爛な社殿に目を奪われる。

DATA & ACCESS

☎029-894-2613 所茨城県稲敷市阿波958 開8:00～16:30 休無休 料無料 交圏央道・稲敷ICから車で15分 Pあり

江戸後期再建の荘厳な社殿
拝殿 はいでん
文化13年(1816)の再建。平成18年(2006)に修復され、絢爛豪華な姿に復元された。

まさに茨城の東照宮
楼門（麒麟門） ろうもん（きりんもん）
平成22年(2010)に再建。麒麟や飛竜、獅子など200体以上の極彩色の彫刻が飾る。

御祭神

倭大物主櫛甕玉大神
やまとのおおものぬしくしみかたまのおおかみ

主なご利益

夢結び、悪縁切り、厄除けほか

泰らかに産み、育てる
安産・子育ての女神に願う

産泰神社
さんたいじんじゃ

群馬県前橋市 MAP P.347C1

田園地帯の鎮守の森に鎮座する安産・子育ての神さま。本殿裏には約13万年前の赤城山の石山なだれで出現したという磐座があり、原始の時代からの信仰の地であったとされている。神社の創建は履中天皇元年(5世紀頃)と伝えられる。江戸時代にはお産が軽いようにと、底のない柄杓が奉納されるようになった。ほかにも安産祈願スポットが境内に点在する。

DATA & ACCESS
☎027-268-1161 所群馬県前橋市下大屋町569 開休料参拝自由 交上毛電鉄・大胡駅から車で10分 Pあり

外壁の繊細な彫刻も必見
拝殿 はいでん
文化9年(1812)に建立。内部の格天井に112枚の花鳥画が描かれている。

愛らしい石像に願いを託す
安産・子育て戌 あんざん・こそだていぬ
多産でお産の軽い戌は「安産の守り神」。周囲に並ぶ自分と子の干支の石をなでる。

御祭神
木花佐久夜毘売命
このはなさくやひめのみこと

主なご利益
安産祈願、子育て祈願ほか

雷のパワーみなぎる
3柱の雷神さまを祀る

雷電神社
らいでんじんじゃ

群馬県板倉町 MAP P.347C1

利根川中上流域を中心に関東一円に点在する雷電神社の総本宮。推古天皇6年(598)に、天の神の声を聞いた聖徳太子が沼の浮島に祠を設けたのが起源とされる。本殿には、火と水を司る3柱の雷神と学問の神さま・菅原道真公を祀る。名彫物師が手がけた華麗な社殿彫刻も見応えがある。境内は1月から2月上旬にかけて約500本のロウバイが咲き香る。

DATA & ACCESS
☎0276-82-0007 所群馬県板倉町板倉2334 開9:00～16:00 休無休 料無料 交東武・板倉東洋大前駅から車で15分 Pあり

江戸後期の壮麗な建築
拝殿 はいでん 江戸後期の再建とされる。奥にある本殿を飾る極彩色の彫刻は見応え十分。

なまずに元気をいただく
なまずさん
社務所に祀るなまず像。なでると地震除け、元気回復などのご利益があるという。

御祭神
火雷大神
ほのいかづちのおおかみ
大雷大神
おおいかづちのおおかみ
別雷大神
わけいかづちのおおかみ

主なご利益
厄除け、雷除けほか

関東で広く信仰を集め
大宮の由来となった古社

氷川神社

ひかわじんじゃ

埼玉県さいたま市 MAP P.347C2

創建は約2400年前の孝昭天皇の時代とされる。8世紀には武蔵国一宮に定められ、「大いなる宮居」として大宮の地名の由来となった。御祭神は八岐大蛇(やまたのおろち)を退治した須佐之男命と妃神・稲田姫命、その御子神で縁結びの神の大己貴命。一の鳥居から約2km続く長い参道の先に、およそ3万㎡の広大な境内が広がる。5月の大宮薪能、酉の市が立つ12月の大湯祭が有名。

DATA & ACCESS

☎048-641-0137 所埼玉県さいたま市大宮区高鼻町1-407 開5:30～17:30 5～8月5:00～18:00 11～2月6:00～17:00 休無休 料無料 交JR大宮駅から徒歩15分 Pあり

銅板葺きの豪壮な建築

拝殿 はいでん 昭和15年(1940)に本殿や舞殿、楼門などとともに竣工され、現在の社殿配置に。

シンボリックな朱塗りの門

楼門 ろうもん

神池に架かる橋を渡り、朱塗りの鮮やかな楼門をくぐって拝殿へと向かう。

御祭神

須佐之男命 すさのおのみこと
稲田姫命 いなだひめのみこと
大己貴命 おおなむちのみこと

主なご利益

商売繁盛、縁結びほか

山峡の岩窟に三光神を祀る
中風除けと交通安全の神さま

青麻神社

あおそじんじゃ

宮城県仙台市 MAP P.343C3

社伝によれば、京都から来た現社家の遠祖・穂積保昌がこの地に麻の栽培を伝え、天之御中主神(星神)、天照大神(日神)、月読神(月神)の三光神を山中の岩窟に祀ったのが創始とされる。江戸前期に源義経の家臣・常陸坊海尊がこの地で中風や眼病を治す霊験を顕して併祀された。中風封じのほか、穂積一族が水運に携わっていたため海上安全のご利益も知られる。

DATA & ACCESS

☎022-255-6670 所宮城県仙台市宮城野区岩切青麻沢32 開休料参拝自由 交JR岩切駅から車で15分 Pあり

星、月、日の三光神に祈る

拝殿 はいでん

昭和45年(1970)の再建。拝殿の奥に本殿、本殿奥の岩窟に三光神が祀られる。

まとめて七福神めぐり

七福神 しちふくじん

青麻神社の境内社。七福神の石像が祀られており、一度に七福神を参詣できる。

御祭神

天之御中主神 あめのみなかぬしのかみ
天照大御神 あまてらすおおみかみ
月読神 つくよみのかみ
常陸坊海尊翁 ひたちぼう かいそんのおきな

主なご利益

中風除け、眼病治癒ほか

西日本エリアの総本社

イザナギ・イザナミ伝承が根強い高千穂や天皇家にゆかりの深い伊勢神宮など
西日本には神にゆかりのある土地が多く存在する。

❶ 白山比咩神社（しらやまひめじんじゃ）

白山は霊山信仰の聖地であり、紀元前91年に船岡山に創建されたと伝わる。御祭神は縁結びの神とされる菊理媛神。

❷ 多賀大社（たがたいしゃ）

東大寺の再建を命じられた俊乗坊重源が延命を祈願し授かったことから延命長寿ゆかりの神社として広まったとされる。

❸ 椿大社（つばきたいしゃ）

創建は紀元前3年という2000年以上の歴史ある神社。御祭神は猿田彦大神で、全国の猿田彦神社の総本社である。

❹ 春日大社（かすがたいしゃ）

神護景雲2年（767）に天皇の勅令で御蓋山に本殿が造営されたのが始まりとされ、国家平和と繁栄を祈る祭が執り行われる。

❺ 八坂神社（やさかじんじゃ）

平安時代に京都で疫病を鎮めたご利益にあやかり、無病息災や疫病退散など健康に関するご利益の多い神社。

❻ 伏見稲荷大社（ふしみいなりたいしゃ）

全国に3万社ある稲荷神社の総本宮。千本鳥居が有名で、稲荷神の眷属であるキツネを祀る農業にゆかりのある神社。

❼ 北野天満宮（きたのてんまんぐう）

菅原道真が太宰府へ左遷され、死後に怨霊となり祟ったのを鎮めるため創建された。学業成就で有名な神社。

❽ 住吉大社（すみよしたいしゃ）

神功皇后が新羅遠征からの帰路に住吉大神を祀ったことが起源とされ、海上安全・産業の神として崇め奉られている。

❾ 金刀比羅宮（ことひらぐう）

四国有数の神社で、御祭神は農業や医薬、海上守護の大物主神。江戸時代から続く金比羅参りがとても人気となった。

❿ 美保神社（みほじんじゃ）

聖なる岬と呼ばれていた美保関に鎮座する神社。海上安全のほかにも五穀豊穣など農業の神さまとしても信仰が篤い。

⓫ 嚴島神社（いつくしまじんじゃ）

島そのものが御神体として崇められ、推古天皇の御代に創建。平清盛が篤く崇敬、海上交通の守護神として名高い。

⓬ 大山祇神社（おおやまづみじんじゃ）

山神である大山積神を御祭神とし日本総鎮守とされる。また海の神ともされ、海難から身を守るため武士に人気だった。

⓭ 宇佐神宮（うさじんぐう）

全国4万社の八幡社の総本宮。3つの御殿が横一列に並び、八幡造と呼ばれる古い建築様式が見られる神社。

⓮ 宗像大社（むなかたたいしゃ）

玄界灘に面する3つの宮があり、総称して宗像大社とされる。沖ノ島の沖津宮は海の正倉院と称される遺跡の宝庫。

⓯ 太宰府天満宮（だざいふてんまんぐう）

学問の神さまとして有名な菅原道真公を御神体とし、学業成就の神社として今なお受験生などに人気の天満宮の総本宮。

⓰ 水天宮（すいてんぐう）

源平合戦を逃れた女官按察使局伊勢が建久元年に祀ったのが始まりとされ、現在は子どもの守護神として信仰が篤い。

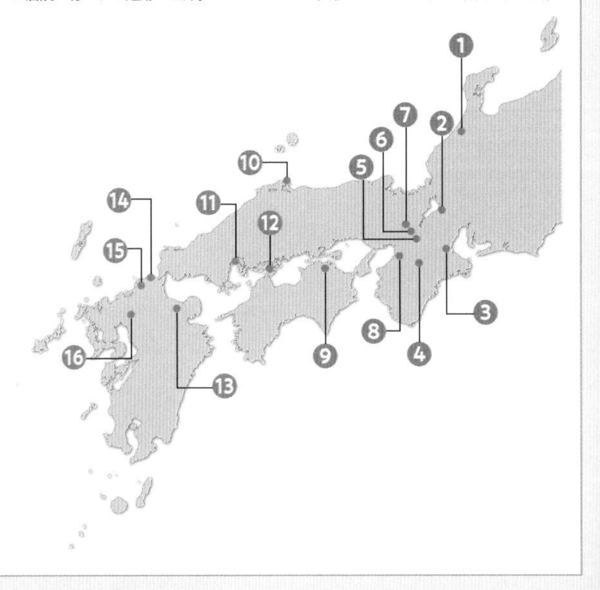

↑京都・伏見稲荷大社の千本鳥居

心癒やされる御仏の世界へ

信仰を集める大寺院

300万人が初詣に訪れる
「成田山のお不動さま」

成田山新勝寺

なりたさんしんしょうじ

千葉県成田市 MAP P.347D2

天慶2年(939)に勃発した平将門の乱平定を機に、寛朝(かんちょう)大僧正が開山。「新たに勝つ」という思いを込めた新勝寺の寺号を得て、関東を守る霊場となった。1000年に及ぶ歴史のなかでは、源頼朝、水戸光圀、二宮尊徳といった歴史上の人物が参詣者として名を連ね、民衆からも篤い信仰を得てきた。本尊は、弘法大師が敬刻開眼した不動明王。

DATA & ACCESS

☎0476-22-2111 所千葉県成田市成田1 開休料参拝自由 交JR成田駅/京成成田駅から徒歩10分 Pなし

御本尊

不動明王 ふどうみょうおう

主なご利益

家内安全、商売繁昌、開運厄除ほか

1 高さ15m。成田山の表玄関
総門 そうもん
平成20年(2008)に建立された総ケヤキ造りの総門。楼上には8体の生まれ歳守り本尊が奉安されている。

3 本尊の不動明王が鎮座
大本堂 だいほんどう
中心道場である大本堂は、昭和43年(1968)の建立。所願成就を祈る御護摩祈祷は自由に参列できる。

2 金剛力士像が迎える仁王門
仁王門 におうもん
天保元年(1830)に再建された、国指定重要文化財。「朱振りの仁王像」と呼ばれる金剛力士の姿を拝むことができる。

5 江戸時代の絵馬や額を楽しむ
額堂 がくどう

信徒から奉納された額や絵馬を掛ける建物。七代目市川團十郎の石像や青銅の地球儀もある。

6 真言密教の教えを象徴
平和大塔 へいわだいとう

高さ58m。1階には、成田山の歴史展や写経道場、2階には、不動明王、四大明王、昭和大曼荼羅、真言祖師行状図が奉安されている。

4 艶やかな一枚垂木は必見！
三重塔 さんじゅうのとう

高さ25m。正徳2年(1712)に建立された重要文化財。通称「一枚垂木」とよばれる極彩色の雲木紋が施された板軒が特徴。

参道グルメ & おみやげ

歴史的なたたずまいを残す参道には、元禄年間から名物となっているうなぎ料理をはじめとしてそば、ようかんなどグルメスポットがたくさん。参拝後は、参道で絶品料理やショッピングを楽しみたい。

成田山新勝寺 MAP

日本最古の仏像を安置する長野県を代表する名刹

善光寺

ぜんこうじ

長野県長野市

MAP P.344A3

皇極天皇3年(644)の創建以来、武田信玄や徳川家康など有力者から篤い信仰を得てきた善光寺。御本尊は、日本最古の仏像といわれる一光三尊阿弥陀如来で、平等な救済を説く無宗派寺院だ。撞木造という建築様式の本堂は、上から見ると棟の形がT字型になっている。山門の「善光寺」の額文字には、5羽の鳩と牛の顔が隠されているので、探してみよう。

DATA & ACCESS

☎026-234-3591 所長野県長野市長野元善町491-イ 開お戒壇巡り4:30～16:30 冬季6:00～16:00頃、史料館・山門・経蔵9:00～16:00 休無休 料参拝自由、内陣券(お戒壇巡り、史料館)600円、山門拝観料500円、経蔵拝観料300円、三堂・史料館参拝券1200円 交JR長野駅からアルピコ交通バスで7分、善光寺大門下車、徒歩5分 P400台(有料)

御本尊

一光三尊阿弥陀如来
いっこうさんぞんあみだにょらい

主なご利益

身体健全、除災厄除、諸願成就ほか

1 迫力満点の仁王像が迎え
仁王門 におうもん

創建は江戸中期。2度の焼失に遭い、現在の門は大正7年(1918)の再建。左右に立つ勇壮な仁王像は、高村光雲(たかむらこううん)と弟子・米原雲海(よねはらうんかい)の作。登録有形文化財。

2 有名な「鳩字の額」を掲げる
山門(三門) さんもん

寛延3年(1750)建立で国の重要文化財。屋根は平成の大修理によって、創建時のサワラ板による栩葺(とちぶ)きになった。山門は高さ約20m。上層では文殊菩薩騎獅像(もんじゅぼさつきしぞう)などを拝観でき、境内を一望できる(有料)。

3 高さ約3mの延命地蔵で悲恋物語の伝説を持つ
ぬれ仏(延命地蔵) ぬれぼとけ(えんめいじぞう)

恋人に会うため、江戸に大火を起こしたという八百屋お七の霊を鎮めるため、恋人が建立したとの伝説が残る。別名「八百屋お七のぬれ仏」としても知られる。

4 長野五輪の開会の鐘
鐘楼・梵鐘 しょうろう・ぼんしょう

鐘楼は嘉永6年(1853)の建立。梵鐘は寛文7年(1667)の鋳造で、国の登録有形文化財に指定されている。10～16時の毎正時に時を告げる。

写真提供：善光寺

江戸の昔から、「遠くとも一度は参れ善光寺」といわれるほどの信仰を集めてきた

5 国宝木造建築で4番目の大きさ
本堂 ほんどう

宝永4年(1707)再建。江戸中期の代表的な寺院建築で、高さは約29m。約24mの間口に対し、奥行が約54mと広いのが特徴。外陣、内陣、内々陣に分かれ、内々陣の左奥に秘仏の本尊を安置する。

←内陣は約150畳もの広さ。欄間に燦然と輝く来迎二十五菩薩は圧巻

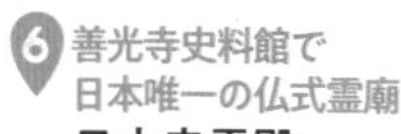

6 善光寺史料館で日本唯一の仏式霊廟
日本忠霊殿(善光寺史料館)
にほんちゅうれいでん(ぜんこうじしりょうかん)

戊辰戦争から第二次世界大戦までに犠牲となった240万余柱の英霊が祀られている霊廟。1階に併設する史料館では、什物や絵馬を展示。

7 実際に輪蔵を回すことができる
経蔵 きょうぞう

宝暦9年(1759)の建立。仏教経典を網羅した『一切経』を収める。経蔵内の輪蔵を回すことで『一切経』を読経したのと同じ功徳が得られるという。

仲見世通りでおみやげ探し

仁王門から山門(三門)まで、約400m続く石畳の参道両側には、みやげ物屋や仏具店、旅館などが軒を連ね、参詣者を迎える。おやきやそばまんじゅうなどの食べ歩きも楽しめる。美しく整えられた石畳はおよそ7777枚あり、長野市の文化財に指定。

平和への願いが込められた
絢爛豪華な世界遺産

中尊寺

ちゅうそんじ

岩手県平泉町 MAP P.343C2

嘉祥3年(850)、比叡山延暦寺の高僧である、慈覚大師円仁(じかくだいしえんにん)によって開山。その後、長治2年(1105)には、奥州藤原氏の祖である藤原清衡が、前九年、後三年の役の犠牲者を敵味方なく供養し、仏国土(浄土)を示す場所を平泉につくるため、造営を始める。3000点以上に及ぶ美術品や、創建当初の姿を今に伝える金色堂が、往時の繁栄ぶりを現代に伝えている。

DATA & ACCESS

☎0191-46-2211 所岩手県平泉町平泉衣関202 開8:30～17:00(11月4日～2月末日は～16:30) 休無休 料金色堂、讃衡蔵、経蔵、旧覆堂800円 交JR平泉駅から徒歩25分／巡回バス「るんるん」で10分／岩手県交通バス・国道南線で4分、中尊寺下車すぐ Pあり

1 創建当時の面影が残る
月見坂 つきみざか

約800mある参道。老杉が並び立つその荘厳さから、邪気が払われ、浄化のパワーをもらえるといわれている。

御本尊

釈迦如来 しゃかにょらい

主なご利益

心願成就、無病息災ほか

2 勇ましい弁慶の立往生
弁慶堂 べんけいどう

火伏の神を祀った愛宕社だったが、弁慶堂と呼ばれるように。堂内には弁慶像と義経像が安置されている。

3 歌人・西行法師ゆかりの地
西行歌碑 さいぎょうかひ

弁慶堂の先、右手に広がる東物見台には、西行の歌碑が立つ。東物見台からは「きゝもせず束稲やまのさくら花よし野のほかにかゝるべしとは」と詠われた束稲山の美しい山姿が目に入る。

中尊寺MAP

白山神社 能舞台 大長寿院 弁財天堂 阿弥陀堂 鐘楼 旧覆堂 松尾芭蕉像 芭蕉句碑 讃衡蔵 経蔵7 金色堂6 5峯薬師堂 4本堂 地蔵堂 不動堂 観音堂 中尊寺蓮 西行歌碑3 東物見台 1月見坂 弁慶堂2 平泉文化史館 平泉観光レストセンター 300 中尊寺 中尊寺案内所 武蔵坊弁慶の墓 N 0 100m

4 清衡から伝わる御本尊を再現
本堂 ほんどう

一山の中心となる建物で、総高5mの本尊「丈六釈迦如来坐像」を安置。現在の建物は明治42年(1909)に再建されたもので、入母屋造りの大屋根が特徴的。堂内には「不滅の法灯」が護持されている。

5 目にご利益があるお堂
峯薬師堂 みねやくしどう

金箔の覆われた薬師如来像が鎮座している峯薬師堂。「め」と書かれた絵馬やお守りが人気だ。

7 松尾芭蕉も立ち寄ったスポット
経蔵 きょうぞう

往時の栄華を伝える『中尊寺経』など貴重な経典を収納した建物。鎌倉時代に創建当初の古材で建立された建物で、秋には紅葉が美しい。

6 極楽浄土を表した黄金の阿弥陀堂
金色堂 こんじきどう

中尊寺の創建当初を伝える唯一の遺構。堂内外が金箔に覆われ、夜光貝の螺鈿細工や漆の蒔絵、透かし彫りなど当時の工芸技術の粋を結集。阿弥陀三尊、地蔵菩薩など33体の仏像が並び、藤原氏4代の遺体と首級を安置する。

↑新覆堂(しんおおいどう)は昭和40年(1965)に完成。金色堂はこの覆堂内のガラスケースに収められ、温度・湿度が調整されている

奥州藤原氏の遺物

3000点以上に及ぶ、奥州藤原氏の宝物を展示

平安美術が堪能できる宝物館
讃衡蔵
さんこうぞう

藤原氏の遺宝、国宝・重文3000点以上を収蔵。3体の丈六仏、金色堂の仏具や藤原氏3代の御遺体の副葬品、『中尊寺経』などの寺宝を展示。

『紺紙金銀字交書一切経』
清衡発願による装飾経。藍染めの料紙に、1行おきに金泥・銀泥で経文を書き写したもので、見返し絵は経に沿った場面が描かれている

『金銅華鬘』
金色堂の堂内に吊り下げる荘厳具。団扇型の枠内に宝相華唐草文(ほうそうげからくさもん)と極楽に住むという迦陵頻伽(かりょうびんが)が一体化した透かし彫り文様が美しい

平泉の金がもたらした、華やかな黄金文化を伝える金色堂は世界遺産に登録されている

「理想の浄土」を表現した庭園遺構を歩き、自然美にふれる

毛越寺

もうつうじ

岩手県平泉町 MAP P.343C2

嘉祥3年(850)、慈覚大師円仁によって開山。奥州藤原氏2代・基衡が建立、3代・秀衡が完成させ、往時は中尊寺をしのぐほどの規模や絢爛さであったといわれている。藤原氏滅亡後、災禍によって貴重な建築物が失われるが、仏の世界を地上に表現したと伝わる浄土庭園や平安時代の伽藍遺構が残っており、国の特別史跡と特別名勝に二重指定されている。

DATA & ACCESS

☎0191-46-2331 所岩手県平泉町平泉大沢58
開8:30～17:00(11月上旬～3月上旬は～16:30)
休無休 料700円 交JR平泉駅から徒歩10分 Pあり

御本尊

薬師如来 やくしにょらい

主なご利益

身体健康、病気平癒ほか

朱塗りの柱と大屋根が美しい

本堂 ほんどう

平安時代の様式に則って、平成元年(1989)に再建された本堂。堂内には、薬師如来像が祀られており、健康祈願のご利益がある。

毛越寺を開いた慈覚大師円仁を祀る

開山堂 かいざんどう

堂内には、開山した円仁大師像のほか、両界大日如来像、藤原三代(清衡、基衡、秀衡)の画像が安置されている。

「延年の舞」の舞台

常行堂 じょうぎょうどう

毎年1月20日に行われる「二十日夜祭」の折に、重要無形民俗文化財「延年の舞」が奉納される。

「大泉が池」を中心とした庭園

浄土庭園 じょうどていえん

東西約180m、南北約90m。日本最古の作庭書『作庭記』の思想や技法に沿った庭園。

ゆるやかな山の稜線や美しい池を眺めながら、庭園の周りを散策するのもおすすめ

長い石段の果てにある浄土
日蓮の開いた一大聖地

久遠寺
くおんじ

山梨県身延町 MAP P.346B2

　文永11年(1274)に日蓮聖人が身延山に入山し、西谷地区に草庵を結んだのが始まりとされる、日蓮宗の総本山。本格的な堂宇が完成した弘安4年(1281)の翌年に日蓮は入滅し、身延山に埋葬された。15世紀後半に、大伽藍が現在地に造営されている。境内には本堂や仏殿、五重塔などの堂塔が立ち並び、樹齢400年という2本のしだれ桜が春に咲き誇る。

DATA & ACCESS

☎0556-62-1011 所山梨県身延町身延3567 開5:00〜17:00(10〜3月は5:30〜) 休無休(宝物館は木曜、祝日の場合は翌日休) 料無料(宝物館300円) 交JR身延駅から身延山行きバス終点下車、徒歩10分 Pあり

御本尊

三宝尊 さんぼうそん

主なご利益

病気平癒、健康祈願ほか

かつては急坂だったが、親孝行の息子が母の願いを叶えて石段を建設したとの伝説が残る

本堂へ続く長い石段
菩提梯 ぼだいてい
山門から本堂へと続く287段の石段。菩提は悟り、梯は「かけはし」を意味し、石段の悟りの世界が広がる。

大火から134年ぶりに再建
五重塔 ごじゅうのとう
明治の大火により焼失したが、平成21年(2009)に江戸初期の創建時の姿で復元された。高さは39m。

日蓮聖人お手植えの大杉がある
奥の院 おくのいん
標高1153mの身延山の山頂にあり日蓮聖人が父母や恩師を追慕したとされる地。境内からロープウェイで行ける。

日蓮聖人の神霊を祀る
祖師堂 そしどう
棲神閣と呼ばれ、日蓮聖人像を安置する。像を納める厨子や内陣などに精緻で豪華な装飾が見られる。

空海が人々を救済した
関東屈指の厄除け大師

西新井大師

にしあらいだいし

東京都足立区 MAP P.81D1

正式名は五智山遍照院總持寺。天長3年(826)に弘法大師が西新井を訪れ、疫病に苦しむ人々のために十一面観音像と自身の像を彫り、護摩祈願をしたのが起源と伝わる。大師像を安置した枯れ井戸に清水が湧き、病は平癒したという。現在は関東厄除け三大師のひとつに数えられ、多くの参拝客が訪れる。約2500株のボタンや桜、藤などが咲く花の寺でもある。

DATA & ACCESS

☎03-3890-2345 所東京都足立区西新井1-15-1 開9:00～16:30 休11月下旬に1日 料参拝自由 交東武・大師前駅から徒歩5分 Pなし

塩に包まれるいぼとり地蔵
塩地蔵 しおじぞう
地蔵に供えられた塩をイボにつけるとイボが取れるという。お礼に倍の塩を奉納。

御本尊

十一面観世音菩薩
じゅういちめんかんぜおんぼさつ
弘法大師
こうぼうだいし

主なご利益

厄除け・開運、方位除け、家内安全ほか

境内中央にそびえ立つ
大本堂 だいほんどう
十一面観音と弘法大師を祀る。本堂の西に空海ゆかりの井戸があり、西新井の地名の由来とされる。

子どもの成長を願って
稚児大師像 ちごたいしぞう
弘法大師の幼少時代の姿が刻まれている。子育てや学業成就などのご利益で知られる。

入口に構える豪壮な門
山門 さんもん 参詣客を迎え入れる二層式の山門。江戸時代後期に建立され、両脇には金剛力士像を祀る。平成30年(2018)に修復が行われた。

弘法大師が開いたとされる真言宗寺院。江戸時代には、女性の厄除け祈願所として栄えた

百丈岩の上に建つ開山堂。普段は扉が閉まり、1月14日の大師の命日にのみ開帳される

芭蕉が名句を生んだ静寂地
山中に広がる悟りの世界

立石寺
りっしゃくじ

山形県山形市　MAP P.343C3

貞観2年(860)に慈覚大師円仁が開山した天台宗寺院で、通称山寺。山麓から山頂付近まで30余の堂塔が並び、登山道入口から最上部の奥の院まで1015段の石段が続いている。開山時に、比叡山延暦寺から分けられた不滅の法灯が根本中堂で火を灯し続ける。松尾芭蕉が「閑さや岩にしみ入る蝉の声」の名句を詠んだ寺でもある。山上から望む田園風景は壮観。

開山の慈覚大師を祀る

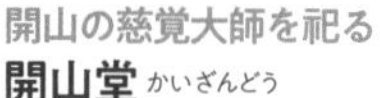

開山堂 かいざんどう

慈覚大師像を安置し、朝夕は食事と香が絶やさず供えられる。崖下の洞窟には大師の遺骨を埋葬。近くの五大堂から山寺と田園風景を一望できる。

慈覚作と伝わる薬師如来像

根本中堂 こんぽんちゅうどう

本堂にあたり、薬師如来坐像を安置。現在の建物は延文元年(1356)再建。

芭蕉の遺品が眠る塚

せみ塚 せみづか

松尾芭蕉が句の着想を得た場所とされ、弟子たちが芭蕉遺愛の短冊を埋めた。

DATA & ACCESS

☎023-695-2843 所山形県山形市山寺4456-1 開8:00～17:00 休無休 料300円(宝物殿200円、根本中堂内陣参拝200円) 交JR山寺駅から徒歩5分 Pあり

山寺の最上部に建つ堂宇

奥の院 おくのいん

正式名は如法堂。慈覚大師円仁が中国から携帯したとされる釈迦如来と多宝如来を祀る。

御本尊

薬師如来坐像
やくしにょらいざぞう

主なご利益

縁切り·縁結び、無病息災、交通安全ほか

天平年間開山の別当
最上院 きいじょういん
天台宗系の寺院で、不動明王を本尊とする。国史跡に指定された旧境内にある。

奈良時代に開山した 東北随一の巨大祈祷寺院

本山 慈恩寺
ほんざん じおんじ

山形県寒河江市 MAP P.342B3

御本尊
弥勒菩薩 みろくぼさつ

主なご利益
若返りほか

天平18年(746)聖武天皇の勅命により開山され、平安時代には鳥羽天皇の御願寺とされた。その後、江戸時代には3カ院48坊からなる一山寺院として隆盛。東北最大の御朱印地として、また国家鎮護の巨大祈祷寺として崇められた。広大な旧境内にはかつて堂舎群が広く展開し、その面影を今に伝える。鎌倉後期の秘仏など数々の文化財も見ごたえがある。

DATA & ACCESS
☎0237-87-3993 所山形県寒河江市慈恩寺31
開8:30～16:00 休無休 料700円 交JR寒河江駅から車で15分 Pあり

3間1戸の荘厳な門
山門 さんもん
元文元年(1736)建立。左右に密迹金剛(みっしゃくこんごう)、那羅延金剛の仁王を納める。

釈迦の遺骨を祀る塔
三重塔 さんじゅうのとう
17世紀初頭、山形城主の寄進により建立。19世紀、火災ののち再建された。

秘仏33体を安置する
本堂 ほんどう
桃山時代の様式が残る、境内のなかで最も古い建物。本尊弥勒菩薩が祀られている(本堂修繕工事中。令和6年11月完成予定)。

日蓮が降誕し幼少期を過ごした地。海にほど近い境内に荘厳な仁王門や祖師堂が建つ

全国から信徒が参拝に訪れる日蓮宗の大本山

誕生寺
たんじょうじ

千葉県鴨川市 MAP P.347D3

日蓮宗の開祖・日蓮聖人降誕の地に、直弟子の日家上人が堂宇を建立したのが起源とされる。その後大地震や大火に遭い、現在の地に遷座された。厳かな山内には幼少期の像や中世に作られた坐像など、日蓮聖人ゆかりの建造物が見られる。日蓮聖人降誕の際に大小の真鯛が現れたなど、小湊には「三奇瑞(さんきずい)」と呼ばれる不思議な伝説が語り継がれている。

DATA & ACCESS

☎04-7095-2621 所千葉県鴨川市小湊183 開9:00～15:30 休無休 料無料 交JR安房小湊駅から誕生寺入口行きで3分、誕生寺入口下車、徒歩6分 Pあり

威風堂々たる山内最大の建造物
仁王門 におうもん
間口8間ある、山内最大の建造物。宝永3年(1706)に建立。左右両側に仁王尊が納められ、楼上には般若の面が掲げられている。

十数年をかけて建立された
祖師堂 そしどう
10万人講により弘化3年(1846)建立。日蓮聖人像を安置する。

戦火を経て元の地へ
日蓮聖人像
にちれんしょうにんぞう

善日麿と称していた幼少期の銅像。戦時中軍に供出され偶然にも無傷で発見され安置された。

「三奇瑞」の伝説から鯛は日蓮聖人の化身と崇められる。神秘の鯛にちなんだ御守り「満願の鯛」は縁起物として人気

御本尊
釈迦如来
しゃかにょらい

主なご利益
病気平癒、厄除けほか

人々から篤い信仰を受ける
厄除けのお大師さま

平間寺（川崎大師）

へいけんじ（かわさきだいし）

神奈川県川崎市　MAP P.347C2

川崎大師の名で知られるが、正式名は金剛山金乗院平間寺。成田山新勝寺、高尾山薬王院とともに真言宗智山派の三大本山のひとつに数えられる。開創は大治3年(1128)。武士の平間兼乗(ひらまかねのり)が海中から引き上げた弘法大師像を祀ったことが起源で、以来「厄除けのお大師さま」として信仰を集める。境内には戦災を免れた福徳稲荷堂などの伽藍が立ち並ぶ。

DATA & ACCESS

☎044-266-3420 所神奈川県川崎市川崎区大師町4-48 開5:30～18:00 10～3月6:00～17:30(毎月21日のみ5:30～17:30)※毎月20日は～21:00 休無休 料無料 交京急・川崎大師駅から徒歩8分 Pあり

四天王像が守りを固める

大山門 だいさんもん

昭和52年(1977)に建てられた。京都・東寺の四天王像を模刻し、門の四方に安置している。

弘法大師を祀る大伽藍

大本堂 だいほんどう

昭和39年(1964)に完成した堂内に、本尊・厄除弘法大師像や、不動明王像などを祀る。

珍しい八角形の屋根

八角五重塔

はっかくごじゅうのとう

境内でひときわ目立つ五重塔は昭和59年(1984)落慶。屋根は包容力、完全性を象徴する八角の形をしている。

御本尊

厄除弘法大師

やくよけこうぼうだいし

主なご利益

厄除け、心願成就ほか

自然豊かな境内を巡り
四季折々の花を愛でる

本土寺

ほんどじ

千葉県松戸市　MAP P.347C2

建治3年(1277)、源氏一門である平賀家の屋敷跡に建立された法華堂が始まり。日蓮聖人直筆の書状をはじめ、貴重な所蔵品も多い。「花の寺」として知られ、春は桜、初夏は5000本もの花菖蒲が見事。秋には紅葉が境内を鮮やかに染め上げる。6月下旬から7月上旬にかけて3万本以上のアジサイが咲き誇る風景も圧巻で、別名あじさい寺とも呼ばれる。

DATA & ACCESS

☎047-346-2121 所千葉県松戸市平賀63 開5:00～17:00(有料期間は9:00～16:30、最終入場16:00) 休無休 料500円 交JR小金駅から徒歩15分 Pなし

仏舎利を納める高さ18mの塔

五重塔 ごじゅうのとう

平成3年(1991)建立。インドのネール首相から贈られた真仏舎利を納めている。

御本尊

一尊四士

いっそんしし

主なご利益

開運、安産、子宝ほか

日像上人を祀る

像師堂 ぞうしどう

日像菩薩像を安置。堂のそばには安産・子育てにご利益があるという「乳出の霊水」がある。

関東三大不動に数えられる
新選組ゆかりの名刹

高幡不動尊

たかはたふどうそん

東京都日野市 MAP P.347C2

平安初期に慈覚大師円仁が山中に建立した不動堂を起源とする名刹で、成田山新勝寺などと並ぶ関東三大不動のひとつ。古くから「高幡のお不動さん」と親しまれており、正式名は高幡山明王院金剛寺という。広大で自然豊かな境内はアジサイの名所としても知られる。新選組・土方歳三の菩提寺でもあり、境内に銅像が立つほか、新選組の資料も見学できる。

DATA & ACCESS

☎042-591-0032 所東京都日野市高幡733 開9:00～17:00 休無休 料無料 交京王／多摩都市モノレール・高幡不動駅から徒歩5分 Pなし

壮大な国指定重要文化財
仁王門 におうもん
建立は室町時代まで遡る。昭和34年(1959)に解体復元修理が行われた。

東京都最古の文化財建造物
不動堂 ふどうどう
康永元年(1342)に山中から移建されたもので、都内では最古の文化財建造物。

平安様式の優美な塔
五重塔 ごじゅうのとう
約5年の歳月をかけ、昭和55年(1980)に完成。高さは45m。

御本尊
不動明王（ふどうみょうおう）

主なご利益
厄除け、交通安全ほか

篤い信仰を集める厄除け大師
映画のロケ地としても有名

観福寺

かんぷくじ

千葉県香取市 MAP P.347D2

寛平2年(890)創建の真言宗寺院で、川崎大師、西新井大師と並ぶ日本厄除三大師のひとつ。御本尊に平将門の守護仏とされる聖観世音菩薩を祀っている。国指定重要文化財の仏像4体をはじめ寺宝は多く、境内には日本地図を作った伊能忠敬の墓所も。春は桜やボタン、秋は紅葉と四季折々の自然が美しく、ドラマや映画のロケ地となったことでも知られる。

DATA & ACCESS

☎0478-52-2804 所千葉県香取市牧野1752 開9:00～16:30 休無休 料無料 交東関東自動車道・佐原香取ICから車で15分 Pあり

江戸時代後期の再建
本堂 ほんどう
文化8年(1811)に鐘眞（しょうしん）和尚により再建された。重文の鋳造懸仏拝観は要予約。

静かに参拝者を迎える
弘法大師像 こうぼうたいしぞう
弘法大師が関東布教の折、この地に宿泊したことを機に堂宇が建てられたという。

御本尊
聖観世音菩薩（しょうかんぜおんぼさつ）

主なご利益
厄除けほか

新緑や紅葉が映り込み
ため息を誘う床もみじ

宝徳寺
ほうとくじ

群馬県桐生市　MAP P.347C1

宝徳年間(1449～1452)に創建された臨済宗の禅寺。桐生城主・桐生正綱が、城の裏手を守るためにこの地に創建したという。手入れの行き届いた境内では季節の花木が豊かな表情を見せ、枯山水庭園や地蔵の小道など見どころも豊富。双龍の襖絵がにらみをきかせる本堂では、春や秋などの期間限定で28畳の床にもみじが映り込む光景を見ることができる。

DATA & ACCESS

☎0277-65-9165 所群馬県桐生市川内町5-1608 開9:00～16:00 休無休 料無料(床もみじ特別拝観時は別途) 交JR桐生駅からおりひめバスで20～45分、宝徳寺入口下車すぐ Pあり

顔がほころぶ愛らしさ
お地蔵さま おじぞうさま
境内には、なで地蔵、しあわせ地蔵などかわいらしい地蔵があちらこちらに。

絶景の紅葉リフレクション
床もみじ ゆかもみじ
境内を彩る紅葉が本堂の床に映り、まるで水鏡のよう。春のまばゆい新緑も見事。

御本尊
釈迦如来
しゃかにょらい

主なご利益
開運、厄除けほか

雨引観音の名で知られる
坂東三十三観音の札所

楽法寺
らくほうじ

茨城県桜川市　MAP P.347D1

「雨引観音」の通称で親しまれる真言宗の寺院で、用明天皇2年(587)に中国から来日した法輪独守居士が開創したと伝えられる。この地では「一に安産、二に子育よ、三に桜の楽法寺」と謳われ、安産や子の成長を願う人々の信仰を集めてきた。桜のほかアジサイの名所としても知られ、6月上旬～7月中旬には約100種5000株のアジサイが一斉に咲き誇る。

DATA & ACCESS

☎0296-58-5009 所茨城県桜川市本木1 開8:30～17:00 休無休 料無料 交JR岩瀬駅から桜川市バスで20分、雨引観音下車すぐ Pあり

色彩豊かな彫刻が見もの
仁王門 におうもん
天和2年(1682)の再建で、鎌倉時代の作で慶派の仏師の手による仁王尊像を祀る。

高さ22m、江戸時代の建築
多宝塔 たほうとう
三重塔建立を目指していたが、嘉永6年(1853)に三重塔を改めて多宝塔とした。

御本尊
延命観世音菩薩
えんめいかんぜおんぼさつ

主なご利益
安産、厄除けほか

伊達政宗ゆかりの名刹で
国宝建築に魅せられる

瑞巌寺

ずいがんじ

宮城県松島町 MAP P.343C3

臨済宗の古刹で、平安時代の創建当時は天台宗の延福寺の名で奥州藤原氏の庇護を受けた。江戸時代には仙台藩主・伊達政宗が復興に力を尽くし、慶長14年(1609)に5年の歳月をかけた伽藍整備が完了。本堂と庫裡・廊下が国宝に指定されており、平成30年(2018)には平成の大修理によって創建当初の姿がよ蘇った。宝物館では数々の文化財を展示。

DATA & ACCESS

☎022-354-2023 所宮城県松島町松島町内91 開8:30～17:00(季節により変動あり) 休無休 料700円 交JR松島海岸駅から徒歩10分 Pなし

伊達政宗の命を受けて造営

本堂 ほんどう 本堂は5年の歳月をかけ慶長14年(1609)に完成させた、10室からなる大規模な建物。

孔雀の絵が鮮やかに映る

室中(孔雀の間) しつちゅう(くじゃくのま)

法要が行われる本堂中心の間であり、襖絵は狩野左京の『松孔雀図』。

御本尊

聖観世音菩薩
しょうかんぜおんぼさつ

主なご利益

大願成就ほか

修善寺温泉の起源となった
歴史ロマンあふれる禅寺

修禅寺

しゅぜんじ

静岡県伊豆市 MAP P.346B3

大同2年(807)に弘法大師によって開かれ、建長年間(1249～1256)に臨済宗に改められた。鎌倉時代には2代将軍・源頼家(みなもとのよりいえ)が幽閉されるなど数々の歴史の舞台となったほか、芥川龍之介や泉鏡花などこの地を愛した文豪によって作品にも描かれた。宝物館では岡本綺堂の戯曲『修禅寺物語』のモデルとなった頼家の古面をはじめ、貴重な寺宝を見学できる。

DATA & ACCESS

☎0558-72-0053 所静岡県伊豆市修善寺964 開参拝自由(宝物館8:30～16:30、冬期は～16:00) 休無休 料300円 交伊豆箱根鉄道・修善寺駅から東海自動車バス・修善寺温泉行きで10分、修善寺温泉駅下車すぐ Pなし

扁額は副島種臣の揮毫

本堂 ほんどう

明治16年(1883)に再建された。伊豆八十八ヶ所霊場の第88番札所でもある。

本堂前でにらみをきかせる

だるまの石 だるまのいし

禅宗の祖である達磨大師にちなみ、江戸時代後期に奉納されたと伝えられる。

御本尊

大日如来坐像
だいにちにょらいざぞう

主なご利益

子育て、請願成就ほか

断崖絶壁に最大の石製大仏！ 見どころが多い大寺院

見どころが多く、一日でまわれないともいわれる鋸山。ロープウェイなどを利用して効率的に。

鋸山 日本寺

のこぎりやま にほんじ

千葉県鋸南町 MAP P.347C3

鋸山の南斜面、10万坪にも及ぶ境内には、御影石でできた2600段を超える参道をはじめ、断崖絶壁の「地獄のぞき」や、30mを超える百尺観音、1500体以上の石仏が並ぶ千五百羅漢など見どころが多い。関東最古の勅願所としても有名で、開山は神亀2年(725)に聖武天皇の勅詔を受けた行基菩薩による。参拝の際は、履きなれた靴や動きやすい服装で向かいたい。

DATA & ACCESS

☎0470-55-1103 所千葉県鋸南町鋸山 開9:00～16:00(最終受付15:00) 休無休 料700円 交JR保田駅から車で5分 Pあり

御本尊

薬師瑠璃光如来 やくしるりこうにょらい

主なご利益

心身清浄、気力充実ほか

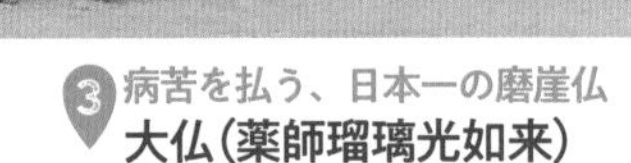

3 病苦を払う、日本一の磨崖仏
大仏(薬師瑠璃光如来)
だいぶつ(やくしるりこうにょらい)

天明3年(1783年)に、世界平和・万世太平を祈願し彫られた。高さ約31mと奈良や鎌倉の大仏に比べても大きく、優しげな表情が印象的。

1 名所や季節の草花が美しい
表参道 おもてさんどう

山頂の展望台(地獄のぞき)や百尺観音までは、ロープウェーや登山自動車道(有料)を使ってアクセスできるが、仁王門や心字池、観音堂などを眺めながら、ハイキング気分を楽しみたいなら、表参道がおすすめだ。

↑慈覚大師作と伝えられる金剛力士像が並ぶ仁王門

2 安房国札八番の霊場
観音堂 かんのんどう

元禄13年(1700)に建立、昭和32年(1957)に瓦葺に改修。堂内には、慈覚大師作の御本尊の千手十一面観世音を祀る。

大小さまざまな羅漢が並ぶ

岩窟に世界一の羅漢霊場「千五百羅漢」

大仏広間の先に広がる「千五百羅漢道」には、聖徳太子や観音菩薩、あかせき不動などさまざまな表情の羅漢像がズラリ。自分の顔や知人に似た顔があるといわれている。

④絶壁の先に広がる絶景

地獄のぞき じごくのぞき

標高約330m、空中に突き出した岩の先端にある展望台「地獄のぞき」。目線を下げると切り立った岩山が広がり、目線を上げると、東京湾や房総半島、天気のよい日には富士山まで見渡すことができる。

↑高さ30mを超える観音像。昭和35年(1960)から6年の歳月をかけ彫られた磨崖仏

鎌倉期の姿をとどめ、神奈川県唯一の国宝仏に指定された。胎内を拝観できる

今も多くの謎を秘めた
美しい表情の阿弥陀如来坐像

鎌倉大仏

かまくらだいぶつ

神奈川県鎌倉市 MAP P.347C2

高徳院に鎮座する鎌倉大仏は、建長4年(1252)に造立開始、制作には僧・浄光(じょうこう)が勧進した浄財があてられたとされている。開基や造営目的、現存の銅製大仏の完成年は不詳だ。大仏殿に安置されていたが、明応7年(1498)の大地震と津波で建物が倒壊して以降、露座の大仏となった。総高約13m、重さ約121tは、奈良の大仏に次ぐ規模だ。

DATA & ACCESS

☎0467-22-0703 所神奈川県鎌倉市長谷4-2-28 開8:00~17:30(10~3月は~17:00)、胎内参拝8:00~16:30(7~8月は変更あり) 休無休 料300円、胎内参拝50円 交江ノ電・長谷駅から徒歩7分 Pなし

↑一対の仁王像が置かれた仁王門

↑大仏の横の回廊には、茨城県の児童から贈られた大わらじが飾られている

↑開運木札ストラップつげ彫り500円(上)。小さな木に大仏さまが描かれている。かわいい大仏さまが入った心願成就のお守り500円(下)

岩壁(大谷石)に彫られた
日本一古い石仏

大谷観音

おおやかんのん

栃木県宇都宮市 MAP P.345C3

洞窟の中に組み込まれたかのようにたたずむ大谷寺。御本尊は高さ4mの千手観音像で、弘法大師作と伝わる日本最古の石仏。岩壁(大谷石)に直接彫られたもので千手観音像以外にも9体の石仏があり、いずれも平安時代中期から鎌倉時代に作られたとされ、国の史跡、重要文化財に指定されいる。寺は坂東三十三箇所(坂東三十三観音)の第19番霊場でもある。

DATA & ACCESS

☎028-652-0128 所栃木県宇都宮市大谷町1198 開8:30～16:30(冬期9:00～) 休木曜(祝日の場合は開門) 料500円 交JR宇都宮駅から関東自動車バス・立岩行きで30分、大谷観音前下車すぐ Pあり

↑御本尊の千手観音は一般には大谷観音と呼ばれ親しまれている。平成30年(2018)には、大谷石に関連するさまざまな文化が、「地下迷宮の秘密を探る旅　大谷石文化が息づくまち宇都宮」として、日本遺産に認定された

→大谷寺の本堂には大谷観音、石造伝釈迦三尊像、石造伝薬師三尊像、石造伝阿弥陀三尊像の計10体の大谷磨崖仏がある

世界の平和を願って建立
大谷石を手彫りした観音像

平和観音

へいわかんのん

栃木県宇都宮市 MAP P.345C3

大谷石の採掘場跡の岩壁にそびえる高さ27mの観音像。第二次世界大戦の戦没者の慰霊と世界平和を祈念し、昭和23年(1948)から6年の歳月をかけて石工たちの手彫りで完成させた。上部の展望台からは大谷の街並みを一望できる。周辺は公園に整備され、近隣には国の特別史跡の大谷観音(大谷寺)や奇岩群、大谷資料館などが点在して見どころ豊富。

DATA & ACCESS

☎028-652-0128(大谷寺) 所栃木県宇都宮市大谷町1174 開休料参拝自由 交JR宇都宮駅から関東自動車バス・立岩行きで30分、大谷観音前下車すぐ Pあり

↑高さ約27mの観音像を下から見上げると迫力満点。向かって左に設けられた階段を上ると、展望台の広場に行ける

⬆➡釜石湾を見下ろす魚籃観音像。魚を抱く姿で知られ、海上安全や大漁祈願のご利益があるという

天災の犠牲者を悼み
世界の平和を願う観音さま

釜石大観音

かまいしだいかんのん

岩手県釜石市 MAP P.343D1

釜石市の石応禅寺の発願で昭和45年(1970)に建立された、高さ48.5mの魚籃観音像。魚籃観音は三十三観音のひとつとされ、魚籃(魚籠)を下げた魚売りの娘の姿で観音さまが現れたとの中国の伝承が残る。13階に分かれた胎内に、魚籃観音を祀る拝殿や三十三観音があり、七福神胎内めぐりもできる。11～12階の展望台からは、釜石湾や市街地を一望できる。

DATA & ACCESS

☎0193-24-2125 所岩手県釜石市大平町3-9-1 開9:00～17:00(季節により変動あり) 休無休 料500円 交JR釜石駅から岩手県交通バス・平田行きで10分、釜石大観音入口下車、徒歩10分 Pあり

⬆大観音の境内にはハート型の願いの鐘があり、恋愛成就スポットとして人気

⬆石応禅寺は釜石市街に建立。本堂の天井には、美しい天女の舞い姿で曼荼羅を表現した彩色画『天女群舞百態絵』が描かれている

大仏さまとその足元に広がる
仏教の一大テーマパーク

牛久大仏

うしくだいぶつ

茨城県牛久市 MAP P.347D1

浄土宗東本願寺派本山東本願寺に属し、正式名は牛久阿弥陀大仏。平成4年(1992)に完成し、青銅製立像では世界一の高さの全長120m。5層に分かれた胎内に、幻想的な演出を施して仏教世界を表現。観想の間や写経空間、ギャラリーもあり、高さ85mの展望台から四方の景色を眺望できる。足元には四季の花々が咲く浄土庭園や猿によるステージも開催している。

DATA & ACCESS

☎029-889-2931 所茨城県牛久市久野町2083 開9:30～17:00(土・日曜、祝日は～17:30) 10～2月9:30～16:30 最終入場は各30分前 休無休 料庭園のみ500円、大仏胎内巡り800円 交圏央道・阿見東ICから車で3分 Pあり

↑春には大仏さまの足元に桜や芝桜が咲いて鮮やか。胎内の展望台は大仏さまのちょうど胸の位置にある

→約1万㎡に及ぶ花畑が広がる。春から秋まで色とりどりの花が咲き誇る

願いを叶え、知恵を授ける
白衣観音が仙台を見下ろす

仙台大観音

せんだいだいかんのん

宮城県仙台市 MAP P.343C3

真言宗大観密寺境内に平成3年(1991)に建造された。高さ100mの白衣観音で、右手に人々の願いを叶える如意宝珠、左手に知恵の水を蓄えた水瓶を携えている。胎内は12層に分かれており、御心体を祀る最上階の御心殿や百八胎内仏、十二神将、三十三観音などを安置する。展望窓からは仙台市内や太平洋を一望できる。最上階までエレベーターで昇れる。

DATA & ACCESS

☎022-278-3331 所宮城県仙台市泉区実沢中山南31-36 開胎内参拝10:00～15:30(土・日曜、祝日は～16:00)最終入場は各30分前 休無休 料500円 交JR仙台駅から仙台市営バス・泉ビレジ4丁目行きで30分、仙台大観音前下車すぐ Pあり

↑日本国内で屈指の高さを誇る。ニューヨークの自由の女神像より7m高い

会津盆地を見守る観音さまの
胎内を巡り、絶景を満喫

会津慈母大観音

あいづじぼだいかんのん

福島県会津若松市　MAP P.345C2

磐梯山のふもとにある「祈りの里会津村」。約6万坪におよぶ広大な大庭園は桜やツツジ、アジサイといった季節の花々で彩られ、来訪者の目を楽しませる。園内でひときわ目を引くのは、赤子を抱いた大観音像。世界平和を祈念して昭和62年(1987)8月に開眼法要されたもので、胎内巡りも可能。高さ40mの最上階から会津盆地や磐梯山の雄姿を一望できる。

DATA & ACCESS

☎0242-75-3434(会津村) 所福島県会津若松市河東町浅山堂ヶ入7 開9:00～16:00(12～3月10:00～) 最終入場15:00 休無休 料500円 交磐越自動車道・磐梯河東ICから車で5分 Pあり

高さは約57m。巨大な姿は遠くからもよく見え、会津のランドマークとしても親しまれている

落差5mの観音滝。ハート型の岩がある

釈迦涅槃像は無病息災のパワースポット

観音山に立つ優美な姿は
高崎市のシンボル

高崎白衣大観音

たかさきびゃくえだいかんのん

群馬県高崎市　MAP P.346B1

高崎市街の西にある観音山の山頂に、凛とした立ち姿をみせる大観音像。鎌倉時代中期に北条義時の三男・重時によって創建された真言宗寺院・慈眼院の境内にあり、高さ41.8mの巨像は市内どこからでも目にすることができる。完成は昭和11年(1936)で、平成12年(2000)には国の登録有形文化財に登録された。胎内には146段の階段があり、拝観もできる。

DATA & ACCESS

☎027-322-2269(慈眼院) 所群馬県高崎市石原町2710-1 開参拝自由、胎内拝観9:00～17:00(11～2月は～16:30) 休無休 料胎内参拝300円 交関越自動車道・高崎IC／前橋IC、上信越自動車道・吉井ICから車で20分 Pあり

胎内に仏像20体を安置。肩の高さにある最上階から、高崎市街を見渡すことができる

弘法大師像を祀る大師堂。関東八十八ヶ所霊場の第一番札所にも選定

南房総の山中に横たわる
世界最大級の青銅製涅槃仏

釈迦涅槃仏

しゃかねはんぶつ

千葉県館山市 MAP P.347C3

南房総の高台にある常楽山 萬徳寺(じょうらくさん まんとくじ)には、世界最大級の青銅製涅槃仏が安置されている。涅槃仏は釈迦が入滅する姿を表したもの。昭和57年(1982)に建立され、全長16m、高さ3.75m、重さは30tある。参拝には作法があり、中央で合掌し、台座の周りを右回りに3周したあと、足の裏の文様に触れて祈願する。涅槃仏がある境内からは太平洋を遠望できる。

↑発願から22年という歳月を経て完成したという。周囲を3周する礼拝方法はインド由来

←涅槃仏の足の裏に刻まれた文様は宇宙観を表現。そばに立つと像の大きさを実感できる

DATA & ACCESS

所 千葉県館山市洲宮1571 開 9:00～17:00 休 無休(雨天時休みの場合あり) 料 500円 交 富津館山道路・富浦ICから車で30分 P あり ※開門時間、休業日、料金などは変更になる場合があります。

胎内を上り切った先に待つ
東京湾や富士山の絶景

東京湾観音

とうきょうわんかんのん

千葉県富津市 MAP P.347C2

東京湾を見下ろす大坪山の山頂に立つ高さ56mの救世観音像。世界平和の願いのもと、仏像彫刻家・長谷川昴が原型を制作し、昭和36年(1961)に建立された。胎内には316段のらせん階段が設けられており、各階には十二支守り本尊や七福神像を安置。宝冠の高さである最上階まで上れば、東京湾はもちろんのこと、天気がよければ富士山を望むことができる。

↑東京湾越しに雪を頂く富士山を望む。最上階の眺望は抜群だ

平成30年(2018)に大改修を終え、美しい白亜の姿に。参道入口には檜造りの拝観所も完成し、お守りやみやげ物が並ぶ

DATA & ACCESS

☎0439-65-1222(東京湾観音教会) 所 千葉県富津市小久保1588 開 8:00～17:00(最終入場16:00) 休 無休(悪天候時は臨時休業) 料 500円 交 JR佐貫町駅から徒歩30分 P あり

独特の色彩明月院ブルー
鎌倉随一のアジサイ寺

明月院

めいげついん

MAP P.347C2

神奈川県鎌倉市

アジサイと同時期に本堂裏の花菖蒲も見頃を迎える

鎌倉のアジサイ寺として知られる人気スポット。境内は約2500株のアジサイで埋め尽くされ、見頃になるにつれてさらに濃さを増す、独特な青色は美しさから明月院ブルーと呼ばれる。聖観世音菩薩が祀られる本堂にある、悟りや真理、大宇宙を円形で表現したという「悟りの窓」から眺める景色もまた美しく、紅葉の時期の眺めも格別だ。

DATA & ACCESS

0467-24-3437 所神奈川県鎌倉市山ノ内189 開9:00～16:00（6月8:30～16:30受付終了、17:00閉門）休無休 料拝観料500円 交JR北鎌倉駅から徒歩10分 Pなし

悟りの窓越しに望む後庭園の紅葉。モミジやドウダンツツジが燃え盛るように色めく

御本尊

聖観世音菩薩
しょうかんぜおんぼさつ

主なご利益

子授け、開運ほか

明月院ブルーで彩られた美しい明月院参道。6月の鎌倉で最も賑わう場所

写真提供：鎌倉市観光協会

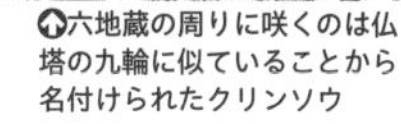
六地蔵の周りに咲くのは仏塔の九輪に似ていることから名付けられたクリンソウ

多種多様な花に出会える
滝音もすずやかな花寺

青龍山 吉祥寺

せいりゅうざん きちじょうじ

群馬県川場村 MAP P.344B3

南北朝時代の延元4年(1339)創建の鎌倉建長寺を本山とする禅寺。日本武尊（やまとたけるのみこと）の東征の故事にある武尊山や谷川連峰からの清流など大自然に囲まれた地で、四季折々、100種類以上の花が咲き継ぐ「花寺」として人気。端正に掃き清められた枯山水やいくつもの滝が流れる庭など、抹茶を楽しみながら望めるスペースもあり、いつ訪れても閑雅な雰囲気。

DATA & ACCESS

☎0278-52-2434 所群馬県川場村門前860 開9:00～17:00 休無休 料800円 交関越自動車道・沼田ICから車で15分 Pあり

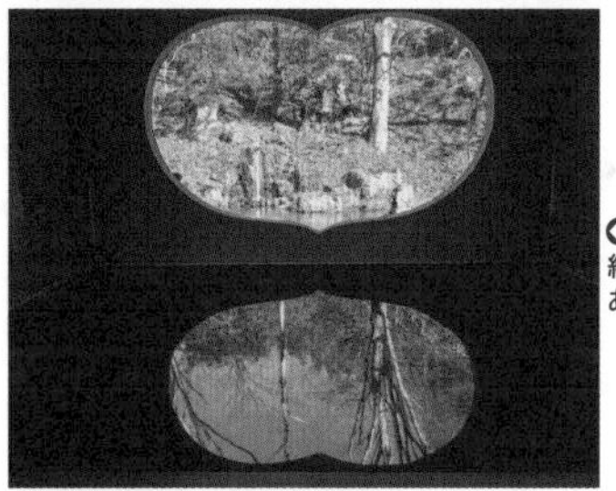
本堂回廊の猪の目窓から望む紅葉。磨かれた床に映る景色もあわせて、一服の絵をなす

旅芸人と養蚕の伝説に端を発する川場村の冬の伝統行事「春駒まつり」は、もともと当寺の行事

境内には四季を通して100種類以上の花が咲き、滝や小川が流れる。枯山水も美しい

御本尊

釈迦三尊像（しゃかさんそんぞう）

主なご利益

縁結び、学業成就ほか

鎌倉の西方極楽浄土
古刹をアジサイが彩る

長谷寺
はせでら

神奈川県鎌倉市　MAP P.347C2

古都·鎌倉を代表する長谷寺は一年を通じて花々が美しく咲く「花の寺」としても知られる。1300年という歴史を持ち、日本最大級の木彫仏である十一面観音菩薩や重要文化財の梵鐘がある。なかでも毎年6月が見頃のアジサイは40種類以上、約2500株。見晴台からは鎌倉の街並みや海が望め、アジサイとともに風情あふれる景色を楽しむことができる。

日本でも有数のアジサイの名所として名高い長谷寺。境内から由比ヶ浜、材木座の海岸を一望できる

アジサイと同時期に庭園のショウブも咲き始める

御本尊
十一面観音菩薩
じゅういちめんかんのんぼさつ

主なご利益
現世利益ほか

DATA & ACCESS

☎0467-22-6300 所神奈川県鎌倉市長谷3-11-2 開8:00～16:30(4～6月は～17:00) 休無休 料400円(アジサイ観賞は別途) 交江ノ電·長谷駅から徒歩5分 Pあり

数々の伝説に彩られ
水の寺とも花の寺とも

海蔵寺
かいぞうじ

神奈川県鎌倉市　MAP P.347C2

応永元年(1394)、妖狐が化身した美女·玉藻前が成敗されたのちも石となり人々を苦しめていたところ、石を割り悪行を収めた僧侶·心昭空外が開山。。御本尊の薬師如来が啼薬師と呼ばれる由縁は、夜な夜な聞こえる赤子の声を不思議に思い地面を掘ったところ、薬師様の尊顔が埋まっており、御本尊の薬師像の胎内に納めたという。底脱の井の伝説も。

4月上旬～5月上旬に見頃を迎えるヤマブキ

御本尊
薬師如来
やくしにょらい

主なご利益
子育て、病気平癒ほか

秋を彩るのは、『万葉集』で最も多く詠まれた萩。見頃は9月中旬～下旬

海蔵寺の春を代表するカイドウ。薄紅色の可憐な花は、皇帝が楊貴妃をカイドウに例えたほど

DATA & ACCESS

☎0467-22-3175 所神奈川県鎌倉市扇ガ谷4-18-8 開9:30～16:00 休無休 料100円 交JR／江ノ電·鎌倉駅から徒歩20分 Pなし

山があでやかな原色に染まる
花と歴史の真言密教の寺

塩船観音寺

しおふなかんのんじ

東京都青梅市 MAP P.347C2

真言宗醍醐派の別格本山で、山号は大悲山。約2万本のツツジが寺を彩る頃に開催される「つつじ祭り」をはじめ、新緑や初夏のアジサイ、ヤマユリ、秋のヒガンバナ、萩など季節ごとの花が楽しめる「花の寺」としても有名。寺の名の「塩船」は、周囲の地形が船に似ていたことから、仏が衆生（しゅじょう）を救おうとする大きな願いの船「弘誓（ぐぜい）の船」になぞらえてつけられたもの。

DATA & ACCESS

☎0428-22-6677 所東京都青梅市塩船194 開8:00〜17:00 休無休 料つつじ祭り300円 交JR河辺駅から徒歩35分 Pあり（つつじ祭り期間中は有料）

➲初夏にはアジサイ（上）が、秋にはヒガンバナ（下）が阿弥陀堂に彩りを与える

御本尊
千手観音
せんじゅかんのん

主なご利益
諸願成就ほか

境内各所でツツジが見られる。同寺では4月下旬までが見頃。つつじ祭りは開花状況で日程が異なるが、例年4月上旬から下旬まで開催される

骨波田（こつはた）の藤から紫のしずく
樹齢650年の県天然記念物

長泉寺
ちょうせんじ

埼玉県本庄市 MAP P.346B1

室町時代に縁起を持つ長泉寺。東国花の寺・百ヶ寺に選ばれた花のあふれる寺の境内には樹齢650年と推定される「骨波田の藤」が咲く。埼玉県の天然記念物のムラサキナガフジという品種で、本堂前の総面積2500㎡の棚には1.5mもの長さの花房をつけ、花の下にいると紫のカーテンのよう。樹齢250年、350年の古木もあり8種類、8棚の花を観賞できる。

↑寺の所在地・高柳骨波田が名前の由来。期間限定で18時からライトアップあり

←関東の103の寺が集まり東国花の百ヶ寺として花で人々を迎える

御本尊
釈迦如来
しゃかにょらい

主なご利益
健康長寿ほか

DATA & ACCESS

☎0495-72-3122 所埼玉県本庄市児玉町高柳901 開8:00～18:00（藤の開花期のみ）休藤開花期無休 料500円、小学生以下無料 交関越自動車道・本庄児玉ICから車で30分 Pあり

古刹の禅寺を彩る
ハナモモと花の天井絵

大龍寺
だいりゅうじ

千葉県香取市 MAP P.347D2

春の大龍寺を鮮やかに彩るハナモモは、赤、白、桃色と豊富な花色が特徴。ハナモモが咲く寺の裏山の竹林には散策が楽しめる遊歩道が通り、境内奥には千年の歴史がある男滝、女滝といわれる小滝が見られ、4月中旬には水芭蕉が咲く。また日本画家・豊川蛯子（ろうし）画伯により本堂天井の中央に描かれた雲龍図と、両脇の季節の花の数々を描いた絵も見応えがある。

↑平安初期・大同年間（806～810）に眩円律師が創建。のちに鎌倉より大航和尚を開山に迎え、禅寺となる

↓豊川蛯子画伯が描いた本堂の天井絵『雲龍図』の両脇の格天井には、四季折々の花々を描いた『春夏秋冬不絶百花図』がある

御本尊
千手観世音菩薩
せんじゅかんぜおんぼさつ

主なご利益
心と体を癒やす

DATA & ACCESS

☎0478-58-1336 所千葉県香取市与倉1012 開9:00～17:00 休無休 料志納 交東関東自動車道・大栄ICから車で15分 Pあり

郷土の守神

各地で篤く信仰されてきた社寺

古式ゆかしい建築様式
本殿 ほんでん
伝統的な神明造の社殿。昭和49年(1974)に焼失し、4年後に再建された。

開拓の歴史が刻まれた緑豊かな道民憩いの場所

北海道神宮
ほっかいどうじんぐう

北海道札幌市 MAP P.338B2

明治2年(1869)、明治天皇の詔勅により創祀。開拓民の支えとするために「開拓三神」を祀ったことに始まり、昭和39年(1964)に札幌神社から北海道神宮へ改称された。現在は北海道の発展と人々の幸せを見守る神として親しまれ、初詣のほか人生の節目などに多くの道民が参拝。約18万㎡の境内は豊かな自然に恵まれ、桜の名所としても名高い。

DATA & ACCESS

☎011-611-0261 ㊟北海道札幌市中央区宮ヶ丘474 ㊐6:00～17:00(時期により異なる) ㊡無休 ㊕無料 ㊋地下鉄・円山公園駅から徒歩13分 Ⓟあり

開拓功労者37柱を祀る
開拓神社 かいたくじんじゃ
伊能忠敬や間宮林蔵をはじめ、北海道開拓に功績を残した人物を祀る境内末社。

金運のご利益も
鳥居 とりい
全部で5つの鳥居があり、第三鳥居は金運のご利益があるといわれている。

御祭神

大国魂神 おおくにたまのかみ
大那牟遅神 おおなむちのかみ
少彦名神 すくなひこなのかみ
明治天皇 めいじてんのう

主なご利益

家内安全、商売繁盛、厄除け、縁結びほか

美しい権現造が印象的な御本殿。左甚五郎作とされる豪華絢爛な彫刻に彩られている

鎮座2100年を超えるという関東随一の古社のひとつ

秩父神社
ちちぶじんじゃ

埼玉県秩父市 MAP P.346B1

創始は第10代崇神天皇の時代に遡るとされ、秩父地方開拓の祖神・知知夫彦命が八意思兼命を祀ったと伝わる。中世以降は秩父平氏が奉じる妙見信仰が習合し、星々を従える妙見(みょうけん)さま(天之御中主神)を合祀した。毎年12月の秩父夜祭は、雅やかな屋台や花火が人々を魅了。水神さまを歓迎する神祭りでもあり、日本三大曳山祭りのひとつとしても知られている。

DATA & ACCESS

☎0494-22-0262 所埼玉県秩父市番場町1-3 開休料参拝自由 交秩父鉄道・秩父駅から徒歩3分 Pなし

御祭神

八意思兼命 やごころおもいかねのみこと
知知夫彦命 ちちぶひこのみこと
天之御中主神 あめのみなかぬしのかみ
秩父宮雍仁親王 ちちぶのみややすひとしんのう

主なご利益

必勝祈願、学業成就、子孫繁栄、商売繁盛、開運厄除けほか

参道に建つ厳かな門
神門 しんもん
大鳥居の先に神門が建つ。神門を通ると、立派な御本殿が見える。

県下随一の美しい権現造
御本殿 ごほんでん
徳川家康により建造されたと伝わる。龍や虎など、四面にわたって彫られた名工による彫刻も見逃せない。

↑「お元気三猿」と呼ばれ、「よく見てよく聞いてよく話す」猿として親しまれる

樹齢400年を越える大銀杏
御神木 ごしんぼく
神社では銀杏の葉が社紋として用いられている。

盛大な秩父の夜祭

賑やかなかけ声とともに水しぶきが激しく飛び交う

毎年12月3日に行われる秩父夜祭では豪華な屋台が曳かれ、勇壮な太鼓囃子が演奏される。祭りは、神社の神体山である武甲山にまつわる古代神事や神話を今に伝える、貴重な遺産である。

権現造りのくずし形式の拝殿。境内は杉木立に囲まれており厳かな雰囲気だ

杉木立に囲まれて建つ
拝殿 はいでん
厳かな拝殿。神社は国家安泰、五穀豊穣、勝運の神として敬われている。

男鹿半島の歴史を伝承
なまはげでも知られる古社

真山神社
しんざんじんじゃ

秋田県男鹿市 MAP P.340A3

山岳信仰の霊場として古来より栄えた、真山の山頂に本殿が鎮座する。創始は第12代景行天皇の時代とされ、中世以降は修験道場でもあった。神社は平安末期から受け継がれてきたなまはげの特異神事「柴灯祭(さいとうさい)」でも知られる。なまはげは山の神の使者「神鬼」の化身といわれており、毎年2月には「なまはげ柴灯祭り」も開催され多くの人で賑わう。

石段を上り、登拝を
石段 いしだん
拝殿の奥に、薬師堂や奥宮へと続く石段があり、登拝ができる。

神仏習合の歴史を感じる
仁王門 におうもん
別当光飯寺の山門であったが、神仏分離以降は神門となっている。

DATA & ACCESS

☎0185-33-3033 所秋田県男鹿市北浦真山水喰沢97 開8:30～17:00 休無休 料無料 交JR男鹿駅からなまはげシャトルなまはげ便で25分、真山神社前下車すぐ Pあり

なまはげ縁の地とされる真山。なまはげ柴灯祭りは244ページで詳しく紹介

御祭神

瓊瓊杵命
ににぎのみこと
武甕槌命
たけみかづちのみこと

主なご利益

豊作、豊漁、勝運、縁結びほか

足利織物の歴史を紡ぐ
産業振興と縁結びの神さま

足利織姫神社

あしかがおりひめじんじゃ

栃木県足利市 MAP P.347C1

足利は1200年の歴史を誇る織物産業の地である。神社は機織りを司る二柱の神を御祭神とし、地元産業を信仰面から支えてきた。織物は経糸と緯糸からなるため、縁結びの神社としても親しまれている。参道にある229段の階段は上り切ると良縁に恵まれるとされる。また山中の縁結び坂にある七色の鳥居や、中腹に建つ鮮やかな社殿も人気が高い。

DATA & ACCESS

☎0284-22-0313 所栃木県足利市西宮町3889 開休料参拝自由 交北関東自動車道・足利ICから車で10分 Pあり

境内へと向かう山の麓に立つ
鳥居 とりい
神社は山の中腹にあり、一の鳥居から続く229段の階段を上って向かう。

幸せを願う、恋人の聖地
愛の鐘 あいのかね
境内に設置された愛の鐘。2人で鐘を鳴らすと幸せが訪れるといわれている。

御祭神

天御鉾命 あめのみほこのみこと
天八千々姫命 あめのやちちひめのみこと

主なご利益

産業振興、縁結びほか

カラフルな鳥居をくぐる
七色の鳥居 なないろのとりい
七つの御神徳を表す赤・黄・緑・青・若草・朱・紫の鳥居が連なる。

陸の竜宮城とも称される社殿。織姫山は紅葉の名所でもあり四季折々散策が楽しめる

山の緑に映えるあでやかな社殿
社殿 しゃでん
建築家・小林福太郎が設計。平等院鳳凰堂を模したとされる美しい建築物だ。

十和田山青龍大権現を祀る
水神信仰の象徴

十和田神社

とわだじんじゃ

青森県十和田市 MAP P.340B2

大同2年(807)、坂上田村麻呂(さかのうえのたむらまろ)が東征の折に創建したと伝わり、見事な杉木立の中に歴史を感じさせる社殿が建っている。南祖坊という熊野修験の僧が九頭の龍に姿を変え、十和田湖を支配していた八頭の大蛇を退治した伝説も残る。この僧を青龍権現(せいりゅうごんげん)として祀ったともいわれ、現在も境内にある熊野神社には彼のものというレプリカの鉄の草鞋が奉納されている。

DATA & ACCESS

☎0176-75-2508 所青森県十和田市奥瀬十和田湖畔休屋486 開休料参拝自由 交東北自動車道・十和田ICから1時間 Pなし

御祭神

日本武尊 やまとたけるのみこと

主なご利益

開運、縁結びほか

静謐な森の中にたたずむ
拝殿 はいでん
昭和16年(1941)に造営されたヒノキの素木造りの社殿。

杉並木が続く神社の入り口
鳥居 とりい
鳥居の先に杉木立に囲まれた小道が続き、あたりに神秘的な雰囲気が漂う。

境内奥にある、信仰の場
占場 うらないば 南祖坊入水の場と伝わり、吉凶を占う場として信仰。現在神社からは通行禁止。

現在占場へは船でしか行けない。およりの紙を湖に入れ、沈むか浮くかで吉凶を占う

境内に注目スポットが多数
縁結びの女神を祀る神社

新潟総鎮守 白山神社

にいがたそうちんじゅ はくさんじんじゃ

新潟県新潟市 MAP P.344B1

1000年以上前から新潟の発展を見守ってきた総鎮守。御祭神の菊理媛大神は『日本書紀』に登場する女神で、伊邪那岐命・伊邪那美命の夫婦神のけんかを仲裁したことから、縁結びや夫婦円満のご利益で知られる。広い境内にはほかにも多彩な神が祀られ、触れると力を授かるという「白山くくり石」や「祈願の狛犬」「安田瓦の招き猫」なども点在する。

DATA & ACCESS

☎025-228-2963 所新潟県新潟市中央区一番堀通町1-1 開休料参拝自由 交JR白山駅から徒歩15分 Pあり

三軒流造の美しい建築
本殿 ほんでん 正保4年(1647)に建てられた社殿。長岡藩主・牧野氏が自ら造営を監督した。

撫でると開運と福を招く
安田瓦の招き猫 やすだがわらのまねきねこ
右手を上げていればお金、左手を上げていれば人を招くとされる招き猫。

御祭神
菊理媛大神 くくりひめのおおかみ
伊邪那岐命 いざなぎのみこと
伊邪那美命 いざなみのみこと

主なご利益
縁結び、家内安全ほか

全国的にも数少ない
日本三大下り宮のひとつ

一之宮貫前神社

いちのみやぬきさきじんじゃ

群馬県富岡市 MAP P.346B1

創建はおよそ1500年前に遡る古社。約2万6000坪の社地を誇り、石段を下った位置に社殿がある珍しい「下り参道」の構造をもつ。現在の社殿は3代将軍徳川家光の命で建てられたもので、国指定の重要文化財。かつて境内の木にカエルに似たサルノコシカケが出現したことにちなみ、黄金色のカエルの置物「無事かえる」が交通安全のお守りとして人気を集める。

DATA & ACCESS

☎0274-62-2009 所群馬県富岡市一ノ宮1535 開休料参拝自由 交上信電鉄・上州一ノ宮駅から徒歩15分 Pなし

極彩色の装飾が見どころ
本殿 ほんでん 檜皮葺き、漆塗りの美しい社殿。平成の大修復で色鮮やかな姿を取り戻した。

壮麗な姿で存在感を放つ
楼門 ろうもん
石段の下に立つ入母屋造りの楼門。昭和初期に柿板葺きから現在の銅葺きに替えられた。

御祭神
経津主神ふつぬしのかみ
姫大神ひめおおかみ

主なご利益
交通安全、合格祈願、縁結び、災難除けほか

創始は約1900年前と伝わる
陸奥国一宮として崇められた

馬場都々古別神社

ばばつつこわけじんじゃ

福島県棚倉町 MAP P.345C2

日本武尊が鉾を祀り、のちに坂上田村麻呂が棚倉城の地に移したと伝わる。都々古別三社の一社であり、八槻都々古別神社、下宮近津神社と合わせて江戸時代には「近津三社」と称された。樹齢数百年の古木が茂る境内に、棚倉城地から解体移築されたという荘厳な本殿や社殿が建つ。鎌倉時代に寄進されたという太刀など重要文化財も保管されている。

DATA & ACCESS

☎0247-33-7219 所福島県棚倉町棚倉馬場39 開休料参拝自由 交JR磐城棚倉駅から徒歩15分 Pあり

森に溶け込むようにたたずむ
拝殿 はいでん 江戸時代に造営された拝殿。華美な意匠は見られないシンプルな造り。

御祭神

味耜高彦根命 あじすきたかひこねのみこと
日本武尊 やまとたけるのみこと

主なご利益

交通安全、五穀豊穣、商売繁盛、縁結びほか

数多くの文化財が発見される
農業にゆかりのある神社

八槻都々古別神社

やつきつつこわけじんじゃ

福島県棚倉町 MAP P.345C2

都々古別神社の一社として、江戸時代頃から「近津三社」の中宮と称される神社。日本武尊が八溝山の「東夷」の大将を討った際に守護として現れた三神が建鉾山から箭を射って着いた場所が箭津幾といわれ、八槻都々古別神社として創建されたと伝わる。御祭神の味耜高彦根神は農業の神とされ、霜月大祭や御田植の神事など現在も行われている。

DATA & ACCESS

☎0247-33-3505 所福島県棚倉町大宮224 開休料参拝自由 交JR近津駅から徒歩15分 Pあり

農業の神様を祀る
拝殿 はいでん 社宝には銅鉢や木面十一面観音立像など国指定の重要文化財が遺されている。

御祭神

味耜高彦根命 あじすきたかひこねのみこと
日本武尊 やまとたけるのみこと

主なご利益

交通安全、五穀豊穣、商売繁盛、縁結びほか

人の星(運命)を支配する
厄除開運・八方除の妙見さま

千葉神社
ちばじんじゃ

千葉県千葉市 MAP P.347D2

主祭神の北辰妙見尊星王は、北辰(北極星と北斗七星)の神霊で、通称「妙見さま」。人間の悪い星(運命)を除いて善い星へ導く厄除開運、方位方角に関わる災いを避ける八方除の力をもつとされる。平成の大造営により完成した重層社殿、楼門と一体化した「尊星殿」など、貴重な建築物も見どころ。毎年正月三が日には、約70万人の参拝者で賑わう。

DATA & ACCESS

☎043-224-2211 所千葉県千葉市中央区院内1-16-1 開6:00～18:00 休無休 料無料 交JR千葉駅／京成千葉駅から徒歩12分 Pなし

2階建ての構造が特徴的
重層社殿 じゅうそうしゃでん
平成2年(1990)に建てられた、上下に2つの拝殿を有する日本初の社殿。

珍しい楼門型の分霊社
尊星殿 そんじょうでん
神社建築では例のない楼門と社殿の複合建築物。平成10年(1998)に竣工した。

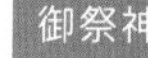
御祭神
北辰妙見尊星王
(天之御中主大神)
ほくしんみょうけんそんじょうおう
(あめのみなかぬしのおおかみ)

主なご利益
厄除開運、八方除

安積発祥以来の祭祀を守り
市の中心部に鎮座する社

安積国造神社
あさかくにつこじんじゃ

福島県郡山市 MAP P.345C2

成務天皇5年(4世紀)、安積国造に任ぜられた比止禰命が当時未開だったこの土地を開き、和久産巣日神と天湯津彦命を祀ったのが始まり。のちに八幡大神と稲荷大神が合祀され、郡山総鎮守として崇められてきた。境内にはケヤキやイチョウの古木が茂り、市街地にありながら静かで厳かな雰囲気。幕末に活躍した儒学者・安積艮斎(あさかごんさい)の記念館も併設する。

DATA & ACCESS

☎024-932-1145 所福島県郡山市清水台1-6-23 開休料参拝自由 交JR郡山駅から徒歩6分 Pあり

森閑とした境内に鎮座
本殿 ほんでん
大正15年(1926)の再建で高さ12m。檜材、壮麗な三間社流造で古社の趣が漂う。

江戸時代の貴重な木造建築
拝殿 はいでん
文化7年(1810)に再建され、戊辰戦争や太平洋戦争の戦火を免れて今に至る。

御祭神
和久産巣日神
わくむすびのかみ
天湯津彦命
あまのゆつひこのみこと
比止禰命
ひとねのみこと
八幡大神
はちまんおおかみ
稲荷大神
いなりおおかみ

主なご利益
家内安全、身体健全、
厄除け、合格祈願、
商売繁盛ほか

町名の由来となった
格式高い上総国一之宮

玉前神社

たまさきじんじゃ

千葉県一宮町 MAP P.347D2

上総国一之宮の格式を保ち、一宮町の地名の由来となった名社。古くから朝廷や豪族、幕府の信仰が篤く、『延喜式神名帳』では名神大社に列せられた。御祭神の玉依姫命は女性の心身を守護する神で、縁結びや子授け、安産などの願いに霊験あらたか。毎年9月に行われる「上総十二社祭り」は、房総半島に伝わる浜降り神事のなかでも最古の歴史を誇る。

DATA & ACCESS

☎0475-42-2711 所千葉県一宮町一宮3048 開休料参拝自由 交JR上総一ノ宮駅から徒歩6分 Pあり

黒漆塗りの美しさが際立つ
本殿 ほんでん
本殿と拝殿を幣殿でつないだ複合建築。権現造で黒漆塗りの社殿は珍しい。

国歌『君が代』に歌われる
さざれ石 さざれいし
小石が自然に結合して巌になったもの。石碑の文字は橋本龍太郎元総理の揮毫。

御祭神

玉依姫命 たまよりひめのみこと

主なご利益

開運、縁結び、子授け、方除けほか

幻想的な雰囲気に包まれて
満月の夜に縁結び祈願

熊野大社

くまのたいしゃ

山形県南陽市 MAP P.342B3

「東北の伊勢」とも呼ばれる由緒ある神社で、日本三熊野のひとつ。日本で最初に結ばれた男女の神とされる伊弉冉尊と伊弉諾尊を祀ることから、縁結びスポットとして名高い。月に一度、満月の夜に執り行われる縁結び祈願祭「月結び」など神秘的な催しも人気を集める。

DATA & ACCESS

☎0238-47-7777 所山形県南陽市宮内3707-1 開休料参拝自由 交山形鉄道・宮内駅から徒歩13分 Pあり

県内最古の茅葺き屋根建築
拝殿 はいでん
唐破風や千鳥破風を茅葺きにするなど、山形県独自の建築様式が見られる。

御祭神

伊弉冉尊(本殿)
いざなみのみこと
伊弉諾尊(二宮)
いざなぎのみこと
素戔嗚尊(三宮)
すさおののみこと

主なご利益

縁結びほか

三羽のウサギを探したい
本殿裏 ほんでんうら
本宮裏側に3羽のウサギの隠し彫りがあり、見つけると良縁に恵まれるという。

高句麗からの渡来人を祀る
悠久の歴史が息づく神社

高麗神社
こまじんじゃ

埼玉県日高市 MAP P.347C2

約1300年前に朝鮮半島の高句麗から渡来した高麗王若光を御祭神とする神社。若光の子孫である高麗王氏は60代にわたって家系血脈が続き、代々この神社の祭祀を担っていることから、子孫繁栄や子授けのご利益を求めて訪れる人も多い。学者や政治家からの崇敬も篤く、参拝後に内閣総理大臣となった人物が相次いだことで、「出世明神」との異名もとる。

DATA & ACCESS

☎042-989-1403 所埼玉県日高市新堀833 開休料参拝自由 交JR高麗川駅から徒歩20分 Pあり

昭和11年(1936)建造
神門 しんもん
高句麗との関わりを示すかのように扁額には「高句麗神社」とある

神職を代々務めてきた旧家
高麗家住宅 こまけじゅうたく
慶長年間(1596～1615)の建築とされる高麗家の旧宅。樹齢400年の桜も見事。

御祭神
高麗王若光
こまのこきしじゃっこう

主なご利益
出世開運、事業繁栄、子孫繁栄、延命長寿ほか

神仏習合の名残をとどめる
古代からの信仰の聖地

御岩神社
おいわじんじゃ

茨城県日立市 MAP P.345D3

神々が宿る霊山と崇められる御岩山に鎮座。縄文晩期の祭祀遺跡が残る古代からの聖地で、中世には修験の霊場、江戸時代には水戸藩の祈願所として栄えた。巨木が鬱蒼と茂る境内は森厳とした空気に包まれ、全188柱の神を祀るほか、鎌倉・室町時代の仏像も現存。神仏習合の痕跡をとどめ、「神仏を祀る唯一の社」として独自の信仰の形態を伝えている。

DATA & ACCESS

☎0294-21-8445 所茨城県日立市入四間町752 開6:00～17:00 休無料 料無休 交JR日立駅から茨城交通バス・東河内行きで30分、御岩神社前下車、徒歩2分 Pあり

森に抱かれた厳かな社殿
拝殿 はいでん
国常立尊をはじめ26柱を祀る御岩神社の拝殿。周囲には老樹巨木が生い茂る。

山深くに鎮座する奥宮
かびれ神宮 かびれじんぐう
登拝道の途中にある御岩神社の奥宮。深い木立と苔むした岩が神々しい雰囲気。

御祭神
国常立尊 くにとこたちのみこと
大国主尊 おおくにぬしのみこと
伊邪那美尊 いざなみのみこと

主なご利益
所願成就ほか

伊達政宗が建造した威風堂々たる国宝の社殿

大崎八幡宮
おおさきはちまんぐう

宮城県仙台市 MAP P.343C3

厄除けや必勝の神として信仰され、歴代仙台藩主からも崇敬を受けてきた仙台総鎮守。その起源は古く、坂上田村麻呂が東夷征伐の際に宇佐八幡宮を勧請したことに始まる。慶長12年(1607)に伊達政宗が現在地に遷座し、一流の工匠を招いて社殿を造営。その絢爛たる建築美は素晴らしく、安土桃山時代の唯一の遺構として国宝に指定されている。

DATA & ACCESS

☎022-234-3606 所宮城県仙台市青葉区八幡4-6-1 開休料参拝自由 交JR仙台駅から仙台市営バス・定義行きで21分、大崎八幡宮前下車、徒歩7分 Pあり

豪壮な桃山建築の傑作
拝殿 はいでん
現存最古といわれる権現造の社殿。総黒漆塗りに鮮やかな装飾が映える。

御祭神
応神天皇 おうじんてんのう
仲哀天皇 ちゅうあいてんのう
神功皇后 じんぐうこうごう

主なご利益
厄除け、除災招福、必勝祈願、安産

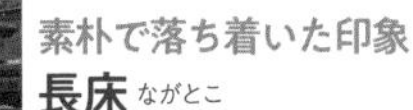

素朴で落ち着いた印象
長床 ながとこ
簡素な素木造りで、華麗な社殿とは対照的。中央に通り土間がある割拝殿形式。

東国三社のひとつに数えられる悠久の歴史を誇る古刹

息栖神社
いきすじんじゃ

茨城県神栖市 MAP P.347D2

創始は応神天皇の時代とされ、厄除け招福、交通守護、さらに井戸の神でもある久那斗神を御祭神とする。鹿島神宮、香取神宮と並び東国三社と称され、江戸時代には「お伊勢参りの禊ぎの三社参り」と呼ばれるほど信仰を集めた。清水を湧出し続ける井戸「忍潮井」が神秘的。

DATA & ACCESS

☎0299-92-2300 所茨城県神栖市息栖2882 開休料参拝自由 交東関東自動車道・潮来ICから車で15分 Pあり

湧き続ける清水の井戸に隣接
鳥居 とりい
常陸利根川を望む地に、一の鳥居が立つ。鳥居の両脇に、男瓶・女瓶という2つの「忍潮井」がある。

こぢんまりとした静かな社
拝殿 はいでん
静かな境内に社殿が建つ。鹿島神宮、香取神宮と並んで参拝を。

御祭神
久那斗神 くなどのかみ

主なご利益
縁結びほか

会津の起源とも伝わる
季節の花に彩られた古社

伊佐須美神社

いさすみじんじゃ

福島県会津美里町 MAP P.345C2

2000年を超える歴史を持つ会津総鎮守にして岩代国一之宮。御祭神の大毘古命とその子・建沼河別命がこの地で行き会ったことが会津の地名の起こりともいわれる。厄除け、五穀豊穣、縁結びなどあらゆるご利益で知られ、強いパワーを込めた「強運御守」が人気。約2万坪に及ぶ神域には原生林が残り、「薄墨桜」や「飛龍の藤」など四季の花々も美しい。

DATA & ACCESS

☎0242-54-5050 所福島県会津美里町宮林甲4377 開休料参拝自由 交JR会津若松駅から会津バス・永井野行きで40分、横町下車、徒歩3分 Pあり

格式の高さを感じさせる
楼門 ろうもん 重厚感ある姿でそびえ立つ高さ約14mの立派な楼門。左右に随神像を安置する。

梅雨時に彩られる庭園
あやめ苑 あやめえん
200種を超えるのハナショウブをはじめ、アヤメやカキツバタなどが咲き競う回遊式庭園。

御祭神

伊弉諾尊 いざなぎのみこと
伊弉冉尊 いざなみこみこと
大毘古命 おおびこのみこと
建沼河別命 たけぬなかわわけのみこと

主なご利益

商売繁盛、健康長寿、豊作祈願ほか

あらゆる必勝祈願に最適
平安時代から続く勝負の神

秋保神社

あきうじんじゃ

宮城県仙台市 MAP P.343C3

仙台の奥座敷と呼ばれる秋保地区に鎮座。スポーツや受験、就職など人生のあらゆる勝負事にご利益があるとされ、一流アスリートが参拝したことでも知られる。創建は約1200年前に遡り、坂上田村麻呂(さかのうえのたむらまろ)が蝦夷平定の折に熊野神社を祀ったのが起源。武家の守護神として仙台藩からも崇敬され、慶長5年(1600)には伊達家の庇護により大社が建立された。

DATA & ACCESS

☎022-399-2208 所宮城県仙台市太白区秋保町長袋清水久保北22 開休料参拝自由 交JR仙台駅から車で40分 Pあり

多くのスポーツ選手が参拝
拝殿 はいでん
遠方からも参拝者が訪れる必勝祈願所。手前には厄を打ち砕く「勝石」がある。

桜の木に結んで願掛け
おみくじ
境内のしだれ桜「開運桜」のそばにおみくじを結ぶとご利益があるといわれる。

御祭神

健御名方命 たけみなかたのみこと

主なご利益

勝負運、縁結び、悪縁切りほか

涼やかな夏の風物詩
「縁むすび風鈴」が人気

川越氷川神社
かわごえひかわじんじゃ

埼玉県川越市 MAP P.347C1

欽明天皇2年(541)の創建と伝えられ、歴代の川越藩主からも特別の計らいを受けてきた神社。5柱の御祭神は家族で、2組の夫婦神が含まれていることから、縁結びや家族円満などのご利益で知られる。運命の赤い糸をモチーフにした縁起物やお守りも魅力。夏は境内に1500個以上の江戸風鈴が吊るされ、願い事を書いた短冊を掛けることができる。

DATA & ACCESS
☎049-224-0589 所埼玉県川越市宮下町2-11-3 開休料参拝自由 交JR川越駅から東武バスで15分、川越氷川神社下車すぐ Pなし

本殿の繊細な彫刻にも注目
拝殿 はいでん
昭和18年(1943)に改築。奥には本殿があり、江戸彫と呼ばれる精緻な彫刻が目を奪う。

「夫婦欅」とも呼ばれる
御神木 ごしんぼく
樹齢600年を超える2本のケヤキ。周囲を8の字を描くように回るとご利益が。

御祭神
素盞嗚尊 すさのおのみこと
脚摩乳命 あしなづちのみこと
手摩乳命 てなづちのみこと
奇稲田姫命 くしいなだひめのみこと
大己貴命 おおなむちのみこと

主なご利益
縁結び、家族円満、夫婦円満ほか

武家社会の礎となった
古都鎌倉のランドマーク

鶴岡八幡宮
つるがおかはちまんぐう

神奈川県鎌倉市 MAP P.347C2

源頼義が源氏の氏神である京都の石清水八幡宮を勧請し、由比ヶ浜辺に祀ったことが起源。治承4年(1180)に源頼朝が現在の場所に遷座して、その後、上下両宮を造営。以後、鎌倉の守り神として武士の精神の拠り所となった。勝負運や縁結びなど幅広いご利益で信仰され、境内には安産祈願の「政子石」や倒伏から再生した大銀杏などの見どころも数多い。

DATA & ACCESS
☎0467-22-0315 所神奈川県鎌倉市雪ノ下2-1-31 開6:00~20:30 休無休 料無料 交JR/江ノ電・鎌倉駅から徒歩10分 Pあり

静御前が舞を披露した場所
舞殿 まいでん
静御前が源義経を慕って舞った若宮廻廊跡にあり、下拝殿とも呼ばれる。

御祭神
応神天皇 おうじんてんのう
比売神 ひめがみ
神功皇后 じんぐうこうごう

主なご利益
家運隆昌、諸願成就、勝負運、仕事運、出世運、安産、縁結びほか

鶴岡八幡宮の中心的な社殿
上宮(本宮) じょうぐう(ほんぐう)
応神天皇、比売神、神功皇后を祀り、年間を通して多彩な祭事が執行される。若宮(下宮)とともに国の重要文化財。

女性の一生を守護する
安産と子授けの神さま

唐松神社

からまつじんじゃ

秋田県大仙市 MAP P.342B1

女性の生涯を守る「女一代守神」として古くから親しまれ、安産や子授けのご利益で知られる神社。階段の下に本殿を配置した「下り宮」の造りは全国的にも珍しい。築山の上に鎮座する「天日宮」は天地の神々を祀ったものとされ、古代の円墳を思わせる不思議な雰囲気。天日宮の社殿裏には3つの石が並び、願いを込めて触れると子宝に恵まれるという。

DATA & ACCESS

☎018-892-3002 所秋田県大仙市協和境下台84 開休料参拝自由 交JR羽後境駅から徒歩15分 Pあり

老杉に囲まれた静かな参道
杉並木 すぎなみき
樹齢300年を超える杉の巨木が立ち並ぶ参道。清らかな空気に心が洗われる。

御祭神

軻遇突命 かぐつちのみこと
息気長足姫命 おきながたらしひめのみこと
豊宇気姫命 とようけひめのみこと
高皇魂命 たかみむすびのみこと
神皇魂命 かみむすびのみこと

主なご利益

安産、子授けほか

謎めいた雰囲気の「天日宮」
社殿 しゃでん
石を敷き詰めた築山の上にたたずむ「天日宮」。周囲には堀がめぐらされている。

あらゆる悪事災難を除く
古来唯一の八方除の守護神

寒川神社

さむかわじんじゃ

神奈川県寒川町 MAP P.347C2

全国唯一の八方除の守護神として信仰される相模國一之宮。八方除とは地相・家相・方位・日柄などに起因するすべての災難を取り除き、家業繁栄や福徳円満をもたらすとされる。1600年以上の歴史を誇り、源頼朝や武田信玄といった名だたる武将も篤く崇敬。江戸から見て南西に鎮座することから、江戸の裏鬼門を守る神社としても重要な役割を果たしてきた。

DATA & ACCESS

☎0467-75-0004 所神奈川県寒川町宮山3916 開休料参拝自由 交JR宮山駅から徒歩8分 Pあり

総檜造りの荘厳なたたずまい
御本殿 ごほんでん
平成9年(1997)に完成した総檜造りの社殿。東西翼殿をはじめ付属施設を持つ。

厄除の迎春ねぶたは必見
神門 しんもん 風格を漂わせる重層の門。新年に掲げられる「迎春ねぶた」は正月の風物詩。

御祭神

寒川比古命 さむかわひこのみこと
寒川比女命 さむかわひめのみこ

主なご利益

八方除、
方位除ほか

唯一の参拝路であった参道
石段 いしだん
山下の鳥居から本殿前まで続く、1159段の石段。日本平ロープウェイ開通前は、唯一の参拝路であった。

泰平の世を築いた家康を祀る全国東照宮の創祀

久能山東照宮
くのうざんとうしょうぐう

静岡県静岡市 MAP P.346B3

江戸時代の礎を築いた徳川家康は、元和2年(1616)に75年の生涯を終えた。生前の遺言により遺骸はこの地に葬られ、2代将軍徳川秀忠により東照宮が創建された。その後家康公は東照大権現と称され、平和の守護神・国家鎮護の神として広く崇敬され、全国に多く東照宮が創建された。国宝に指定された権現造の御社殿は、江戸初期を代表する建造物として知られる。

DATA & ACCESS

☎054-237-2438 所静岡県静岡市駿河区根古屋390 開9:00～17:00 休無休 料500円 交日本平山頂から日本平ロープウェイを利用(往復1200円、所要5分) Pあり(日本平山頂)

御祭神

徳川家康公 とくがわいえやすこう

主なご利益

厄除け、出世運、勝負運ほか

↑海側から境内へ延びる石段は1195段、標高差は約200mある

←日本平と久能山を約5分で結ぶ日本平ロープウェー

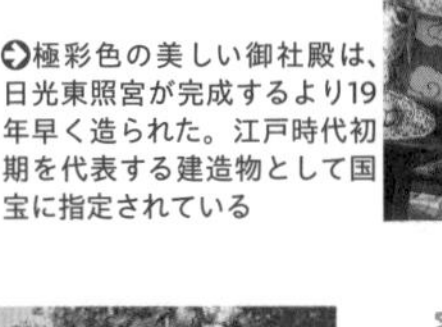
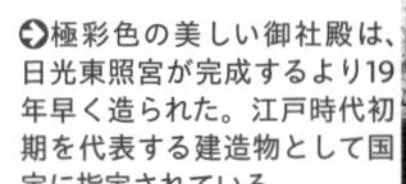

江戸初期の最高技術が結集

御社殿 ごしゃでん

大工棟梁・中井正清の代表作。権現造の社殿が全国に普及するきっかけとなった、最古の東照宮建築。

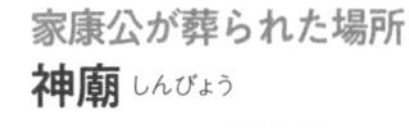

➲極彩色の美しい御社殿は、日光東照宮が完成するより19年早く造られた。江戸時代初期を代表する建造物として国宝に指定されている

扁額が掲げられた朱塗り門

楼門 ろうもん

第108代後水尾天皇による扁額が掲げられていることから、勅額御門とも呼ばれる。

家康公が葬られた場所

神廟 しんびょう

創建当初は木造檜皮葺きだったが、3代将軍徳川家光により石塔が建立された。石塔は生誕地である岡崎や京の都のある西を向いている。

弘前の礎を築いた名君は
自ら領地安堵の守護神に

高照神社
たかてるじんじゃ

青森県弘前市 MAP P.340B2

弘前藩4代藩主・津軽信政自身の遺言により、神葬されたのが始まり。亡くなった翌年の正徳元年(1711)に廟所が造られ、以降、歴代藩主によって整備された。参道から廟所まで東西一直線上に並ぶ独特な構造は、吉川神道に基づいている。

DATA & ACCESS

☎0172-82-1642(弘前市文化財課) 所青森県弘前市高岡神馬野87 開休料参拝自由 交弘前バスターミナルから弘南バス・枯木平行きで35分、高岡下車すぐ Pあり

津軽 信政 つがるのぶまさ(1646-1710)

陸奥国弘前藩第4代藩主。財政が逼迫していた津軽藩で鉱山開発や養蚕などの事業を成長。神道にも造詣が深く、吉川神道の発展に尽力した。

社殿の8棟2基が重要文化財
拝殿 はいでん
吉川神道に則った社殿構成は珍しく、江戸中期の神社建築としても極めて貴重。

悪霊から神域を警護
随神門 ずいしんもん
拝殿前方には丹塗りが鮮やかな随神門。廟所門と共に9代藩主・津軽寧親が整備。

御祭神
津軽信政命 つがるのぶまさのみこと

主なご利益
勝利祈願、出世開運、武芸上達ほか

奥州藤原氏の武具を祀る
源平合戦が色濃く残る神社

兜神社
かぶとじんじゃ

秋田県能代市 MAP P.340B3

文治5年(1189)頃、勢力拡大のため源頼朝から命を狙われていた奥州藤原氏・4代目藤原泰衡は命からがらこの地で兜を捨てたといわれ、やがて御神体として篤く祀られることとなる。兜はその後佐竹藩主らにより極秘扱いとされ、重要文化財クラスの逸品として保護されている。

DATA & ACCESS

☎0185-79-1551 所秋田県能代市二ツ井町切石山根8 開休料参拝自由 交JR二ツ井駅からから車で5分 Pなし

藤原 泰衡 ふじわらのやすひら(1155-1189)

奥州藤原四代目当主。父・秀衡から次いで陸奥守として勢力を拡大していた矢先、源義経を匿ったとされ鎌倉幕府からの襲撃に遭い夭折してしまう。

藤原泰衡の兜を祀る
本殿 ほんでん
二ツ井から白米橋を渡り、大鳥居をくぐり、急な階段を登った先に鎮座している。

⬇ほど近い場所に、鎧を祀った鎧神社も建つ

御祭神
藤原泰衡の霊
ふじわらのやすひらのれい

主なご利益
武運長久ほか

金太郎のモデルとなった武士
勇猛果敢な子どもの守り神

公時神社
きんときじんじゃ

神奈川県箱根町 MAP P.346B2

昭和8年(1933)、一度廃れた祭典を現在の奥の院で再開したのが公時神社。仙石原諏訪神社の境外末社で、箱根霊山のひとつ、金時山の東麓に鎮座している。5月5日の「こどもの日」には、例祭「公時祭」が行われ、国の無形文化財である湯立獅子舞が奉納される。

DATA & ACCESS

☎0460-83-8232 所神奈川県箱根町仙石原1181 開休料参拝自由 交箱根登山鉄道・箱根湯本駅から箱根登山バス・桃源台行きで25分、仙石下車、徒歩15分 Pあり

坂田 金時 さかたの きんとき（出生年不詳）
平安時代後期の武士。足柄山にて山姥と赤竜の間に生まれたとされ、源頼光に仕え、京都で荒鬼・酒呑童子を退治し功績を上げたと称せられている。

緑あふれる霊山・金時山
参道 さんどう
参道の左手には巨大なまさかりが祀られ、登山道には金太郎伝説の「手鞠石」や「宿石」などの巨石も点在。

登山の安全祈願にも
社殿 しゃでん
境内前から金時山への登山道があり、山に入る前に参拝していく登山客も多い。

御祭神
坂田金時 さかたのきんとき

主なご利益
子育て、安産、健康祈願ほか

盛岡の地を繁栄に導いた
南部家の当主4柱を奉る

櫻山神社
さくらやまじんじゃ

岩手県盛岡市 MAP P.343C1

盛岡藩初代藩主・南部信直の没後150年にその遺徳を偲んで盛岡城内に祀られたのが始まり。境内には、築城の際に掘り出されて以来、地域の守り石となっている巨石「烏帽子岩」や、南部家の江戸屋敷で祀られていた「おもかげ地蔵」など、昔人の祈りがこもった縁起物がある。

DATA & ACCESS

☎019-622-2061 所岩手県盛岡市内丸1-42 開休料参拝自由 交JR盛岡駅から徒歩15分 Pあり

南部 信直 なんぶ のぶなお（1546-1599）
陸奥国の戦国大名。南部氏二十六代当主として南部藩を率いてきた。豊臣氏と結託して当時南部で勢力を広げていた大浦氏を鎮圧し、十万石の大名となる。

堂々たる向唐門
神門 しんもん
目を引くのは社名の巨大な扁額。南部家の定紋「南部鶴」と替紋「武田菱」入り。

御祭神
櫻山大明神
さくらやまだいみょうじん

主なご利益
厄払い、八方祈願ほか

重厚な社殿は築120余年
拝殿 はいでん
同社は明治に入って城外に移ったが、明治32年(1899)、城内に現在の拝殿、本殿、神門が完成し翌年、奉遷。

東北の覇者 伊達政宗を祀り
重臣の子孫が守る神社

青葉神社
あおばじんじゃ

宮城県仙台市 MAP P.343C3

明治7年(1874)、仙台藩伊達家の旧藩士が中心となり、伊達家の菩提寺・東昌寺(とうしょうじ)の敷地の一部を譲り受け創建。同12年(1879)には伊達政宗に仕えていた家臣を祀る祖霊社も建立。現在宮司を務めているのは、伊達政宗の重臣・片倉景綱(かたくらかげつな)の子孫で、仙台藩とゆかりの深い社である。

優れた意匠と風格
拝殿 はいでん
現在の拝殿は昭和2年(1927)築造。拝殿、本殿など6棟が国の登録有形文化財。

DATA & ACCESS

☎022-234-4964 所宮城県仙台市青葉区青葉町7-1 開休料参拝自由 交JR北仙台駅から徒歩7分 Pあり

伊達 政宗 だてまさむね (1567-1636)
仙台藩初代藩主である戦国武将。独眼竜と称され、豊臣氏や徳川氏に従い、小田原征伐など数多の戦場で活躍。仙台藩六十二万石の礎を築いた。

神輿渡御の「仙台青葉まつり」は毎年5月に

御祭神
武振彦命
たけふるひこのみこと

主なご利益
家内安全、病気平癒、除災安全ほか

会津の国土安寧を願って
神道を極めた仁君が鬼門封じ

土津神社
はにつじんじゃ

福島県猪苗代町 MAP P.345C2

寛文12年(1673)に没した保科正之は、その遺言通り、若松城から丑寅の方角に当たる見禰山(みねやま)の墓所に安置。神道を敬信する保科正之が、自ら鬼門封じの役を担ったと伝わる。当時の荘厳華麗な社殿は、祖父である徳川家康公の日光東照宮になぞらえて、「東北の日光」と称された。

DATA & ACCESS

☎0242-62-2160 所福島県猪苗代町見禰山3 開休料参拝自由 交JR猪苗代駅から車で10分 Pあり

保科 正之 ほしな まさゆき (1611-1673)
会津藩祖の大名。将軍補佐として文治政治を推し進め、飢饉救済や貿易制限などの産業振興に多大な功績を上げたとして江戸の三名君と称される。

保科正之公が眠る霊域
奥之院 おくのいん
本殿の横から400mほど登ると奥の院。保科正之の奥津城(神道の墓所)である。

御祭神
保科正之
ほしなまさゆき

主なご利益
健全成長、立志出世、学業成就ほか

幕末の動乱を経て再建
拝殿 はいでん
創建当時の絢爛な社殿は戊辰戦争で焼失し、拝殿などは明治13年(1880)に再建された。

戦国の世を駆け抜けた名将は米沢城下鎮護の神に

上杉神社

うえすぎじんじゃ

山形県米沢市 MAP P.345C1

上杉謙信の遺骸は米沢城内の御堂に安置され、真言宗寺院にて祀られていたが、明治に入って仏式から神式に改宗。米沢藩9代藩主・上杉鷹山(ようざん)と合祀されて上杉神社となり、明治9年(1876)に社殿が完成。大正8年(1919)、米沢の大火で焼失したが、同12年(1923)に再建された。

DATA & ACCESS

☎0238-22-3189 所山形県米沢市丸の内1-4-13 開6:00～17:00(11～3月7:00～) 休料参拝自由 交JR米沢駅から車で10分 Pあり

上杉 謙信 うえすぎ けんしん (1530-1578)

山内上杉家十六代当主の戦国武将。越後の統治に尽力し、軍神と称される戦術や戦法で70戦以上の戦いに勝利。川中島の戦いでは武田信玄と一騎打ちも。

神社仏閣建築の権威が設計

本殿 ほんでん

米沢大火後に再建された本殿。東京帝国大学工学部の伊東忠太教授が手がけた。

↑境内は米沢城址本丸跡の6割を占め、約6300坪と広大。春は堀の堤に桜が咲き誇る

御祭神

上杉謙信公 うえすぎけんしんこう

主なご利益

必勝祈願、開運招福、商売繁盛ほか

「なせば成る」の名言が光る江戸時代屈指の賢君を奉祀

松岬神社

まつがさきじんじゃ

山形県米沢市 MAP P.345C1

上杉神社の摂社。明治35年(1902)に、上杉神社から上杉鷹山を分祀して創建された。社号は、米沢城の別称・松岬城(まつがさきじょう)に由来し、社殿は大正元年(1912)に建立。境内には、鷹山が隠居する際に、次の藩主となる上杉治広に伝えた藩主の心得3箇条「伝国の辞」の石碑が立っている。

DATA & ACCESS

☎0238-22-3189(上杉神社) 所山形県米沢市丸の内1-1-38 開休料参拝自由 交JR米沢駅から車で10分 Pあり

上杉 鷹山 うえすぎ ようざん (1751-1822)

米沢藩九代藩主。当時財政難を極めていた米沢藩を大倹約令を強いて自らも節約を徹底。養蚕や織物の事業を発展させるなど、藩の財政をV字回復させた。

米沢藩ゆかりの人物も合祀

御堂 みどう

米沢藩初代藩主・上杉景勝や鷹山の師、細井平洲なども祀られ、御祭神は6柱に。

↓米沢城二の丸跡に鎮座。静謐なたたずまい

御祭神

上杉治憲公 うえすぎはるのりこう

主なご利益

勝運武運長久、学業成就ほか

震災や戦災でも被害なし
東照大権現の強運パワー

上野東照宮

うえのとうしょうぐう

東京都台東区 MAP P.79B1

寛永4年(1627)、徳川家康の側近だった天海僧正(てんかいそうじょう)が東叡山寛永寺(とうえいざんかんえいじ)を開山し、その伽藍のひとつである東照社が同宮の始まり。金色殿や透塀、唐門は、のちに3代将軍徳川家光が日光東照宮に準じて造営替えしたのだが、関東大震災や東京大空襲でも被災を免れて、現在に至る。

DATA & ACCESS

☎03-3822-3455 所東京都台東区上野公園9-88
開9:00～17:30 (10～2月は～16:30) 休無休 料無料
交JR上野駅から徒歩10分 Pなし

徳川 家康 とくがわ いえやす (1543-1616)

江戸幕府初代将軍。三河国松平家の大名から多くの部下を従え、豊臣氏や石田三成ら将軍を負かし、朝廷と権力を切り離した幕府を開き天下を統一。

神々しさ極まる黄金色
金色殿 こんじきでん
拝殿、幣殿、本殿からなる権現造。江戸初期の貴重な建築物で、国の重要文化財。

↑水舎の上屋を門に転用した水舎門。くぐると左手には、花の名所「ぼたん苑」が

御祭神
徳川家康公 とくがわいえやすこう

主なご利益
出世、健康長寿ほか

前橋の地を見守り150余年
新たな社殿で時代とともに

前橋東照宮

まえばしとうしょうぐう

群馬県前橋市 MAP P.346B1

寛永元年(1624)、徳川家康の孫である松平直基が、越前勝山に創建。その後、松平家の転封にしたがって、13回も遷座し、明治4年(1871)に、埼玉の川越から現地に移築された。2024年に創建400年を迎えるにあたって社殿が改修され、2021年に完成した。

「令和の大改修」が完了
新社殿 しんしゃでん
新社殿は和モダンな趣で、社務所にカフェも隣接。本殿は新社殿内に移築し保存。

DATA & ACCESS

☎027-231-2031 所群馬県前橋市大手町3-13-19
開休料参拝自由 交JR前橋駅から車で10分 Pあり

→全国で最も早くできたという自動車拝殿

御祭神
徳川家康公
とくがわいえやすこう

主なご利益
家内安全、厄除けほか

幕末に生きた天才学者の社
知力・学力向上の御利益が

象山神社
ぞうざんじんじゃ

長野県長野市 MAP P.344A3

大正２年(1913)の佐久間象山殉難50年祭を機に神社建立の気運が高まり、昭和13年(1938)に全国の教育関係者の協力で創建。総檜の雄壮な社殿を中心とした境内には象山が幕末の志士と語らった高義亭、京都で暮らした家の茶室・煙雨亭など、ゆかりの建物も移築されている。

DATA & ACCESS

☎026-278-2461 所長野県長野市松代町松代1502 開休料参拝自由 交JR長野駅から川中島バス・松代高校行きで25分、松代八十二銀行前下車、徒歩10分 Pあり

佐久間 象山 さくま ぞうざん (1811-1864)

松代藩の思想家。西洋の学問を学び『海防八策』を執筆、日本の鎖国から開国への転換に際して多くの志士たちに改変を説いた江戸時代を代表する思想家。

伝統様式の貴重な建築
社殿 しゃでん
入母屋造りで向拝付きの堂々たる拝殿。本殿も装飾少なめの古風な建築で、絵馬殿なども含めて国の登録有形文化財。

境内には、坂本龍馬や橋本左内など象山の門弟たちの銅像群も奉納されている

御祭神
佐久間象山公
さくまぞうざんこう

主なご利益
合格祈願、安産祈願ほか

明治の志士たちが築いた
吉田松陰の留魂の地

松陰神社
しょういんじんじゃ

東京都世田谷区 MAP P.80B2

安政の大獄で獄死された吉田松陰を、高杉晋作や伊藤博文らが中心となり、文久3年(1863)に現在の世田谷区若林に改葬。その後明治15年(1882)に松陰神社が建設された。現在の社殿は昭和3年(1928)に造営され、境内には実物の松下村塾を模した建物もある。

DATA & ACCESS

☎03-3421-4834 所東京都世田谷区若林4-35-1 開7:00～17:00(社務所のみ不定休) 休無休 料無料 交東急・松陰神社駅から徒歩3分 Pあり

吉田 松陰 よしだ しょういん (1830-1859)

長州藩の志士として活躍する傍らで、中国古典を元にした理論を多くの同志に伝え、松下村塾を開き開国を唱える幕末の志士たちに絶大な影響を与えた思想家。

ブロンズ像で姿を偲ぶ
吉田松陰先生像 よしだしょういんせんせいぞう
平成25年(2013)年に創建130周年を記念し東京藝術大学に依頼し鋳造された。

御祭神
吉田寅次郎
藤原矩方命
よしだとらじろう
ふじわらこれかたのみこと

主なご利益
厄除け、合格祈願ほか

全国的に珍しい黒色の塗装
大鳥居 おおとりい
全国的に珍しい黒鳥居は周囲の景観を邪魔しないようにと着色されたもの。

源氏の悲劇的ヒーローが
相模国一宮と一体化

白旗神社

しらはたじんじゃ

神奈川県藤沢市 MAP P.347C2

奥州で討たれた源義経の首は鎌倉へ送られたが、首実検後に白旗川(しらはたがわ)を上ってこの地に漂着。それを聞いた頼朝が源氏の白旗にちなんで、白旗明神として祀ることを指示したと伝わる。神社の創立年は不詳だが、宝暦2年(1752)に白旗神社と改称された。

DATA & ACCESS

☎0466-22-9210 所神奈川県藤沢市藤沢2-4-7 開休料参拝自由 交小田急・藤沢本町駅から徒歩7分 Pあり

源 義経 みなもとの よしつね (1159-1189)

平安期から鎌倉時代にかけて活躍した武将。鎌倉殿の代官として兄・頼朝から平氏の討伐の命を受け平氏を滅ぼし、朝廷からも認められる功績を果たした。

江戸時代の匠の技が光る
社殿 しゃでん
拝殿、幣殿、本殿が連なる伝統的な流権現造。文政11年(1828)から7年をかけて造築された。外壁の彫刻も精緻。

地震対策が施された
大鳥居 おおとりい
高さ8m、幅6mもある大鳥居は、軽量かつ耐久性の高い日本初のグラスファイバー製。

御祭神

源義経公
みなもとのよしつねこう
寒川比古命
さむかわひこのみこと

主なご利益

学業成就ほか

徳川軍撃退の上田城跡
難攻不落の英気に満ちて

眞田神社

さなだじんじゃ

長野県上田市 MAP P.346B1

真田氏から始まり、仙石氏、松平氏と続く歴代の上田城主を祀る。社号は明治12年(1879)創建の松平神社から上田神社を経て、昭和38年(1963)に眞田神社となった。境内には、抜け道だったと伝わる眞田井戸や、真田幸村のシンボル「赤備え」の巨大な兜がある。

DATA & ACCESS

☎0268-22-7302 所長野県上田市二の丸1-12 開9:00～16:00(土・日曜、祝日は～16:30)変動あり 休料参拝自由 交JR上田駅から車で3分 Pあり

真田 幸村 さなだ ゆきむら (1567-1615)

信濃国の武将。上杉家から豊臣家に仕え、その後豊臣秀吉の元で多くの戦乱に助太刀し勝利に貢献。大坂夏の陣では家康に勇猛に立ち向かった。

日本古来の簡素な靖国鳥居
石鳥居 いしとりい
上田城東虎口櫓門をくぐるとすぐに鳥居が。拝殿まで一直線の見通しのよい境内。

御祭神

真田幸村公
さなだゆきむらこう

主なご利益

智慧向上、学業成就ほか

"不落城"にあやかって
社殿 しゃでん
質実なたたずまいの拝殿。受験期には絵馬掛けに合格祈願の絵馬がびっしり。

“甲斐の虎”が館跡に鎮座
黄金の松葉で金運のご利益も

武田神社
たけだじんじゃ

山梨県甲府市 MAP P.346B2

大正8年(1919)に創建。鎮座するのは武田氏３代が居住した躑躅ヶ崎（つつじがさき）館跡で、堀や土塁がそのまま残り、国の史跡となっている。連戦連勝の武田信玄にあやかった勝負運のご利益はもちろん、黄金色となって落葉する珍しい「三葉の松」があり、身につけておくと金運もアップ。

DATA & ACCESS

☎055-252-2609 所山梨県甲府市古府中町2611 開休料参拝自由 交JR甲府駅から山梨交通バス・武田神社行きで8分、武田神社下車すぐ Pあり

武田 信玄 たけだ しんげん (1521-1573)
甲斐武田氏十九代当主。甲府を中心とした甲斐国の平定に尽力し、今川・北条の二氏と結託し数多の戦乱で勝利を収めた戦国武将。

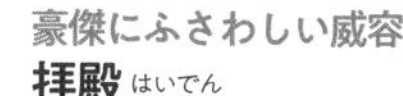

豪傑にふさわしい威容
拝殿 はいでん
創建当時からの拝殿。著名な建築家・伊東忠太と大江新太郎による設計。屋根は檜皮葺きで、唐破風の大きな向拝が印象的。

参道の始まりとなる橋
神橋 しんきょう
館跡の堀に架かる橋。土塁を切り開いて造られた参道へと続く。桜や紅葉の名所。

御祭神
武田信玄公
たけだしんげんこう

主なご利益
必勝祈願ほか

文武両道の幕末の賢者は
関東の霊峰、大山の古社に

勝海舟神社
かつかいしゅうじんじゃ

神奈川県伊勢原市 MAP P.347C2

勝海舟の別邸で祀られていた社が取り壊しを余儀なくされたため、関東総鎮守の大山阿夫利神社に移築。昭和50年(1975)、勝海舟に神格を与えて、境内末社とした。幕末期に同社神祇官の権田直助と勝海舟とは親交があり、それが由縁。

DATA & ACCESS

☎0463-95-2006(大山阿夫利神社) 所神奈川県伊勢原市大山355 開休料参拝自由 交小田急・伊勢原駅から神奈川中央交通バス・大山ケーブル行きで25分、社務局入口下車、すぐ Pあり

勝 海舟 かつかいしゅう (1823-1899)
江戸幕府最後の陸軍総裁。政治家として幕府と倒幕派最大の争いである戊辰戦争の際に江戸城を無血開城させるなど平和的解決に尽力した。

↑紅葉に覆われた大山阿夫利神社境内の参道

御祭神
大山祇神
おおやまつみのかみ

主なご利益
金運招福、商売繁盛、五穀豊穣ほか

名士・勝海舟を祀る
勝海舟神社祠 かつかいしゅうじんじゃほこら
戦後勝の別邸から移築された勝海舟神社は現在は大山阿夫利神社の末社となる。

開催日 毎年2月第2金～日曜

なまはげ柴灯祭り

なまはげせどまつり

秋田県男鹿市 MAP P.340A3

900年以上前から行われる神事となまはげを組み合わせた冬の祭り

みちのく五大雪まつりのひとつ。真山神社境内に焚き上げられた柴灯火のもと、なまはげが力強く舞い踊る。男鹿の人々にとってなまはげの存在は、怠慢な心を戒め、無病息災・田畑の収穫・山海の幸をもたらす、年の節目に現れる来訪神。昔から伝わる作法により料理や酒を準備して丁重にもてなしてきた。

DATA & ACCESS

☎0185-24-9220(なまはげ柴灯まつり実行委員会) 所真山神社(秋田県男鹿市北浦真山水喰沢97) 交JR男鹿駅／男鹿温泉郷から会場まで臨時有料バスあり

1 真山神社の神事「柴灯祭」と「なまはげ」を組み合わせた冬の観光行事　2 勇壮で迫力のあるなまはげ踊り　3 雪山の闇の中から観客のもとに降りたつ祭りのクライマックス

開催日 毎年1月7日

お松引き

おまつひき

山梨県丹波山村 MAP P.346B2

1年間の無病息災を願う門松をはらう松おくり

1月7日に門松をはらう松送りの祭事。午前中に修羅と呼ばれる二股の大木で作ったY字体の木ぞりの上に正月飾りを積み上げ、正面にはその年の十二支を飾る。午後にはそれを、はっぴ姿の村人たちがかけ声を合わせながら音頭を取り、道祖神まで引く。お松様は1月14日に1年の無病息災を祈って焼かれる。

DATA & ACCESS

☎0428-88-0411(丹波山村観光協会) 所熊野神社(山梨県丹波山村2771) 交JR奥多摩駅から車で35分

1 正面にはその年の干支の飾り物をつける　2 約2時間で500mほど修羅を引いて進む　3 午後にこも樽を鏡開きしてお松引きが始まる

長い年月各地で繰り広げられてきた、独特の風習を持った祭りに日本の豊かさを感じる。

開催日 毎年1月15日

チャッキラコ

神奈川県三浦市 MAP P.347C3

女性たちが綾竹の唄と踊りで豊作や商売繁盛を祈願する

商売繁盛、豊作・豊漁などを祈願する、女性のみで踊られる伝統芸能。5～12歳の少女約20人が赤色の晴れ着で踊り、女性約10人は黒色の着物に羽織姿で歌う。舞扇とチャッキラコ(綾竹)を演目に応じて使い分け、楽器類は使わない素唄と囃し言葉だけの素朴な唄と踊りを奉納する。

DATA & ACCESS

☎046-882-1111(三浦市役所市民部文化スポーツ課) 所神奈川県三浦市仲崎・花暮地区 交京急・三崎口駅から京急バスで15分、三崎港下車、徒歩3分

1 踊りは「ハツイセ」「チャッキラコ」「二本踊り」「よささ節」「鎌倉節」「お伊勢参り」の6種類。三浦の伝統文化として女性たちが受け継ぐ

開催日 毎年2月の初午の日

米川の水かぶり
よねかわのみずかぶり

宮城県登米市 MAP P.343D2

火の神さまの化身たちが屋根に水をかけて火伏せを行う

米川の五日町地区に古くから続く火伏せ行事で、地域の男だけが水かぶりの姿になることができる。火の神さまに化身した一団は大慈寺に祈願したあと、奇声を上げながら街に繰り出し、準備された水を各家の屋根にかけて火伏せをする。「しめなわ」の藁を抜き取ったものは火伏せのお守りに。

DATA & ACCESS

☎0220-45-2510(大慈寺) 所法輪山大慈寺(宮城県登米市東和町町下56) 交三陸沿岸道路・登米東和ICから車で15分

1 一斉に大慈寺の火伏せの神である秋葉山大権現に参拝し、火の神に化身する
2 3 水かぶり装束を身につけた男たちが桶の水を家の屋根にかけてまわる

開催日 毎年4月29日

初午まつり火伏せの虎舞

はつうままつり ひぶせのとらまい

宮城県加美町 MAP P.343C2

中国の故事にならい 虎の威を借りて風を鎮める

早から夏にかけて奥羽山脈から強い風が吹き下ろすことが原因となり、大火が頻繁に発生したことから、火難・風禍を鎮めようと祈願したのが祭りの起源。中国の言い伝え「雲は龍に従い、風は虎に従う」にならい、虎の威を借りて風を鎮めるべく、虎に扮して踊りながら、華やかな色彩の山車とともに練り歩く。

DATA & ACCESS

☎0229-63-6000(初午まつり実行委員会事務局) 所宮城県加美町中新田花楽小路 交東北自動車道・古川IC／大和ICから車で20分

1 勇敢な虎を演じるのは地元の中学生たち　2 高屋根に登った虎たちが舞う姿が見どころ　3 お囃子にのって街中を色鮮やかな山車と虎が練り歩き、防火と家内安全を祈願する

開催日 毎年5月5日

間々田のじゃがまいた

ままだのじゃがまいた

栃木県小山市 MAP P.347C1

巨大な蛇の力で 五穀豊穣や疫病退散を祈願

毎年5月5日に行われ、田植えの始まる季節の前に疫病退散、五穀豊穣を祈願する。祭りの主役は子どもたちで、長さ15mを超える龍頭蛇体の巨大な蛇(ジャ)を担ぎ「ジャーガマイタ、ジャガマイタ」のかけ声とともに街中を練り歩く。たくさんの蛇体が登場する祭りは珍しいという。

DATA & ACCESS

☎0285-45-1280(間々田八幡宮) 所間々田八幡宮(栃木県小山市間々田2330) 交JR間々田駅から車で5分

1 弁天池に担ぎ手もろとも蛇を飛び込ませ、豪快な水しぶきをあげながら蛇に水を飲ませる儀式　2 蛇頭は各町の個性が最も現れる部分　3 夕刻頃に行われる「蛇もみ」は祭りのクライマックスにふさわしい勇壮さ

開催日 毎年5月上旬

小玉川熊祭り
こたまがわくままつり

山形県小国町 MAP P.345C1

猟の収穫や山の恵みに感謝する300年の歴史ある熊の祭り

射止めた熊の冥福を祈るとともに、そうした狩猟での収穫を山の神に感謝する儀式。熊を追う「勢子(せこ)」に扮して大声を競う「勢子大会」、実際に行われているシシ山衆の熊狩りの模様を再現した「模擬熊狩り」や、飯豊の自然と山の神に感謝し、熊の供養と猟の安全を祈願する古式豊かな神事などが催される。

1 桜の咲く時期に、県内外から多くの人が訪れる 2 シシ(熊)が獲れたことや多くの山の恵みに感謝し、祭壇に熊の頭部やお供えがされる 3 300年にわたって受け継がれている神事

DATA & ACCESS

☎0238-62-5130(小国町観光協会) 所 国民宿舎 飯豊梅花皮荘(山形県小国町小玉川564-1) 交 JR小国駅から車で50分

開催日 毎年5月5日

藤切り祭
ふじきりまつり

山梨県甲州市 MAP P.346B2

藤の根でできた大蛇を切る1300年来続くお祭り

高さ6.3mほどの御神木に吊るした大蛇をかたどった藤の根を切り落とし、それを若者が激しく奪い合うという祭り。大蛇の藤蔓を手に入れると1年間無病息災の御利益があるという。御神木自体に巻かれた蔓も投げ落とされ、大蛇と同様のご利益のある藤蔓を手に入れるため大勢の人が待ち構える。

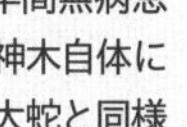

1 修験者が大蛇に見立てた藤蔓を切り落として退治する
2 大蛇の目(金的)を矢で射る儀式

DATA & ACCESS

☎0553-44-0027(大善寺) 所 大善寺(山梨県甲州市勝沼町勝沼3559) 交 中央自動車道・勝沼ICから車で2分

開催日 毎年6月15日

つぶろさし

新潟県佐渡市 MAP P.344A1

男根に見立てた棒を持ち性的しぐさで五穀豊穣を願う

男面をつけ男根に似せた木の棒を持った「つぶろさし」と、女面をつけ竹の楽器ササラをすりながらつぶろさしにせまる美女役の「ササラすり」のユーモラスな舞が披露される。性的な要素が強調される舞は、人間の旺盛な性欲を作物などに感染させ豊作を促すもので「感染所作(かまけわざ)」という。

1 古代の伎楽に性的要素が誇示された祭り。京都の祇園祭で習得して持ち帰った舞と伝わっている
資料提供:佐渡芸能アーカイブ

DATA & ACCESS

所 草苅神社(新潟県佐渡市羽茂本郷) 交 小木港から車で10分

開催日 毎年7月下旬の最終土・日曜

麻生祇園馬出し祭
あそうぎおんうまだしまつり

茨城県行方市 MAP P.347D1

神輿に追いかけられて激しく疾走する馬と一体になる

初日の宵祭には、神輿を先頭に馬にまたがった稚児、神職が列をなして街を練り歩く。2日目の本祭では、ヤマタノオロチに見立てた馬と神輿による激しい戦いが繰り広げられる。神輿に追いかけられ激しく暴れ馬場を駆け抜けていく馬の様子は大迫力。

DATA & ACCESS

☎0291-35-2111(行方市商工観光課) 所麻生八坂神社(茨城県行方市麻生420) 交東関東自動車道・潮来ICから車で25分

1 暴れる馬をヤマタノオロチに、神輿を須佐之男命に見立てて戦いを行う
2 若衆が馬と一体になり馬場を激しく駆け抜ける
3 藁で作られた馬を引く子ども

開催日 毎年7月下旬

遠州新居手筒花火
えんしゅうあらいてづつはなび

静岡県湖西市 MAP P.346A3

一気に数十本の火柱が乱れ立つ「猿田彦煙火」は壮観

ほら貝、太鼓、笛が鳴り響くなか、一度に数十本の手筒花火が乱立する。一晩で約1000本もの手筒花火などが奉納される盛大な神事。手筒花火の作成は竹切りから梨粉(黒色火薬)詰めまですべて地元の人たちの手で行われており、伝統術やお囃子などが連綿と受け継がれている。

DATA & ACCESS

☎053-594-1111(湖西市新居支所地域課) 所新居諏訪神社(静岡県湖西市新居町新居137) 交JR新居町駅から徒歩20分

1 男衆が迫力のある花火を次々と打ち上げ、火の粉が降り注ぐなかを練り歩く

開催日 毎年7月第2土曜を含む3日間

天狗の火渡り
てんぐのひわたり

北海道古平町 MAP P.338B2

太鼓と笛の音が響くなか天狗が燃え盛る火を渡る

大漁と漁業・海の安全を祈って行われる。天狗の面を被り、朱色装束の「猿田彦」の先導で街中を歩き御神体を清める儀式。約3mほどの高さの火柱の中、猿田彦は火の粉を蹴散らしながら火渡りを3度行う。続けて奴行列、神輿、獅子舞も火渡りすると、祭りは最高潮に。

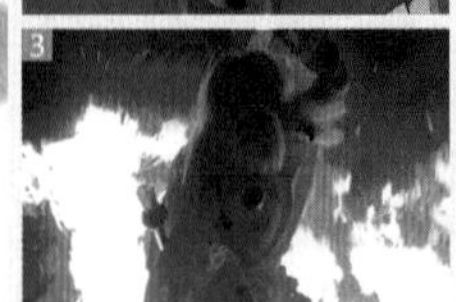

DATA & ACCESS

☎0135-42-0148(琴平神社) 所琴平神社(北海道古平町新地町86) 交JR余市駅から北海道中央バス・積丹余市行きで36分、古平新地町下車、徒歩5分

1 斎場には多くのカンナ屑が敷き詰められそこに火が放たれる
2 猿田彦を務めるのは町内の30～40代の男性。3年で替わる
3 神輿行列のクライマックスに天狗が火を渡り祭りを〆る

開催日 毎年11月23日

強卵式
ごうらんしき

栃木県栃木市 MAP P.347C1

天狗がすすめるお酒や生卵をお断りする風変わりな行事

神主のお祓いを受け拝礼をしたあと、正座をして控える裃(かみしも)姿の頂戴人たち。一升瓶の酒や大きな器に山盛りになった生卵を神の使いである天狗がすべて食べ尽くせと責め立てるが、頂戴人たちは辞退する。鷲宮神社に祈願するときには鶏肉や卵を断たなければならないという故事にちなんだ儀式。

1 山盛りになった生卵を「1つ残らず食べ尽くすのじゃ」と天狗に責め立てられるが、神さまにお供えするために卵を口にせず辞退

DATA & ACCESS

☎0282-27-1419(鷲宮神社) 所鷲宮神社(栃木県栃木市都賀町家中451-2) 交東武・野州大塚駅から車で5分

開催日 毎年8月2日

加賀美流騎馬打毬
かがみりゅうきばだきゅう

青森県八戸市 MAP P.341C2

馬に騎乗したまま毬杖を操り武芸を競い合う

長者山新羅神社の桜の馬場で行われる古式馬術。騎乗する馬はすべて北海道和種で、衣装や馬具も古式に則っている。奉納は3回戦形式で行われ、8人の騎馬武者がそれぞれ赤軍と白軍の4騎ずつに分かれ、騎乗したまま毬杖を操って毬を門にめがけて放ち、武芸を競う。4つの毬を早く毬門に入れたほうが勝ち。

1 打毬は現在宮内庁、山形県の豊烈神社と、長者山新羅神社の3カ所でのみ行われている

DATA & ACCESS

☎0178-23-2420(八戸騎馬打毬会) 所長者山新羅神社(青森県八戸市長者1-6-10) 交JR本八戸駅から徒歩20分

開催日 8月7日

けんか七夕
けんかたなばた

岩手県陸前高田市 MAP P.343D2

山車同士が豪快にぶつかり合い「けんか」が繰り広げられる

山から切り出した太い藤蔓で杉の丸太を山車に縛り付け固定し、山車と山車を荒々しくぶつけ合う、激しい祭り。山車に取り付けられた綱を相手の山車の背後に伸ばし、「引けー！」という大きなかけ声とともに勢いよく綱を引っ張る。2台の山車が衝突すると、山車の中からお囃子が勢いをさらに活気づける。

1 ライトアップされた山車の灯りが幻想的な夜のけんか七夕
2 全国的にも例がない動く七夕
3 「かじ棒」と呼ばれる長い丸太のついた山車

DATA & ACCESS

☎0192-54-5011(陸前高田市観光協会) 所八日町通り 交大船渡線BR・長部駅から徒歩30分

群馬県ふるさと伝統工芸品

高崎だるま

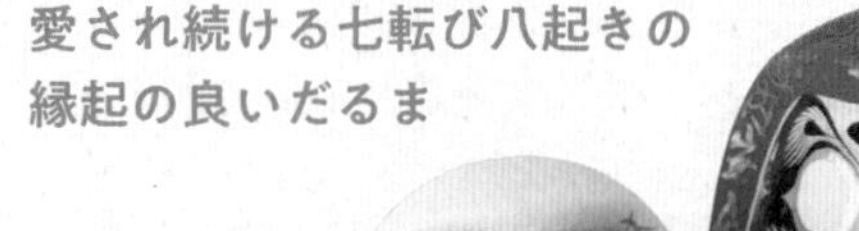

　日本における吉祥を顔に表現しただるま。お腹には「福入」、両肩には「家内安全」「商売繁盛」「大願成就」「目標達成」などの願いを込めて金文字を書く。七転び八起きといわれ、いくら転がしてもすぐに起き上がる。重心が安定した形は心の持ち方を示し、落ち着いた心と忍耐力を表す。

1 眉毛は「鶴」、鼻から口ヒゲは「亀」で描かれ、さまざまなサイズがある　2 腹には金文字で「福入」の願いが描かれる　3 1月1～2日に高崎駅前で催される「高崎だるま市」

ここで購入できます

群馬県達磨製造協同組合

ぐんまけんだるませいぞうきょうどうくみあい

☎027-386-5770 所 群馬県高崎市中豊岡町丙28 営休交P 組合員各店舗に準ずる
https://takasakidaruma.net

犬っこまつりで販売

湯沢の犬っこ

400年の伝統を持つ雪まつりの象徴

　湯沢地方の民俗行事「犬っこまつり」で販売される、しんこ細工の犬の置物。元和(1615～1624)の頃、湯沢の殿さまが大盗賊を退治した折、米の粉で小さな犬っこなどを作らせて旧小正月の晩に家の入口や窓々に供えて祈念したのが祭りのはじまり。現在は雪で作ったお堂の中にしんこ細工の犬っこを置き、餅や甘酒などを供える。

1 うるち米を粉にした「しんこ」を水で混ぜて蒸したもの　2 家内の盗難避け、魔除けのために餅や酒とともに供える

ここで購入できます

湯沢犬っこまつり

ゆざわいぬっこまつり

☎0183-73-0415(湯沢市観光物産協会) 所 秋田県湯沢市沖鶴沖鶴140 湯沢市総合体育館(犬っこまつり会場) 営 毎年2月の第2土曜と翌日曜 交 湯沢横手道路・湯沢ICから車で5分 P あり

子どもの成長を祈るもの、健康長寿など各地に伝わる厄除けの郷土玩具たち。

青森県の伝統工芸品

弘前の金魚ねぷた

昔、農民が夏の忙しい時期に眠気を振り払うため、睡魔を灯籠や船などに乗せ、川に流した「ねむり流し」という行事から発展したねぷたまつり。津軽弁で「眠い」ことを「ねぷた」ということが名の由来。現在では子どもたちが提灯のように持ち歩くため、金魚ねぷたが多く作られている。

1 津軽藩ねぷた村では金魚ねぷたの絵付けを体験することができる 2 丸い目がとても可愛らしい金魚形の提灯 3 ねぷたに明かりを灯すと温かい雰囲気に

ここで購入できます

津軽藩ねぷた村
つがるはんねぷらむら

☎0172-39-1511 所青森県弘前市亀甲町61 営9:00～17:00 休なし 交JR弘前駅から車で10分 Pあり
http://neputamura.com/

夏を感じられる真っ赤な金魚の提灯

学業成就のお守り

木彫りの鷽鳥御守

埼玉県の久伊豆神社では、初天神(1月25日)に「鷽替神事(うそかえしんじ)」が行われる。鷽は天神さまの鳥といわれるのは、漢字が「学」の旧字体「學」と似ていること、無数のハチの大群に襲われた菅原道真公を救ったという逸話によるもの。鷽替神事では前年にあった災いや凶事を「うそ」として、吉・幸運に替わるよう祈念。神事のあとは木彫りの鷽鳥御守が頒布される。

ここで購入できます

久伊豆神社
ひさいずじんじゃ

☎048-756-0503 所埼玉県さいたま市岩槻区宮町2-6-55 開9:00～16:00 休なし 交東北自動車道・岩槻ICから車で10分 Pあり

前年の凶を「うそ」にして吉に変える

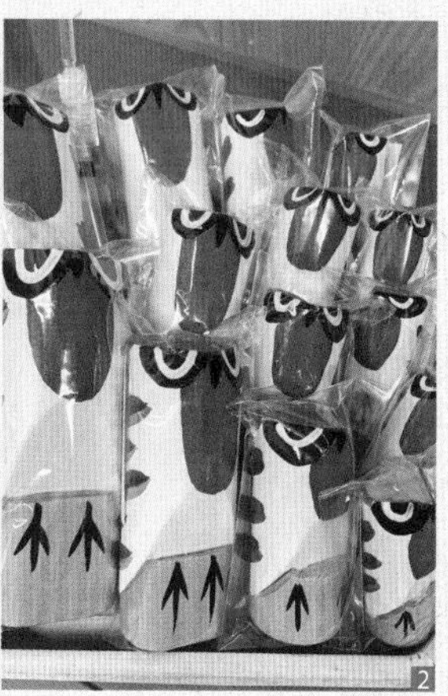

1「鷽替神事」で授与される木彫の鷽。大きさは4種類
2「鷽替神事」は菅原道真公を御祭神とする神社で行われる行事で、福岡県の太宰府天満宮がはじまり

群馬県郷土伝統民芸品

獅子頭

子どもの疳（かん）の虫や厄を喰い切る神獣

神功皇后が幼い応神天皇に高麗国から献上された唐獅子を与えたところ、獅子を大切にし思いやりのある子どもに成長したという神話から、疳の虫や厄を喰い切る神獣として伝わっている。張子の獅子頭は、子どもの厄切り、虫切りの縁起物とされ、祖父母から孫へ与えるという習慣が残っている。

1 頭頂部の羽の色が赤、黄、緑、紫、黒の5色展開
2 御祭神である神功皇后にゆかりがある山名八幡宮の象徴

ここで購入できます

山名八幡宮

やまなはちまんぐう

☎027-346-1736 所群馬県高崎市山名町1510-1 開休料参拝自由 交上信電鉄·山名駅から徒歩3分 Pあり
https://juyosho.yamana8.net/

会津地方の郷土玩具

赤べこ

働き者の牛たちが幸運を運ぶ

400年前の大地震で倒壊した圓藏寺を再建するために、一生懸命に重たい大きな木材を運ぶ手伝いをした赤毛の牛(べこ)たちに感謝を込めて、忍耐強さと力強さにあやかるよう張子の赤べこが作られるようになった。胴体に描かれた丸い模様は、疫病を受けて治った傷痕を表している。

1 家内安全・無病息災・疫病退散として古来より愛される玩具。頭がゆらゆらと動く可愛らしい姿が人気

ここで購入できます

野沢民芸商店 野沢店

のざわみんげいしょうてん のざわてん

☎0241-45-3129 所福島県西会津町野沢原町乙2147 営10:00～15:30 休不定休 交JR野沢駅より徒歩15分 Pあり
https://nozawa-mingei.com/

アイヌに伝わる神さま

コロポックル

可愛らしい笑顔のアイヌに伝わる神さま

コロポックルとは、アイヌ語で「蕗（ふき）の下の人」の意。アイヌの伝説に出てくる小人の神さまで、昔、アイヌの村が飢えて困っていたとき、毎日のように山の幸を恵んでくれた小人をコロポックルと呼び、いたずらもするが、幸せを運ぶ救いの神さま、願いの神さまといわれている。

ここで購入できます

栗田民芸店

くりたみんげいてん

☎015-483-3618 所北海道弟子屈町川湯温泉2-5-21 営8:30～18:00 休不定休 交JR川湯温泉駅から車で6分 Pあり
http://www.sip.or.jp/~kurita/

1 エンジュの木の特徴を生かし、蕗の淵、眉毛、ヒゲ、足を白く残した彫り方。ひとつひとつ手彫りのためそれぞれが違う顔つき

縁結び祈願の使い駒

忍び駒

岩手県花巻地方で、五穀豊穣、縁結びや子宝などの祈願の使い駒として円万寺観音に伝えられている稲藁で作られた馬人形。素朴さが魅力で、稲藁でかたどられ、色布や鈴で飾られている。人目を忍んで供え、成就後に美しく飾り御礼参りをしたという風習も。

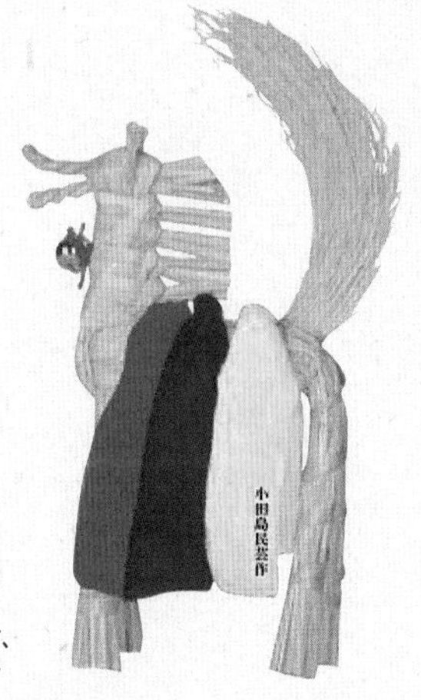

1 稲藁を乾燥させたあと馬形に組み立て、布や鈴で装飾した花巻地方独特の馬人形

夜に人目を忍んで恋のために備える藁の馬

ここで購入できます

小田島民芸所
おだしまみんげいしょ

☎0198-23-4856 所岩手県花巻市材木町10-20 営9:30〜17:00 休不定休 交JR花巻駅から車で4分 Pあり
https://odashimamingei.com/

航海安全のお守り

唐桑のさっぱ舟

「早波舟」と書く、小型の磯舟のこと。大嵐の際に御崎神社の使いである白い鯨に助けられたという伝説から、さっぱ舟を供える風習ができた。

ここで購入できます

御崎神社
おさきじんじゃ

☎0226-32-3029(気仙沼市観光協会 唐桑支部) 所宮城県気仙沼市唐桑町崎浜2-3(御崎神社) 開休参拝自由 交三陸沿岸道路·唐桑半島ICから車で20分 Pあり

唐桑の人々の篤い信仰が込められた小型の船

1「おさきさん」の名で親しまれている御崎神社の祭典(1月の第2日曜)で、地元の人々による境内への出店で販売される縁起物。観光協会唐桑支部でも販売

宇都宮の郷土玩具

黄ぶな

宇都宮に天然痘が流行した昔、病気の平癒を願った村人の一人が郷土の川で鯛のように大きくて変わった黄色いフナを釣り上げた。これを病人に与えたところ病気がたちまち治ったことから、神に感謝し、病気避けとして黄ぶなをかたどり新年に供えるようになったという。

ふっくらと赤い顔が可愛いいフナの土鈴

1 黄ぶなの顔は厄除けや病気避けの意味がある赤色をしている　2 3 箸置きやストラップ、キーホルダー、ぬいぐるみなどのグッズになっており、宇都宮みやげとしても人気

ここで購入できます

ふくべ洞
ふくべどう

☎028-634-7583 所栃木県宇都宮市大通り2-4-8 営10:00〜18:00 休日曜、祝日 交JR宇都宮駅から徒歩7分 Pなし
https://fukube-do.com/

米沢の伝統工芸

お鷹ぽっぽ

笹野一刀彫という、「サルキリ」と呼ばれる独特の刃物一本だけで材料となる「コシアブラ」の木を削り出し、鮮やかに塗って仕上げる伝統工芸。お鷹ぽっぽの「ぽっぽ」とはアイヌ語で「玩具」という意味で、魔除けや商売繁盛の守り神、「禄高を増す」縁起ものとして親しまれてきた。

1 一本の刃物で木を削り出し表情を描き入れてタカに命を吹き込む　2 タカ以外にもフクロウや丸クジャクなどさまざまな作品が並ぶ笹野民芸館

上杉鷹山の禄高(ろくだか)があるように

ここで購入できます

笹野民芸館
ささのみんげいかん

☎0238-38-4288 所山形県米沢市笹野本町5208-2 営10:00〜16:00 休火曜、元日 交JR南米沢駅から車で5分 Pあり
http://yonezawanet.jp/sasano-fom/
(笹野民芸館)

裸押し合い祭りの魔除け

浦佐猫面

新潟県南魚沼市浦佐にある普光寺・毘沙門堂の裸押し合い祭りに由来する魔除けの郷土玩具。毘沙門堂の裏山に棲む化け猫を退治する際、裸で押し合う村人たちに驚き、潜んでいた梁から落ちてボコボコに踏み付けられたことから顔が歪んだユニークな面となった。

1 手漉き和紙を張り合わせ、手作業で復元された猫面　2 現在作り手はいないが、早津ギャラリーで復元している

踏まれて顔がボコボコになった化け猫の面

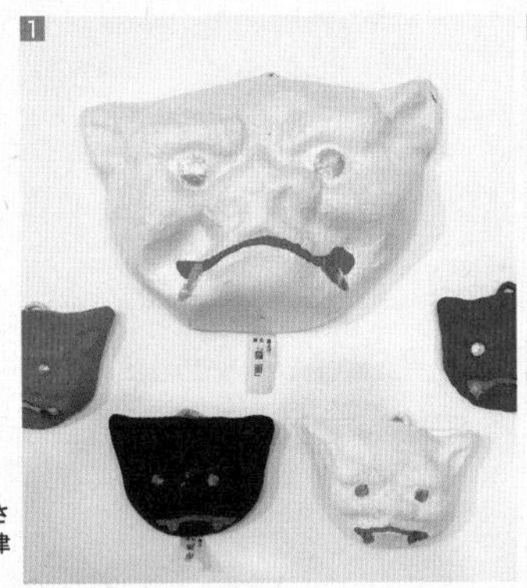

ここで購入できます

早津ギャラリー
はやつぎゃらりー

☎025-792-1451 所新潟県魚沼市青島1501-16 営10:00〜17:00(日曜のみ開館) 休不定休 交関越自動車道・小出ICから車で7分 Pあり

高柴デコ屋敷の伝統玩具

子育て木馬

「高柴デコ屋敷」と呼ばれる家々で今日でも作られている、木彫りの小さな馬。これで遊ぶ子どもは健康に育ち、麻疹(はしか)・疱瘡(ほうそう)が軽く済むといわれている。制作は心が整い、落ち着き、集中できるときのみで、制作しているところは誰にも見られてはならないとされた。

1 大豆を三粒エサとして与えると子宝に恵まれるといわれている　2 三春の殿さまの「高柴村製木馬伝来の記」の版木が今も残っている

子どもの成長を願う大切なお守り

ここで購入できます

橋本広司民芸
はしもとひろじみんげい

☎024-971-3900 所福島県郡山市西田町高柴41 営9:00〜17:00 休無休 交磐越自動車道・郡山東ICから車で5分 Pあり

水難除けのお守り

麦藁蛇

水による災害から守ってくれるお守り

駒込の百姓喜八が夢告げにより疫病退治、腹痛除けのお守りとして広めた。蛇は水神である龍の使いと考えられ、蛇をモチーフにした麦藁蛇を水道の蛇口や水回りに祀ることにより、水難から守られ、日々の生活を無事安泰に過ごせるとされている。

1 蛇が口を開き赤い舌を出している姿を表している　2 富士山の山開きに合わせて行われる山開き大祭で頒布される

ここで購入できます

駒込富士神社
こまごめふじじんじゃ

☎03-3823-7894 所東京都文京区本駒込5-7-20 営休参拝自由 交各線・駒込駅から徒歩10分 Pなし

江戸文化を伝える郷土玩具

ざるかぶり犬

「犬」に「竹」を乗せて「笑」

犬に竹のざるをかぶせた子供や家のお守り。漢字の「竹」に「犬」で「笑」となることから笑門来福の縁起物として親しまれる。またざるは水を通すことから子供の鼻詰まりを治して、かんの虫をおさえるおまじない意味も含まれている。

1 ざるをかぶった愛らしい姿。写真のざるかぶり犬は手のひらサイズ　2 いせ辰は、江戸千代紙の専門店として江戸時代末に開業した老舗

ここで購入できます

いせ辰 谷中本店
いせたつ やなかほんてん

☎03-3823-1453 所東京都台東区谷中2-18-9 営10:00～18:00 休無休 交地下鉄・千駄木駅から徒歩5分 Pなし
https://www.isetatsu.com/

八幡宮の縁起物

鶴岡八幡宮の白鳩笛

鳩の鳴き声に似た音が鳴る白鳩の笛

古くから八幡神のお使いとされてきた鳩になぞらえて奉製された磁器製の白鳩笛。鶴岡八幡宮の楼門には二羽の鳩の形で「八」の字が掲げられている。尾羽根にある吹き口から空気を送ると鳩の鳴き声のような音が鳴る。

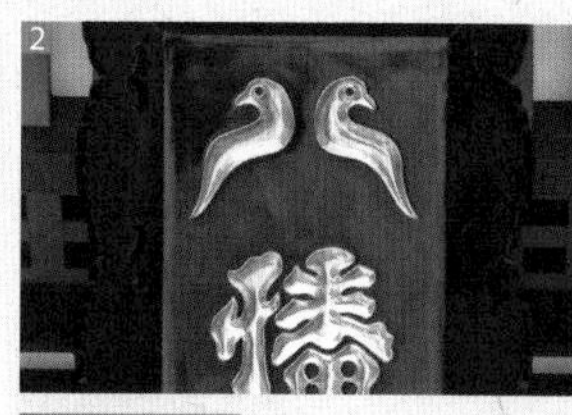

1 丸いフォルムが可愛らしい鳩の笛。鶴岡八幡宮にはほかにも「鳩みくじ」や「鳩鈴守」など、鳩モチーフの授与品が　2 本宮楼門の額の「八」の字は二羽の鳩の形

ここにあります

鶴岡八幡宮
つるがおかはちまんぐう

☎0467-22-0315 所神奈川県鎌倉市雪ノ下2-1-31 開6:00～20:30 休なし 交JR鎌倉駅から徒歩10分 Pあり

北海道神宮周辺

判官さま

北海道神宮の境内にあり、参拝客休憩所を兼ねた店舗。餡が入った焼き餅「判官さま」は神宮茶屋店でしか購入できない店舗限定品。参拝後に味わいたい。

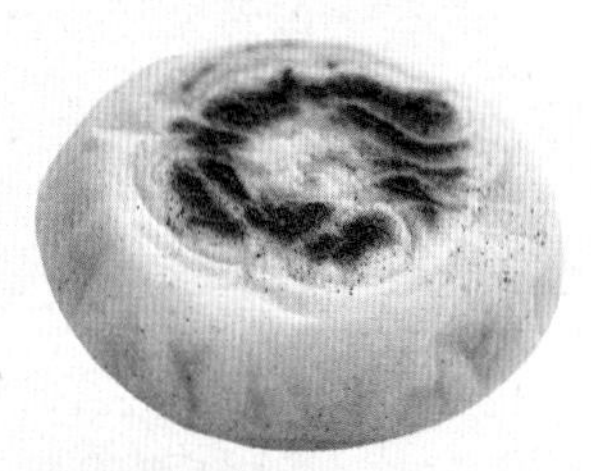

ここで購入できます

六花亭神宮茶屋店

ろっかてい じんぐうちゃやてん

☎0120-12-6666 所北海道札幌市中央区宮が丘474-48 営9:00～17:00※季節により変動あり 休無休 交地下鉄・円山公園駅から徒歩15分

北海道神宮周辺

御神酒 神宮の梅

北海道神宮の境内梅林の梅を使った梅酒。手稲山系の伏流水を使用。北海道神宮の梅林の梅の木は約120本で、桜と同時期に咲く。

ここで購入できます

北海道神宮

ほっかいどうじんぐう

☎011-611-0261 所北海道札幌市中央区宮ヶ丘474 開9:00～閉門まで 休なし 交地下鉄・円山公園駅から徒歩15分

善光寺周辺

門前そば

参詣者がひと息つくための茶屋から始まった「門前そば」。厳選されたカツオ節を惜しみなくたっぷりと使った独特の風味のだしは、そばとの相性も抜群。

ここで味わえます

そば処 小菅亭

そばどころ こすげてい

☎026-232-2439 所長野県長野市東之門町367 営11:00～14:30(LO) 休不定休 交JR長野駅からアルピコ交通バス・善光寺線で8分、善光寺大門下車、徒歩5分

善光寺周辺

九九福

国産花豆入りの餡にシナモン、ジンジャーを練り込んだ善光寺御公許品。善光寺山門正面の仲見世通りにあり、御公許品や和洋菓子、地酒が揃う。

ここで購入できます

九九や旬粋

くくやしゅんすい

☎026-235-5557 所長野県長野市元善町486 営9:00～17:00 休無休 交JR長野駅からアルピコ交通バス・善光寺線で8分、善光寺大門下車、徒歩5分

善光寺周辺

七味唐からし

280余年もの歴史を持つ七味唐辛子の老舗・八幡屋礒五郎。秘伝の調合で香りのなかに辛さが引き立つ七味が名物。大正時代から続く赤金のブリキ缶のデザインも人気。

ここで購入できます

根元 八幡屋礒五郎

ごんげん やわたやいそごろう

☎0120-156-170 所長野県長野市大門町83 営9:00～18:30 休無休 交JR長野駅からアルピコ交通バス・善光寺線で8分、善光寺大門下車、徒歩1分

善光寺周辺

玉だれ杏

長野凮月堂の定番商品。杏羹を白玉の求肥でくるんだ製菓。明治19年(1886)創業。善光寺の表参道通りに面しており、散策がてら、玉だれ杏目当てに立ち寄る人も多い。

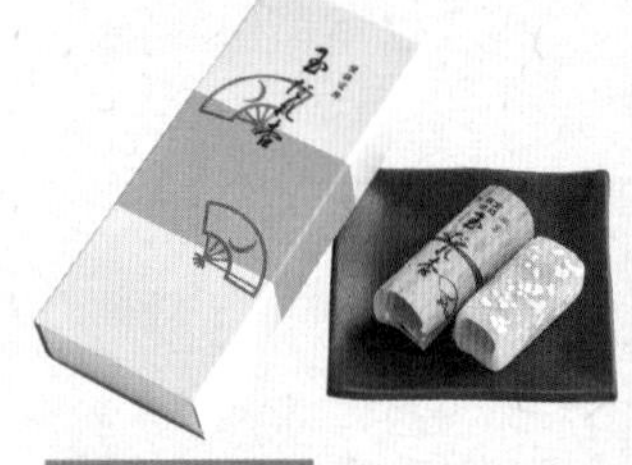

ここで購入できます

長野凮月堂

ながのふうげつどう

☎026-232-2068 所長野県長野市大門町510 営9:00～18:00 休無休 交JR長野駅からアルピコ交通バス・善光寺線で8分、善光寺大門下車すぐ

昔から参拝者の多い神社仏閣の周辺には、今も人気のグルメスポットが数多い。

明神池周辺

イワナの塩焼き

囲炉裏で焼く香ばしいイワナの塩焼きはここでしか味わえない逸品。小屋の前を流れる清流の生け簀で育ったイワナを一本一本串に刺してていねいに焼き上げる。

ここで購入できます

嘉門次小屋
かもんじごや

0263-95-2418 所長野県松本市安曇上高地4469-1 営8:30～16:00 休11月16日～4月中旬 交上高地バスターミナルから徒歩1時間10分

日光周辺

霊泉で淹れた抹茶

古くから、目の病気に効き知恵がつき若返るといわれる、神苑の奥にある日光の名水「二荒霊泉（ふたら）」で淹れた抹茶。霊水を持ち帰ることもできる。

ここで味わえます

あずま屋
あずまや

0288-54-0535 所栃木県日光市山内2307 日光二荒山神社内 営8:00～17:00 11～3月9:00～16:00 休無休 交JR日光駅／東武日光駅から東武バス･中禅寺湖方面行きで7分、西参道下車、徒歩7分

日光周辺

人形焼

三猿や眠り猫、日光の名彫刻にちなんだおいしい人形焼が集結。磨宝卵、北海道産小豆、鬼ザラ糖など吟味を重ねた素材を使い、やさしく奥深い味に。

ここで購入できます

みしまや
みしまや

0288-54-0488 所栃木県日光市石屋町440 営9:00～17:00 休木曜(臨時休業あり) 交JR日光駅／東武日光駅から徒歩8分

日光周辺

ようかん

200年前と同じ手練りで作る逸品。1日30本限定。小豆などの厳選材料と日光の名水のみを用い、添加物を一切使わずに作るようかんや銘菓は、まさに日光菓子の真髄。

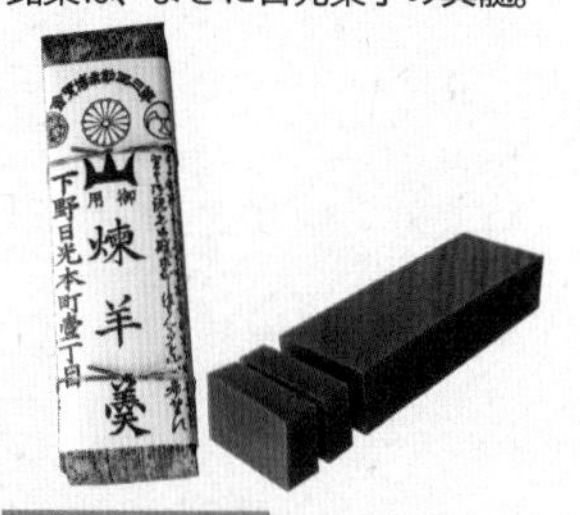

ここで購入できます

綿半 本店
わたはん ほんてん

0288-53-1511 所栃木県日光市安川町7-9 営9:00～17:00 休水曜 交JR日光駅／東武日光駅から東武バス･中禅寺湖方面行きで3分、総合会館前下車、徒歩3分

日光周辺

日光湯波

なめらかな生湯波や揚巻き湯波に加え、湯波菓子などのオリジナル湯波が豊富。特に香ばしい串湯波、佃煮などは湯波の味わいを広げる逸品だ。

ここで購入できます

日光湯波 ふじや
にっこうゆば ふじや

0288-54-0097 所栃木県日光市下鉢石町809 営8:30～17:30 休水曜不定休 交JR日光駅／東武日光駅から東武バス･中禅寺湖温泉行きで3分、日光郷土センター前下車、徒歩3分

鬼怒川温泉周辺

温泉まんじゅう

黄門さまゆかりの葵紋まんじゅう。沖縄黒糖入りのやわらかな皮と最高級小豆の餡のコラボが絶妙。鬼怒川温泉での湯浴みの合間に訪れたい銘菓が揃う。

ここで購入できます

おおあみ
おおあみ

0288-77-0133 所栃木県日光市鬼怒川温泉滝543 営8:30～18:00 休水曜(臨時休業あり) 交東武･鬼怒川温泉駅から徒歩15分

修善寺周辺
伊豆十三夜

国の登録文化遺産である新井旅館「甘泉楼」の一階部分を改築してできた商業施設の一角にある、郷土銘菓の販売店。店頭で「十三夜焼き」(大判焼)を焼いて販売。

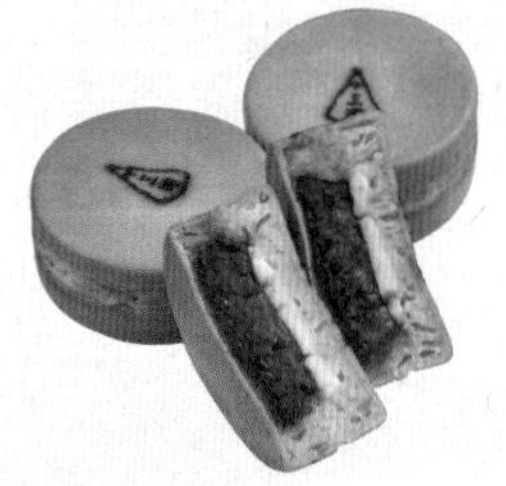

ここで購入できます

甘泉楼
かんせんろう

所静岡県伊豆市修善寺968-3 営10:00～17:00 休不定休 交伊豆箱根鉄道・修善寺駅から東海バス・修善寺温泉行きで7分、修善寺温泉下車、徒歩5分

修善寺周辺
禅寺そば

修禅寺で厳しい禅修行を積んだ僧侶たちが断食のあと、山野で山菜を摘み、山芋を掘り、そばを打って食したという伝承を再現した禅寺そば。

ここで味わえます

禅風亭な丶番
ぜんぷうていななばん

☎0558-72-0007 所静岡県伊豆市修善寺761-1-3 営10:00～15:30(LO) 休木曜 交伊豆箱根鉄道・修善寺駅から東海バス・修善寺温泉行きで7分、修善寺温泉下車すぐ

富士吉田周辺
吉田のうどん

富士山の湧水で打った強烈なコシのある太麺。味噌と醤油の合わせつゆに茹でキャベツのトッピングが特徴。肉うどんには馬肉を使う店が多い。店ごとに特徴がある。

ここで味わえます

桜井うどん
さくらいうどん

☎0555-22-2797 所山梨県富士吉田市下吉田5-1-33 営10:00～14:30 休日曜 交富士急・月江寺駅から徒歩10分

箱根神社周辺
大きな幸せのお福わけ

国産の米粉100%で作るこだわりのかしわ餅は、こし餡、味噌餡、つぶ餡の3つ入り。箱根神社奉納品の二品、箱根の“幸せ”と“エール”を参拝記念のおみやげに。

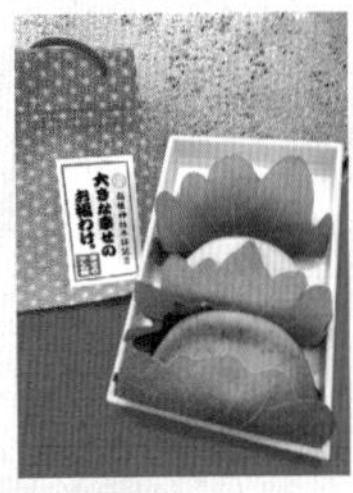

ここで購入できます

権現からめもち
ごんげんからめもち

☎0460-83-5122 所神奈川県箱根町元箱根80-1 箱根神社内 営10:00～17:00(売り切れ次第閉店) 休不定休 交箱根登山鉄道・箱根湯本駅から箱根登山バス・元箱根港行きで30分、箱根神社下車、徒歩10分

浅間大社周辺
あんみつ

富士山の湧き水でじっくり炊いた自慢のあんこに、フルーツもたっぷり入ったあんみつ。夏はかき氷、冬はぜんざいなどのほか、静岡おでんもある。

ここで味わえます

お宮横丁 ぷくいち
おみやよこちょう ぷくいち

☎0544-25-2061 所静岡県富士宮市宮町お宮横丁 営10:00～16:00 休無休 交JR富士宮駅から徒歩8分

忍野八海周辺
角屋の寄せ豆腐

富士山の伏流水と佐賀県産の大豆と天然のにがりを使い、昔ながらの製法で作った、豆乳入りで味わい深い寄せ豆富。黒胡麻、ゆず、シソなどの変わり豆富もある。

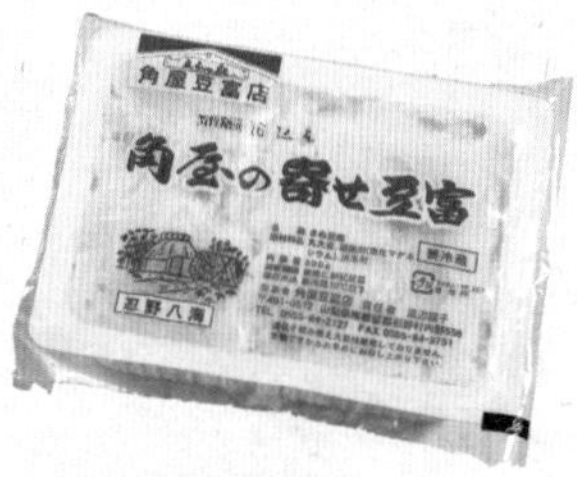

ここで購入できます

豆ふの駅 角屋豆富店
とうふのえき かどやとうふてん

☎0555-84-2127 所山梨県忍野村内野556 営9:00～17:30(冬期は～17:00) 休水曜(8月は無休) 交富士急・富士山駅から富士急行バス・内野行きで20分、承天寺下車すぐ

阿寒湖周辺

鹿丼

阿寒の恵まれた大自然のなかで味わう絶品の鹿肉は上質なものを使用しているため、獣特有の臭みがなくさっぱりと味わえる。特製のタレで味わう鹿丼にやみつき。

ここで味わえます

両国総本店
りょうごくそうほんてん

☎0154-67-2773 所北海道釧路市阿寒町阿寒湖温泉2-1-3 営11:30～19:30LO 休月曜、ほか不定休 交阿寒湖バスセンターから徒歩3分

浅草寺周辺

揚げおかき

目の前で揚げてくれるおかきは、揚げたてを口に含めば、ふわふわ食感がやみつきに。紅花油入り特上オイルも香ばしさの秘密。種類豊富なおかきはおみやげに最適。

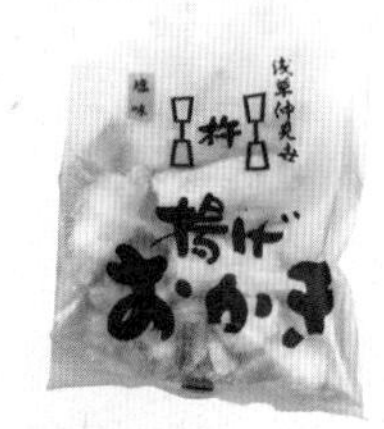

ここで購入できます

仲見世 杵屋
なかみせ きねや

☎03-3844-4550 所東京都台東区浅草1-30-1 営9:00～18:30 休無休 交地下鉄・浅草駅から徒歩5分

浅草寺周辺

芋ようかん

芋問屋をやっていた創業者が、当時高価だった練りようかんをサツマイモを使って作ったのが芋ようかん。着色料や保存料は一切使用していない。

ここで購入できます

舟和 仲見世2号店
ふなわ なかみせにごうてん

☎03-3844-2782 所東京都台東区浅草1-30-1 営9:30～19:00 休無休 交地下鉄・浅草駅から徒歩5分

平泉周辺

餅料理

平泉産もち米・こがねもちを使った餅料理。ずんだなど6種の味を楽しめる藤原三代お餅御膳がおすすめ。平泉名物の餅とわんこそばを食べられる夢御前もある。

ここで味わえます

きになるお休み処 夢乃風
きになるおやすみどころ ゆめのかぜ

☎0191-46-2641 所岩手県平泉町平泉花立11-2 営10:00～18:00 休無休(12～3月は不定休) 交JR平泉駅から徒歩13分

鶴岡八幡宮周辺

鎌倉半月

愛らしい月ウサギの『鎌倉半月』でおなじみの和菓子店。サクっとしたせんべいにクリームを挟んだサクフワ食感が定番の半月は抹茶風味や小倉風味などの種類も。

ここで購入できます

鎌倉五郎本店
かまくらごろうほんてん

☎0120-151-560 所神奈川県鎌倉市小町2-9-2 営10:00～18:00 休無休 交JR鎌倉駅から徒歩3分

江島神社周辺

丸焼きたこせんべい

新鮮なイイダコを2～3匹、まるごと200℃のプレス機で挟むことでタコの旨みがギュッと凝縮し、香ばしい味わいに。散策のお供にぴったり。

ここで購入できます

あさひ本店
あさひほんてん

☎0466-23-1775 所神奈川県藤沢市江の島1-4-8 営9:00～18:00 休木曜、荒天時 交小田急・片瀬江ノ島駅から徒歩10分

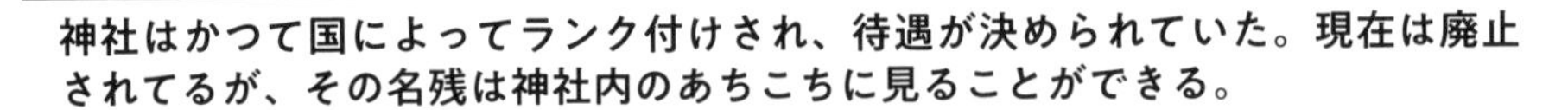

神社仏閣の基本　神社の社格

神社はかつて国によってランク付けされ、待遇が決められていた。現在は廃止されてるが、その名残は神社内のあちこちに見ることができる。

平安時代に始まった社格制度

「社格」とは、神社のランクのことで、国家が神社の待遇を定めるために設けた。社格の歴史は古く、源流は『日本書紀』に認めることができるが、制度として整えられたのは、律令制度下の平安時代。その制度下では、神事を司る神祇官が管轄する「官幣社」と、国司(現在の知事にあたる)が管轄する「国幣社」が設けられ、それぞれが大社と小社に分けられた。なお、官幣社と国幣社は、合わせて「官社」あるいは「式内社」と呼ばれている。式内社の一覧である『延喜式神名帳』には、2861社が記載されている。

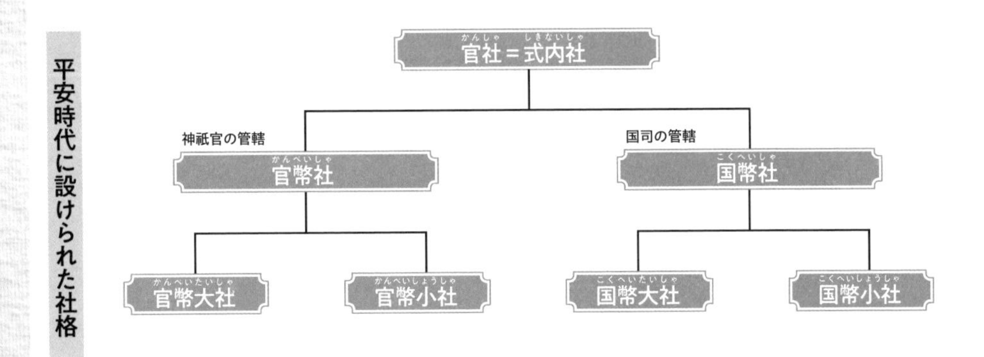

明治時代の旧社格は名残をとどめる

明治4年(1871)、全国の神社を、神祇官が管轄する「官社」と、地方官が管轄する「諸社」に分ける近代社格制度が整えられた。この制度では、官社は「官幣社」「国幣社」「別格官幣社」に分けられ、官幣社、国幣社は、それぞれ大・中・小に細分されていた。一方、諸社には、府社、県社、郷社などがあった。社格制度は、神社と国家を切り離す方針に基づき、昭和21年(1946)に廃止された。しかし、各神社の由緒や入口の石柱などには社格が記載されていて、参拝客がその神社の歩んできた歴史に思いを馳せる証となっている。

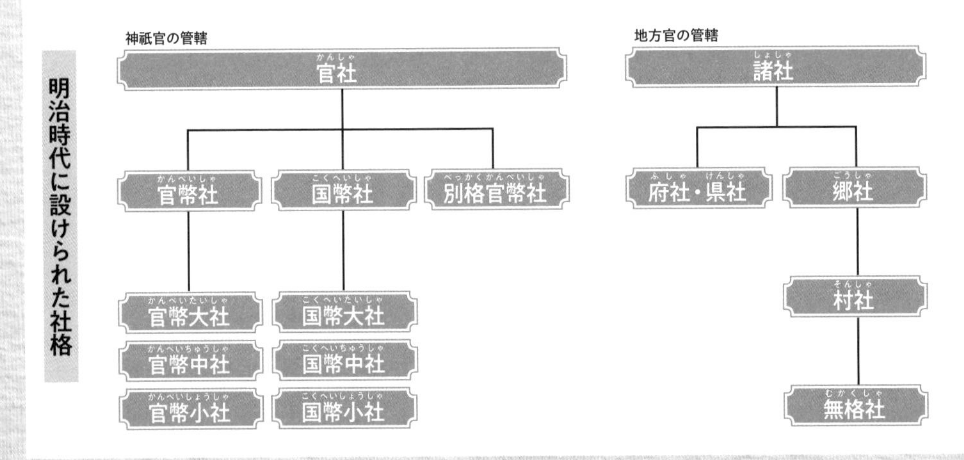

神社仏閣の基本　神社の主な系列

日本では、古くから崇敬を集める神社の分霊が勧請され、全国各地に同じ祭神を祀る、同系列の神社が建てられてきた。系列の一部を紹介する。

稲荷

「お稲荷さん」の名で親しまれる。御祭神は、稲や食物を司る五穀豊穣の神。商売繁盛のほか、家内安全や芸能上達など幅広い御利益でも知られ全国に多くの分社がある。狐は御祭神の眷属だ。

総本宮　伏見稲荷大社（京都府）

伊勢

国の守り神で皇室の祖先神とされる天照大御神を祀る伊勢神宮。御祭神を勧請した神明社（神明宮）が、鎌倉時代から各地に創建。江戸時代には、お伊勢参りが流行し、一大ブームとなった。

総本社　伊勢神宮（三重県）

住吉

航海神・住吉三神（底筒男命、中筒男命、表筒男命）を御祭神とする。神功皇后は、住吉三神の加護によって新羅遠征から無事に帰還できたことに感謝して、住吉大社を創建したとされている。

総本社　住吉大社（大阪府）

八幡

最初に神仏習合がなされた神とされ、応神天皇を八幡神として祀る。奈良時代に仏教保護や護国の神とされ、各地の寺の鎮守に。源氏の氏神となると武家を守る軍神、勝負神として広まった。

総本宮　宇佐神宮（大分県）

出雲

国土開拓神であり、農業神、医薬神とされる大国主命を御祭神とする。仏教の守護神である大黒天と習合され、七福神のひとつに。中世以降は福徳や縁結び、子授けの神としても崇敬される。

総本社　出雲大社（島根県）

祇園

平安時代に京の都で疫病が頻発し、それを封じる疫病神・素盞嗚尊を祀る八坂神社が創建された。のちに疫病流行の多い都市部を中心に、同系列の弥栄神社や祇園神社、素盞嗚神社などが建てられた。

総本社　八坂神社（京都府）

天神

菅原道真公を祀る。道真は優秀な学者で政治家だったが大宰府に左遷され、失意のまま没する。その墓所に太宰府天満宮が建てられた。学問の神（天神）として、各地に天満宮・天神社が建つ。

総本社　太宰府天満宮（福岡県）
北野天満宮（京都府）

熊野

熊野本宮大社、熊野速玉大社、熊野那智大社の熊野三山を中心とする信仰。院政時代に白河上皇の庇護を受けた。熊野の地が延命長寿祈願や浄土信仰を生み、熊野神社が各地に勧請された。

総本宮　熊野本宮大社／熊野速玉大社／熊野那智大社（和歌山県）

春日

春日神社の総本社である春日大社は、鹿島神宮や香取神宮から神々を奈良に迎えたのが始まり。平城京の守護神とされた。藤原家の隆盛とともに発展。各地で春日講が組織されて全国に広まった。

総本社　春日大社（奈良県）

白山

福井、石川、岐阜の3県にまたがる霊峰・白山が信仰対象。奈良～平安期に山岳信仰の修験場となり、登山口に馬場ができた。そのひとつ、加賀馬場（石川県）が白山比咩神社の前身とされる。

総本宮　白山比咩神社（石川県）

東日本エリアの総本社は→P.175

神社の建築

神社の境内には、祭神が宿る本殿を中心として、複数の社殿が存在する。神域と俗界の境界にあるのが鳥居だ。境内には案内図が掲げられている場合が多いので、参拝の前にチェックをしておこう。

神社の主な建物

入口に鳥居が立ち、参道の先に拝殿、その背後の最奥部に本殿が建つのが一般的な配置。神楽殿が建つ神社もある。鎮守の森に囲まれている神社が多い。神社の建造物をまとめて社殿という。

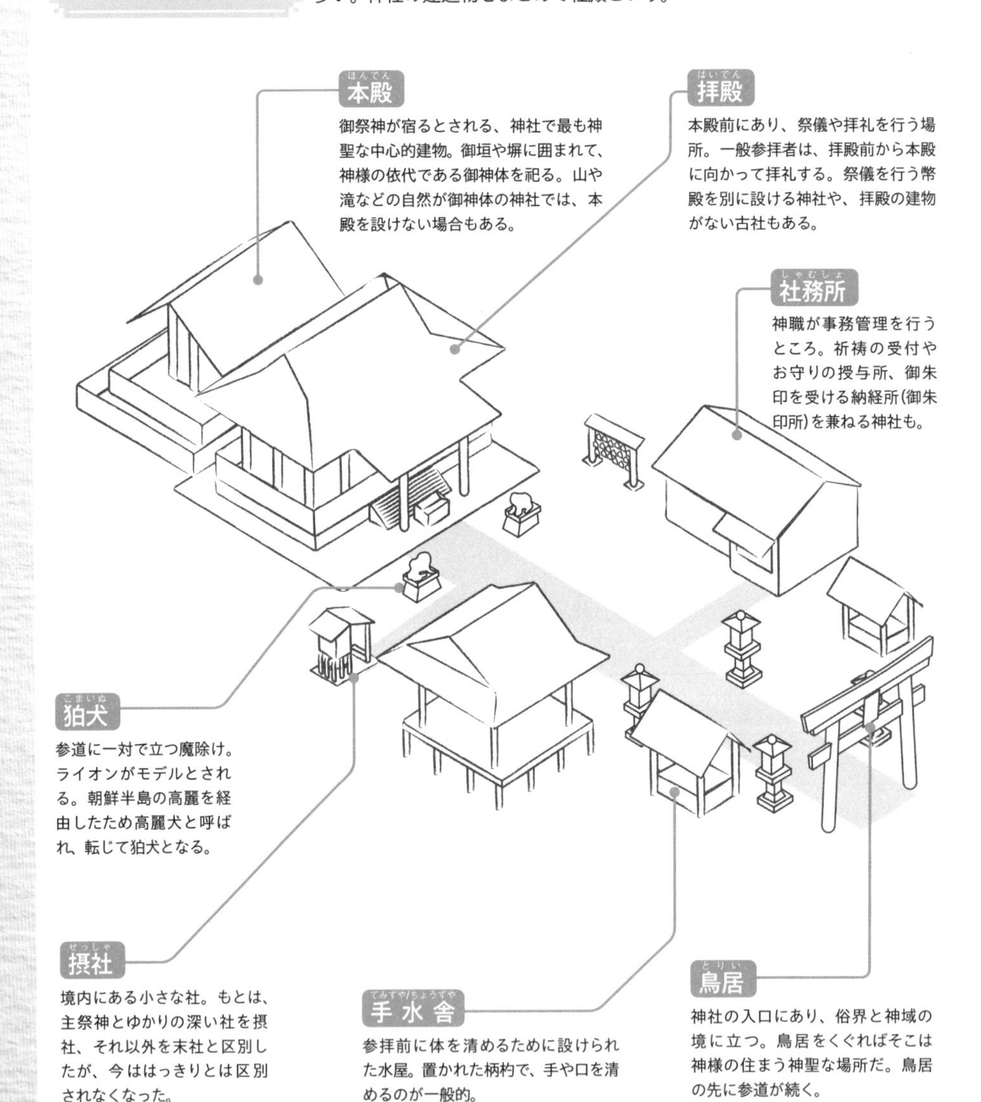

鳥居の様式

２本の柱と横木という鳥居の基本構造は変わらないが、様式は神明系と明神系に大きく分かれる。部材の形や組み合わせで、さまざまな変形鳥居が存在する。一の鳥居、二の鳥居など、複数の鳥居を持つ神社もある。

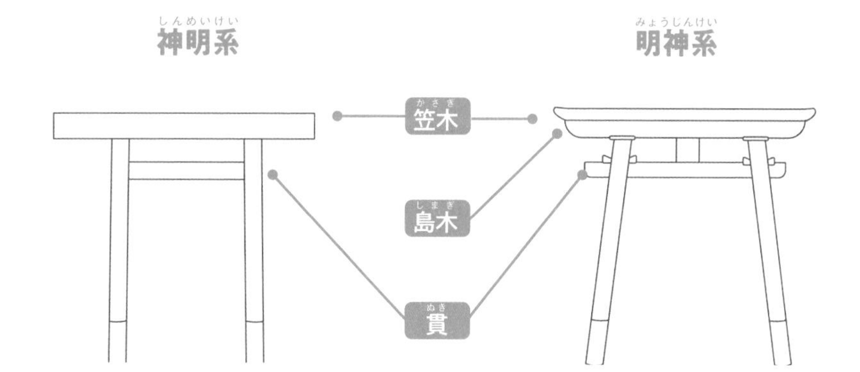

2本の柱に上方の横木は1本(笠木)。笠木は反らずに平行になっているのが特徴。下方にある横木(貫)は、柱の外に飛び出ない。伊勢神宮の鳥居は、基本的な神明系の代表例。

2本の柱に上方の横木は2本(笠木と島木)。笠木に反りがあるのが特徴。貫が飛び出ている例もあり、抜けないようにくさびを打ってある。嚴島神社の鳥居が明神系の代表。

社殿の様式

穀物倉庫から発展した神明造と、古代の家屋が原型の大社造がある。どちらも寄棟造りで、屋根の上にY字型の千木(ちぎ)、数本横たわる鰹木(かつおぎ)がある。ここから派生して流造(ながれづくり)や春日造(かすがづくり)、権現造(ごんげんづくり)など多くの神社建築が生まれた。

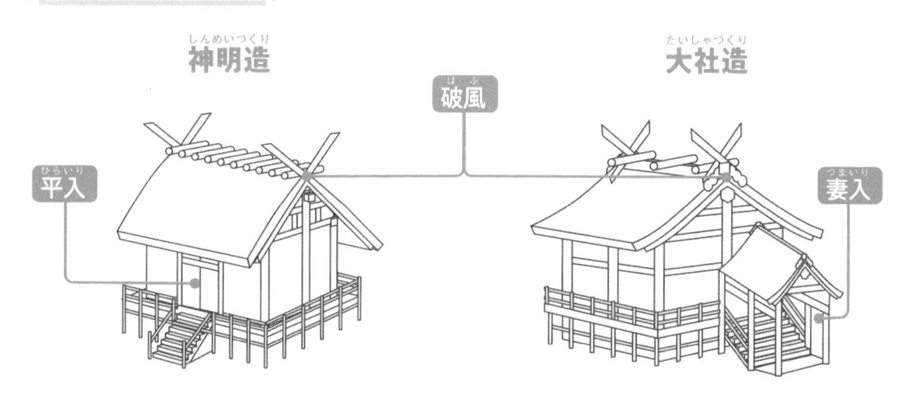

弥生時代の高床式の穀物倉庫が原型とされる。屋根の斜面側に入口がある「平入」が最大の特徴。素木造りで屋根は直線的、正面は横長の場合が多い。伊勢神宮が代表的な建築。

古代の宮殿が原型とされる。屋根の面がない破風側に入口がある「妻入」が特徴。中央に柱があるため入口を片側に寄せた、素木造り、檜皮葺きの屋根を持つ。出雲大社が代表建築。

日本の神々

日本の八百万の神々は、『古事記』や『日本書紀』、国内外の神話に登場する「神話の神」と、人間を祭神として祀る「人格神」、および日常生活に結びついた「民間信仰の神」とに分けることができる。

主な神話の神

皇室の祖先とされる太陽神

アマテラスオオミカミ

天照大御神、天照大神

神徳◉国土平安、五穀豊穣など

神々の住む高天原を統治し、天を照らす女神。イザナギノミコトの左眼を浄めたときに生まれた。日本国民の総氏神ともされている。全国各地にある神明神社は、アマテラスを祭神とする。

おもな神社 **東京大神宮** ➡ P.110

乱暴者から怪物退治の英雄へ

スサノオノミコト

須佐之男命、素盞男尊

神徳◉五穀豊穣、厄除開運など

乱暴狼藉をはたらいて、天照大御神が天の岩屋に隠れるきっかけをつくった、荒々しい神。地上界に降りたあとは、怪物・ヤマタノオロチを退治して、一転英雄となる。

おもな神社 **根津神社** ➡ P.87

日本の国土や神々を生んだ夫婦神

イザナキノカミ・イザナミノカミ

伊邪那岐神、伊弉諾神／伊邪那美神、伊弉冉神

神徳◉延命長寿、縁結びなど

2神には、天の浮橋に立って最初の島・淤能碁呂島(おのころじま)を造ったという伝説がある。イザナミノカミは、カグツチノカミを生んで致命傷を負い、黄泉国へ旅立った。

おもな神社 **三峯神社** ➡ P.142

昔話にも登場する国土の支配者

オオクニヌシノカミ

大国主神

神徳◉夫婦和合、病気平癒など

日本の国土「葦原中国(あしはらのなかつくに)」の支配を任された神。たくさんの異名があり、「因幡の白兎」などの伝説にも登場。のちに七福神の大黒天と同一視される。

おもな神社 **神田神社** ➡ P.82

見目麗しい男に姿を変えるヘビ神

オオモノヌシノカミ

大物主神

神徳◉国土平安、五穀豊穣など

奈良・三輪山の神でヘビの姿をしている。『古事記』では、姿を変えて美女・活玉依姫(いくたまよりひめ)のもとに通い、子をなした。ヘビの好物とされる酒と卵が供えられる。

おもな神社 **大神神社(奈良県)**

天孫が見初めた美しい女神

コノハナノサクヤビメ

木花之佐久夜毘売、木花開耶姫

神徳◉火難消除、安産など

天照大御神の孫(天孫)・ニニギノミコトの妻。夫から不貞を疑われ、天孫の子であることを証明するために、燃える産屋の中で無事に出産した。富士山の神でもある。

おもな神社 **富士山本宮浅間大社** ➡ P.18

神々の案内役を務めた土着の神

サルタビコノカミ

猿田毘古神、猿田彦命

神徳◉厄除開運、交通安全など

葦原中国の土着の神(国津神)の1人。天から降った天孫たちの先導役を担い、のちに方角の神、旅行の神としても崇敬される。鼻が長く、天狗のような姿をしているとされる。

おもな神社 **椿大神社(奈良県)**

歴史の古い神仏習合の代表例

ホンダワケノミコト

品陀和氣命、誉田別尊

神徳◉勝運招来、国家鎮護など

第15代応神天皇。仏教の仏と同一視された習合神のひとつで、八幡神(八幡大菩薩)はこの神のことをいう。武家の棟梁・源氏の守護神であり、武神として信仰されている。

おもな神社 **鶴岡八幡宮** ➡ P.232

牛の頭の面をつけ武装した姿

ゴズテンノウ

牛頭天王

神徳◉疫病退散、厄除けなど

インド発祥の神で、釈迦ゆかりの祇園精舎の守護神。京都の八坂神社はかつて祇園社と呼ばれており、一帯の地名「祇園」は、そこから名付けられた。須佐之男命と同体。

おもな神社 **八坂神社(京都府)**

観音や如来が神として現れた

クマノサンショゴンゲン

熊野三所権現

神徳◉来世加護、病気平癒、現世利益

日本の神々は仏が化身として現れた(権現)とする「本地垂迹(ほんじすいじゃく)」の一例。熊野三山の神々のうち、須佐之男命、伊邪那岐神、伊邪那美神の3柱を指す。

おもな神社 **熊野本宮大社、熊野速玉大社、熊野那智大社(和歌山県)**

主な人格神

江戸幕府を開いた知能明晰な天下人
徳川家康
とくがわいえやす
神徳◉必勝祈願、開運成就など

三河国の松平家に生まれ、尾張の織田信長と結託し三河平定を成し遂げ、武将となる。関ヶ原の戦いでは石田三成を討ち、天下統一を成し、約300年続く江戸幕府を開府した。

おもな神社 日光東照宮 ➡P.38

雷を呼ぶ怨霊から学問の神へ
菅原道真
すがわらのみちざね
神徳◉学業成就、厄除けなど

「天神さま」として崇敬される平安時代の貴族・学者。陰謀で太宰府に左遷され亡くなった無念から、怨霊となる。その祟りを鎮めるために、神として祀られるようになった。

おもな神社 湯島天満宮 ➡P.112

近世日本に多大な影響を与えた思想家
吉田松陰
よしだしょういん
神徳◉厄除け、合格祈願など

幼いときから中国の史書に耽り、江戸にて兵学などを学び、安政4年(1857)に松下村塾を開塾。伊藤博文、高杉晋作といった幕末の志士に政治思想など説き、日本の発展に努めた。

おもな神社 松陰神社 ➡P.241

首を討たれた武将の御霊を鎮める
平将門
たいらのまさかど
神徳◉首上の病気平癒、学業成就など

朝廷に反旗を翻し(平将門の乱)、首を討たれた平安時代の豪族。京都から故郷の関東へ首だけが飛んで帰ったという伝説が残る。平将門やその首を祀る神社が日本各地にある。

おもな神社 神田神社 ➡P.82

主な民間信仰の神

各地の祠にキツネと一緒に祀られる
お稲荷さん
おいなりさん
神徳◉五穀豊穣、商売繁盛など

起源は、民間に信仰されていた稲の神。伏見の稲荷社が京都・東寺の守り神になったのがきっかけで、仏教とともに日本中に広まった。稲荷神の眷属は、ネズミを食べるキツネ。

おもな神社 笠間稲荷神社 ➡P.62

道教や仏教、民間信仰が混じった信仰
庚申さん
こうしんさん
神徳◉開運招福、病気平癒など

人の体から抜け出した虫(三尸・さんし)が、天帝に罪を報告するという、道教思想がルーツの神。庚申さんとして青面金剛や猿田毘古神を祀った庚申堂が全国各地にある。

おもな神社 東京庚申堂(東京都)

夜空に輝く星への信仰から始まった
妙見さん
みょうけんさん
神徳◉国土平安、眼病平癒など

北極星(北辰)や北斗七星を神格化したもので、中国では古くから信仰されてきた。寺院では妙見菩薩、神社では天之御中主神(あめのみなかぬしのかみ)を祀っている。

おもな神社 平井妙見宮(東京都)

宝船に乗った縁起のよい7神
七福神
しちふくじん
神徳◉海運守護、商売繁昌(恵比寿)

インド発祥の大黒天、毘沙門天、弁財天、中国発祥の布袋、福禄寿、寿老人、日本生まれの恵比寿の7神。全国各地に、それぞれの神を祀る寺社を参拝する七福神めぐりがある。

おもな寺 谷中七福神 ➡P.126

授与品と御朱印
じゅよひんとごしゅいん

神社では、お札やお守りといった「授与品」や、参拝の証である「御朱印」をいただくことができる。

お札(神札)を携帯できるように小さくしたのがお守り(守札)。いずれも一年で効力が切れるので、新しいものをいただくようにしよう。

近年は御朱印集めが人気。必ずお参りをしてから授与所を訪れ、できるだけ釣銭のないように、所定の初穂料を用意しておきたい。

日本仏教の分類

日本の仏教は時代とともに大きく３つに枝分かれした。それぞれの宗派が独自の解釈を持ち、また１つの宗派からまた別の思想や解釈を生み出した宗派が登場し、日本仏教は枝葉のように次々と新しい宗派が生まれていった。

日本仏教の分類と歩み

南都六宗

日本仏教の黎明期に流行した6つの宗派

奈良時代に平城京を中心に隆盛していた6つの宗派の総称した呼び名。当時は決まった名称はなく、平安二宗に対して南都六宗とされた。現在までに残っているのは法相・華厳・律宗の3宗。

法相宗（ほっそうしゅう）

総本山は奈良・興福寺と薬師寺。かつては法隆寺も総本山だったが、昭和25年(1950)に離脱した。

華厳宗（けごんしゅう）

総本山は奈良・東大寺。華厳宗は韓国やベトナムにも信仰が広まった宗派のひとつ。

律宗（りつしゅう）

総本山は奈良・唐招提寺。鑑真和上によって唐から伝来したと伝わる。律宗は平安時代に盛んに研究された。

※南都六宗のうち、倶舎宗、成実宗、三輪宗は宗派としては現存していない。

平安二宗

唐で学んだ仏教が日本独自に変化した

唐で宗教を学んだ最澄と空海が帰国し天台宗、真言宗をそれぞれを布教した。天台宗は以後多くの宗派の祖となり、多大な影響を与え、真言宗は日本に密教が知れわたるきっかけになったと伝わる。また平安末期に融通念仏宗や鎌倉時代に時宗が興るなど発展した。

天台宗（てんだいしゅう）

総本山は滋賀・延暦寺。本書では日光山輪王寺(P.44)、浅草寺(P.92)、中尊寺(P.194)、立石寺(P.199)などが属している。

真言宗（しんごんしゅう）

総本山は和歌山・金剛峯寺。本書では成田山新勝寺(P.190)、長谷寺(P.216)、高幡不動尊(P.203)、平間寺（川崎大師）(P.202)など。

日蓮宗（にちれんしゅう）

総本山は山梨・久遠寺(P.197)。池上本門寺(P.102)などが宗派に属している。

浄土宗（じょうどしゅう）

総本山は京都・知恩院。本書では高徳院(P.208)、源覚寺(P.101)が宗派に属している。

浄土真宗（じょうどしんしゅう）

総本山は大阪・大念仏寺。坂上田村麻呂の息子・広野の私邸に日本初の念仏道場である修楽寺が建てられる。

融通念仏宗（ゆうづうねんぶつしゅう）

総本山は京都・東西本願寺。室町時代にかけて石山寺の蓮如が広め、安土桃山時代には武将の庇護を受けるまでの拡大。

鎌倉の名所、鎌倉大仏（高徳院）

空海ゆかりの川崎大師こと平間寺

禅

中国発祥の禅が日本に伝来し流行する

禅は古代サンスクリット語で「心が揺るがなくなった状態」を示し、悟りの形式として考えられてきた。日本では精神統一の形として禅行があり、瞑想し自我を忘れ無になることで新たな境地を知れるとされる。

臨済宗（りんざいしゅう）

総本山は京都・妙心寺。本書では瑞巌寺(P.205)、青龍山 吉祥寺(P.215)、宝徳寺(P.204)など。

曹洞宗（そうとうしゅう）

総本山は神奈川・総持寺。豪徳寺(P.120)、修禅寺(P.205)、恐山(P.164)などが宗派に属している。

黄檗宗（おうばくしゅう）

総本山は京都・万福寺。中国文化との結びつきも強く、書や水墨画に多大な影響を与えたと伝えられる。

仏教の主な宗派

日本に仏教が伝わったのは欽明天皇13年（552）、百済の聖明王に経典などを賜ってから。その後、蘇我氏や聖徳太子が仏教による国家鎮護を進めるなど、日本の仏教は約1400年前から今日まで多くの宗派が信じられている。

主な宗派とその教え

万物の真の姿を追い求め研究する宗派

法相宗　ほっそうしゅう

宗祖 道昭　本尊 釈迦如来
教え 唯識思想

あらゆることの存在は心の働きで説明できると説く教え。唐の時代に大乗仏教のひとつとして創始された。

奈良の大仏の教主となる華厳経の宗派

華厳宗　けごんしゅう

宗祖 良弁　本尊 毘盧遮那仏
教え 無尽縁起

全宇宙の万物はすべて関係して成り立っていると考える思想。こちらも唐の時代に開かれた宗派。菩薩の道を研究している。

鑑真が伝えた釈尊の規律を実践する宗派

律宗　りつしゅう

宗祖 鑑真　本尊 毘盧遮那仏
教え 戒律

釈尊の決めた規律を守ることで悟りを開くことができるとする教え。日本では鑑真がこの規律を伝えたとされ隆盛した。

4つの要素を総合して精神統一をする

天台宗　てんだいしゅう

宗祖 最澄　本尊 釈迦如来
教え 四宗融合

円・密・禅・戒を法華経の精神で統一する教え。日本では最澄が唐から伝来させ以後日本の仏教に多大な影響を与えた。

生きたまま仏になる密教の教えを伝える

真言宗　しんごんしゅう

宗祖 空海　本尊 大日如来
教え 即身成仏

生きながらにして成仏することができるという教え。空海が唐から密教を伝来、断食と瞑想で仏になるよう努める。

国も人も救われる救済法を説いた

日蓮宗　にちれんしゅう

宗祖 日蓮　本尊 法華経・釈迦如来
教え 法華経

法華経を唱えることで国家も人も救われると考える。日蓮は南無妙法蓮華経の題目による成仏を説いて『立正安国論』を著した。

ひらすらに念仏を唱えて浄土行きを願う

浄土宗　じょうどしゅう

宗祖 法然　本尊 阿弥陀如来
教え 専修念仏

阿弥陀仏を唱えると浄土へ行けるとの教え。ひたすらに念仏を唱える専修念仏のご利益で、平安貴族や武士にも多く広まる。

念仏ではなく信心から救済を求める

浄土真宗　じょうどしんしゅう

宗祖 親鸞　本尊 阿弥陀如来
教え 他力本願

自力で努力しなくても阿弥陀如来が救ってくださると説く。浄土宗は念仏だが浄土真宗は心で神への信心を誓うことを強調した。

念仏を一斉に唱えて往生を叶える

融通念仏宗　ゆうづうねんぶつしゅう

宗祖 良忍　本尊 阿弥陀如来
教え 融通念仏

念仏をみんなで融合すれば全ての人が往生できる教え。多くの人が念仏を唱え、一体化することで連帯感をとても重視した。

難題を考えることで解脱させる

臨済宗　りんざいしゅう

宗祖 栄西　本尊 釈迦如来
教え 公案

知識や理屈では解決できない1700の問題を解いていく教え。課題を解くことで思考させることから、心の解脱を悟らせる。

ひたすら座禅を組むことで悟りが開ける

曹洞宗　そうとうしゅう

宗祖 道元　本尊 釈迦如来
教え 只管打坐

何も考えず座禅を組むことで仏の姿になれると考える教え。座することで人格鍛錬の傾向から地方武士に好まれた。

日本と中国の仏教が融合した新宗派

黄檗宗　おうばくしゅう

宗祖 隠元　本尊 釈迦如来
教え 念仏禅

禅と念仏を融合した中国式の禅宗。承応3年（1654）に来日した明の隠元により開かれた。宗風は臨済宗に近い。

京都で爆発的な流行をした踊り念仏

時宗　じしゅう

宗祖 一遍　本尊 阿弥陀如来
教え 名号

南無阿弥陀仏の文字が救済の力を持つと考える教え。一遍はここから踊り念仏という踊って念仏を唱える所作を生み出した。

神社仏閣の基本　神社とお寺の違い

神道と仏教は、複雑に絡み合いながら日本の文化のなかに根付いてきた。その起源も、信仰の形も異なる、神社とお寺の違いをおさらいしよう。

神社

護国のため散った英霊の御霊が眠る靖国神社

神社の起源は?

起源は７世紀頃の祭壇
常設化されて社殿へと発展

山や木、岩などの自然物に神が宿るとする神社信仰の思想は、日本の風土や生活のなかで自然に生まれたと考えられている。初期の信仰では、山中の磐座(自然石)などへ祭祀のたびに祭壇が設けられ、終わると撤去されていた。やがて7世紀頃には神道が確立されていった。そして、祭壇が常設化し、仏教の影響も受けて社殿が造られ、神社の基礎が生まれたといわれている。

常設された背景としては、強力な支配者のもとで律令体制が整備され、共同体やそこで行う祭祀のあり方に変化が生じたことが考えられる。

何を拝むのか?

建国神話や民間信仰など
さまざまな神々の宿る御神体

日本には八百万の神がいるといわれるだけに、崇拝する神(祭神)は実ににさまざま。山などの自然に宿る神、『古事記』や『日本書紀』に登場する神、そして菅原道真のような歴史上の偉人も神として祀られる。それら目に見えない神々の代わりに祀られるのが御神体。神の宿るものとされ、原始の時代には自然を直接拝んでいたが、神社が造られるようになると、鏡や剣、玉などの人工物を御神体として本殿に祀るようになった。奈良県の大神神社では三輪山を御神体として祀っているため、今も本殿は築かれていない。

お寺

日蓮聖人の伝承が息づく池上本門寺

お寺の起源は?

6世紀に仏教が伝来
蘇我氏が最初の寺院を建立

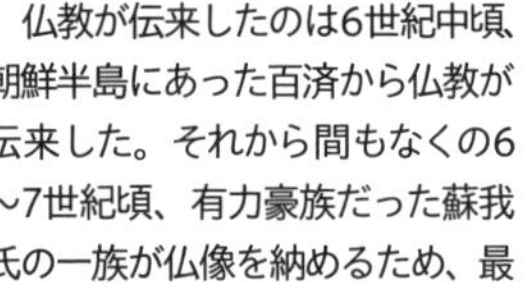

仏教が伝来したのは6世紀中頃、朝鮮半島にあった百済から仏教が伝来した。それから間もなくの6～7世紀頃、有力豪族だった蘇我氏の一族が仏像を納めるため、最初の寺院を建てたとされている。

奈良時代に仏教が広まると各地に寺院が建造され、僧が常駐して経典を読む場となる。平安時代には修行場としての山岳寺院が多く建てられ、やがて鎌倉時代以降は信徒を集めて説法する場となっていく。

大規模な寺院は、金堂、塔、講堂、鐘楼、経堂蔵、僧房、食堂の七堂伽藍を基本に構成され、御本尊は金堂に祀られる。

何を拝むのか?

仏をかたどった仏像を拝む
如来、菩薩などの格がある

寺院では、偶像として、仏の姿を表現した仏像を拝む。寺院で最も重要な仏像を御本尊という。仏像は初期には開祖の釈迦像のみだったが、のちにさまざまな仏像が造られた。

仏さまには仏格(位)があり、最高位が如来で、釈迦などすでに悟りを開いた仏さま。2位以降は、悟りを求めて修行中の菩薩、如来の命で悪を屈服させる明王、天界の神で仏法を保護する天部の順となる。宗派によって御本尊を特定しているものがある一方、特定していない場合もある。寺の起源に由来する仏さまを御本尊としている場合も多い。

聖典はある?
特定のものはないが
記紀や風土記が規範に

神社信仰は日本の伝統的な民間信仰から生まれたため開祖は存在せず、教義をまとめた特定の聖典も存在しない。日本神話の『古事記』や『日本書紀』、さまざまな土地の伝承をまとめた「風土記」(『出雲国風土記』、『播磨国風土記』など)、古代の人々の神々への思いが詠まれた『万葉集』などには、日本の成り立ちから始まる神々の系譜や物語が記されている。そのため、それらの書物が神道の規範とされることが多い。また、教義ではないが、神道教学の方針をまとめ、神職らが日常の規範とするものに『敬神生活の綱領』がある。

聖職者を何という?
「神職」が神と人間を仲介
宮司や禰宜などがある

神職は神々と人間とを仲介する橋渡しの役。一般にいう神主のことで、神社の運営や参拝者への祈祷、祭祀の執り行いなどをする。神社の代表者が宮司で、その次の位が禰宜。神社によってはその間に権宮司という位がある。それ以外は権禰宜といい、掃除やデスクワークも行う。神職になるには、大学の神道専攻科を卒業し、研修を経て神社本庁が発行する「階位」を取得するのが一般的だ。各地の神職養成所や講習会、実習などでも学ぶことができる。巫女は神職に含まれないため資格を取得する必要はない。

神社はいくつある?
全国に8万社以上
系統別では稲荷神社が最多

文化庁の2021年発表の統計によると、全国の神社の数は8万847社。都道府県別で一番神社が多いのは新潟県の4679社で、2〜5位は兵庫、福岡、愛知、岐阜の順。

神社の系統別で最も多いのは、お稲荷さんの名前で親しまれる稲荷神社で、全国に約3万社あるという。

商売繁盛や家内安全など、幅広い御利益で知られている。

そのほか勝負運の神さまの八幡神社、伊勢神宮を総本社とする神明社、菅原道真を祀る天満社も全国的に数が多い神社だ。

出典:文化庁編『宗教年鑑 令和4年版』

聖典はある?
無数の経典の総称が大蔵経
宗派によってさまざま

聖書のように、全仏教徒共通の1冊の聖典は存在しない。釈迦の教えが弟子たちにより多様に解釈され、無数の経典が生まれている。それら膨大な経典を総称して大蔵経あるいは一切経(いっさいきょう)という。大蔵経を内容別に分類すると、釈迦の説法をまとめた「経」、教団の規則である「律」、経と律の解説書の「論」に分けられ、それらは三蔵と呼ばれる。日本では大乗仏教を中国語に訳した「漢訳大蔵経」 が基盤。『法華経(ほけきょう)』や『大日経』など、各宗派によって拠り所となる経典は異なるが、『般若心経(はんにゃしんぎょう)』は多宗派で唱えられている。

聖職者を何という?
人々を仏の道に導く僧侶
お寺の代表が住職

出家して仏門に入った人のことを僧侶という。人々を仏の道に教え導くのが務めだ。僧侶には多くの階級(僧階)があり、一般に最高位を大僧正という。僧侶になるには、まず師となる僧侶(師僧)を見つけ、仏門に入る許可を得る「得度」を受け、修行や勉学、鍛錬を行って認められた者だけが僧侶となれる。宗派により僧侶になる方法や修行の厳しさは異なる。仏教系大学で学び、寺で修行の実践を積む人が多い。住職とはお寺の代表者のこと。寺院を管理運営し、信徒に対して冠婚葬祭や供養、説法などを行う。

お寺はいくつある?
全国で7万寺以上
浄土宗系の宗派が多い

文化庁の2021年発表の統計では、7万6630カ寺ある。都道府県別では愛知県の4533カ寺が一番多く、次いで大阪、兵庫、滋賀、京都の順。宗派は156を数える。

平安時代に天台宗と真言宗が生まれ、武家社会となった鎌倉時代には庶民の間で仏教が広まり、浄土宗、浄土真宗、日蓮宗が次々に誕生した。現在の寺院数では、浄土宗、浄土真宗などの浄土宗系が最も多く、臨済宗・曹洞宗などの禅宗系、真言宗系、日蓮宗系、天台宗系も多くを占める。

出典:文化庁編『宗教年鑑 令和4年版』

神社とお寺の年中行事

農耕文化と宗教は結びついており、収穫に感謝する新嘗祭は重要な儀式。節分や雛祭りなど、季節の行事は神道や仏教の習わしに起源を持つものが多い。

神社

1月 初詣
大晦日から元旦に氏神の社に籠る年籠りや、恵方にある神社に参詣する恵方参りが初詣の起源とされる。

1月7日 人日の節句
五節句のひとつ。この日に春の七草を入れた七草粥を食べると、その年は病気にかからないといわれる。祭事を行う神社も多い。

2月3日 節分
邪気が生じるとされる季節の変わり目の日に、豆をまいて鬼(厄)を追い払い、福を迎え入れる。中国から伝わった行事で、室町時代から今のような形になった。

2月17日 祈年祭
作付けの前に、その年の稲の豊作(五穀豊穣)を願い、全国の神社で行われる。一年最初の農耕行事であるため、国家安泰も祈念される。

3月3日 上巳の節句(雛祭り)
五節句のひとつ。雛祭りの起源は、身の穢れを託した人形(人の形の紙)を水辺に流し、身を清める「流し雛」。江戸時代に豪華な雛人形が登場し、家に飾られるようになった。

毎年多くの人で賑わう神田神社の宮入り

5月5日 端午の節句
中国では5月5日に、香りの強い菖蒲やヨモギで邪気を祓う慣習があった。それが日本に伝わり、家の軒先にヨモギを吊るし、菖蒲湯に入るようになった。中世以降は、菖蒲と「勝負」、武道を重んじる意の「尚武」が同音なことから、男児の成長を願う日になる。武者人形や鯉のぼりを飾るのは江戸時代以降。

睦月　如月　弥生　卯月　皐月

お寺

1月 初詣
起源は神社と同じ。一般に、松の内(7日)までの参詣を初詣とする。寺社をまわり、七福神巡りをする風習も。

1月1～3日 修正会、大般若会
年の初めに国家の安寧や五穀豊穣、人々の平安を願って読経を行うのが修正会。大般若会は、全600巻に及ぶ『大般若波羅蜜多経』の一部を僧侶たちが読誦する法会で、密教系や禅宗系寺院で多く行われる。

2月3日 涅槃会
釈迦が入滅したとされる日に、追慕と報恩感謝のために行う法会。釈迦の臨終の姿を描いた涅槃図を掲げ、入滅前の最後の教えとされる『遺教経』を読誦する。奈良時代に奈良・興福寺で行われた記録が最も古い。

3月 春分の日の前後3日 お彼岸
仏壇にぼた餅を供え、墓参りに行き、先祖供養を行う。「彼岸」とはサンスクリット語の「波羅蜜多」の漢訳で、悟りの境地の世界(極楽浄土)のこと。春分の日と秋分の日は太陽が真西に沈むことから、西方の彼岸に最も近づける日とされている。それと、祖先を祀る日本古来の風習が一体となり、故人に近づける日として墓参りが行われるように。各寺では彼岸会の法要を行い、参詣者を迎える。

4月8日 灌仏会
釈迦の誕生日を祝う。花祭りまたは降誕会など多様な呼び名がある。釈迦が生まれたルンビニの花園を模して花で飾られた御堂を設け、生まれ姿の誕生仏を安置し、甘茶をかける。甘茶は釈迦が産湯とした甘露の代わり。甘茶は参詣者に振る舞われる。

金剛桜がきれいな日光・日光山輪王寺

水無月

6月30日 夏越（なごし）の祓（はらえ）
半年間の穢れを祓い、残り半年間の無病息災を願う行事。各地の神社では、紙の人形を水辺に流す、あるいは茅を束ねた輪をくぐる「茅の輪くぐり」を行う。

文月

7月7日 七夕（たなばた）の節句
中国伝来の乞巧奠（きこうでん）という星祭りに由来。平安時代に日本に伝わり、書道や裁縫の上達を願う宮中行事に。江戸時代に、短冊に願いを込め笹に飾る風習が生まれ、庶民に広がった。8月7日の地方もある。

富士山の麓で開催される吉田の火祭り

7月10日 四万六千日（しまんろくせんにち）
観音菩薩を祀る寺院で行う縁日。この日にお参りすれば、4万6000日お参りしたのと同じ功徳があるとされる。東京・浅草寺では、この縁日に合わせてほおずき市が開かれる。

7月15日～8月15日頃 お盆
仏教用語では「盂蘭盆会（うらぼんえ）」といい、7月15日前後に供え物をして先祖供養を行う。由来は『盂蘭盆経』に記された話。釈迦の弟子・目連が、死後に餓鬼界で苦しむ母を救うため、7月15日に僧侶を招いてご馳走したところ、母が救われたという。お盆の初日には迎え火を焚いて祖先の霊を迎え、精霊棚に花や果物などを供え、僧侶を招いて読経を上げてもらう。お盆の最終日には送り火を焚く、または精霊流しをして祖先を送る。農村などの地方では8月15日前後に行うところが多い。

葉月

長月

9月9日 重陽（ちょうよう）の節句
五節句のひとつ。奇数(陽)のなかで最大数である9が重なるので重陽という。古来の中国では菊が邪気を祓うとされ、この日に長寿を願って菊酒を飲んだ。平安時代に伝わり、宮中儀式となったのが始まり。現在は廃れたが、菊を供え、舞などを奉納する神社もある。

9月 秋分の日の前後3日 お彼岸
由来や内容は春のお彼岸と同じ。お彼岸にお供えするぼた餅とおはぎは基本的には同じで、春に咲くボタン、秋に咲くハギにちなんだ名前。小豆は邪気を祓う食べ物とされ、先祖に供え、食べるようになったという。

大山阿夫利神社の紅葉は艶やかな色彩

神無月

10月17日 神嘗祭（かんなめさい）
伊勢神宮の大祭。天皇がその年の新米を天照大御神に供え、収穫に感謝を捧げる。外宮、内宮に続き、摂末社でも行う。

霜月

11月15日 七五三
子供の成長を祝い、男児は3歳と5歳、女児は3歳と7歳に神社に参詣する。3歳、5歳、7歳は子供の体長が変化しやすい節目の年齢とされる。

11月23日 新嘗祭（にいなめさい）
宮中で天皇がその年の新米を皇祖神の天照大御神に供え、自らも食して収穫を感謝する。天照大御神が、地上に降臨する皇孫に稲穂を授けたという神話に由来。各地の神社も神事を行う。

師走

12月8日 成道会（じょうどうえ）
釈迦が菩提樹の下で悟りを開いた日を記念して行われる法要。「成道」とは、悟りを完成するという意味。禅宗系寺院では、12月1～8日の7日間、不眠不休の座禅行が行われる。

12月31日 大祓（おおはらえ）
一年の締めくくりに、人々の罪や穢れを祓い清める古代からの神事で、宮中や各地の神社で行われている。参詣者が自分の年齢や名前を書いた人形を神社に持参し、水辺に流したり、焚き上げたりするなどの神事が行われる。

12月31日 除夜（じょや）の鐘（かね）
大晦日の晩に、人間の煩悩の数と同じ108回の鐘を突いて邪気を祓う。鐘の音にその力があるとされ、鐘の聞こえる近隣の人々にも清めを分け与えているという。

神社とお寺の参拝作法

神社やお寺は、神さまや仏さまのいる聖域。鳥居や山門に足を踏み入れるときから、参拝のマナーを守って、心清やらかにお参りしよう。

神社

①鳥居の前で一礼する

鳥居は神社の玄関口であり、神域への入口。訪問者のマナーとして一礼しよう。

②中央を避けて参道を進む

参道の中央は神さまの通り道。どちらかの片側に寄って歩くようにしよう。

③手水舎で心身を清める

柄杓の水で左手、右手を洗う。左手に水を受けて口をすすぎ、柄を清めて戻す。

④賽銭を入れ鈴を鳴らす

軽く一礼し賽銭を入れ、鈴を鳴らす。鈴は邪気を祓い、神さまを呼ぶためとされる。

⑤二拝、二拍手、一拝する

深く2度のお辞儀をし、胸の前で2回手を打ち、願い事をしたらもう1度お辞儀する。

お寺

①山門で一礼する

仏さまの家である寺院の前であいさつの一礼を。山門下の敷居は踏まずにまたぐ。

②手水舎で心身を清める

柄杓の水で左手、右手を洗う。左手に受けた水で口をすすぎ、柄杓の柄を清めて戻す。

③常香炉で心身を清める

常香炉がある場合は線香を1本供え、煙を体に浴びて心身を清めてから本堂へ。

④賽銭を入れ合掌する

静かに賽銭を入れ、鈴があったら静かにならし、手を叩かずに合わせて祈願。

⑤一礼する

合掌したまま深く一礼し、最後にもう一度お辞儀をしてから立ち去る。

大自然がつくり出した奇跡

絶景パワースポット

火山灰が堆積してできた凝灰岩の白い岩肌の断崖は、日本キャニオン（青森県深浦町）と呼ばれている

白神山地

しらかみさんち

青森県南西部／秋田県北西部 MAP P.340B2

手つかずの原生林の力が心も体も癒やす神秘の地

青森県と秋田県にまたがる標高1000mの山々に広がるブナの原生林。「人の影響をほとんど受けていない原生的なブナ天然林が世界最大級の規模で分布」しているとして、ユネスコ世界自然遺産に登録。清涼な空気をたたえる深い森を進むトレッキングコースでは、神秘的な色合いが目を奪う湖沼群や樹齢およそ400年のブナの大木「マザーツリー」、「暗門の滝」と呼ばれる３つの滝に出会うことができる。

■DATA & ACCESS

広域のため、以下のHPなどで最新情報を。

●白神山地ビジターセンター
（青森県西目屋村）
www.shirakami-visitor.jp

●十二湖ビジターセンター（青森県深浦町）
www.fukaurajyuniko.com/393

●白神山地世界遺産センター（秋田県藤里町）
www.shirakami-fujisatokan.jp

↑ブナの原生林は多様な動植物の生態系を育んでいる

↑33の湖沼が点在する十二湖地域（青森県深浦町）。写真はコバルトブルーの色味を帯びた青沼

昭和15年(1940)の噴火で放出された大量の溶岩や火山弾により、「ひょうたん山」が形成された

三宅島

みやけじま

東京都三宅村 MAP P.347C3

度重なる噴火が作り上げた美しく雄大な景観の火山島

東京から南へ約180kmの位置にある直径約8kmの成層火山。約20～60年周期で噴火を繰り返しており、島内のいたるところで雄大な火山島の景観を観られる。平成12年(2000)に噴火した雄山からは依然として火山ガスが放出されているが、その量は年々減少している。豊かな自然に囲まれた島内では、ダイビングやサイクリング、バードウォッチングなどのアクティビティを楽しむ観光客も増加している。

■DATA & ACCESS

【火山体験遊歩道】
✆04994-5-1144(三宅島観光協会) 所東京都三宅島 開休料見学自由 交錆ヶ浜港から車で15分 Pあり

↑火口湖のひとつ大路池は野鳥が集まるスポット

↑昭和58年(1983年)の噴火で噴出した溶岩流の上に造られた火山体験遊歩道

その特殊な風景は、アーティストのプロモーション映像やCMにもよく利用されている

裏砂漠

うらさばく

東京都大島町 MAP P.347C3

スコリアに覆い尽くされた、一面に広がる漆黒の大地

裏砂漠は伊豆大島のほぼ中心部にある大島の三原山の東側に広がる。噴火のたびにスコリアや火山灰が厚く降り積もり、長い年月をかけて黒い大地がつくられた。強風の通り道のため、植物の種は定着しづらい。国土地理院が発行する地図に、日本で唯一「砂漠」と記された場所。スコリアを踏むとザクザクと乾いた音、そこに風の音が重なり合って、自然の無常を感じさせる。

裏砂漠

■DATA & ACCESS

☎04992-2-2177(大島観光協会) 所東京都大島町泉津原野 開休料見学自由 交元町港から車で45分、月と砂漠ライン駐車場から徒歩約10分 Ⓟあり

↑上空から撮影した裏砂漠の荒涼とした大地の光景

↑裏砂漠の観光は昭和の初期から行われていた

上空から眺めると峻険な地形がよくわかる。アクセスは船を使って上陸するほうが便利

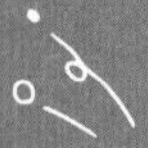

仏ヶ浦
ほとけがうら

青森県佐井村　MAP P.340B1

奇怪な巨岩群が霊を迎え、見送る、現世と浄土の橋渡しをする海辺

下北半島西岸2kmにわたり、断崖と巨岩が連なる海食崖。はるか昔、海底噴火でできた凝灰岩が荒波によって造形された。一説には死者があの世へ行く、あるいはこの世に戻ってくる境目とみなされたことからこの名がついたとも。奇岩は極楽浜、蓬莱山、如来の首などの名を持つ。エメラルドブルーの海に真っ白な岩が映え、大正時代の紀行家・大町桂月は「神のわざ　鬼のつくりし佛宇陀」と讃えた。

DATA & ACCESS

☎0175-38-2111(佐井村役場) 所青森県佐井村 開休料見学自由 交大間フェリーターミナルから車で50分 Pなし

↑クルーズ船で海上から全景を見渡すことができる

↑冬の荒波に削られた奇岩が天に向かってそそり立つ

静かな入り江は海水浴場として人気。雪をまとった冬の景色は神秘的な雰囲気

浄土ヶ浜

じょうどがはま

岩手県宮古市 MAP P.343D1

紺碧の海と象牙色の岩が描く、心揺さぶる美しい彼岸

三陸海岸の中ほどに位置する海岸で、奇妙な形の岩塊が入り江をつくる。名は、天和年間(1681〜84)、宮古山常安寺の和尚・霊鏡竜湖が「さながら極楽浄土のごとし」と讃えたことにちなむといわれる。この奇岩群は約4400年前、火山のマグマからできた流紋岩で、透明度の高い海の群青とのコントラストが際立つ。マグマの流れが残した流理構造や、マグマが急冷してできた割れ目も見ることができる。

DATA & ACCESS

☎0193-68-9091(宮古市観光課) 所岩手県宮古市日立浜町32 開休料見学自由 交三陸鉄道·宮古駅から岩手県北バスで25分、奥浄土ヶ浜下車すぐ Pあり

←紺碧の海に刃のように鋭くとがった白い流紋岩、入り江の海岸線には緑濃い松が生い茂る。岩塊や海岸を白い雪が覆う冬景色も美しい

塔のへつりと
阿賀川をかける
藤見橋は季節ごとで
周囲の風景と溶け込み
フォトスポット
としても有名

塔のへつり

とうのへつり

福島県下郷町 MAP P.345C2

100 万年の歳月と水勢が刻んだ、険しく謎めいた石彫群

南会津東部を流れる阿賀川の200mにわたる渓谷。特異な河食地形を呈することから国指定の天然記念物になっている。「へつり」は当地の方言で険しい断崖という意味。一帯はさまざまな岩石が互い違いに積み重なり、100万年以上の浸食と風化でつくられた柱状の奇岩が整列、それらには屏風岩、烏帽子岩、獅子塔岩などの名がつけられている。断崖を覆う新緑、紅葉、雪、折々の景観が素晴らしい。

塔のへつり

DATA & ACCESS

☎0241-67-4545(五晃苑塔のへつり店) 所福島県下郷町弥五島下タ林 開休料見学自由 交(遊歩道入口まで)会津鉄道・塔のへつり駅から徒歩5分 Pなし

↑徒歩5分のところに会津鉄道・塔のへつり駅がある

↑季節によって周囲の樹木も装いを変えて色彩豊かに

崖上は危険なため原則、立入禁止。見学は、銚子マリーナ海水浴場から続く遊歩道から

屏風ケ浦

びょうぶがうら

千葉県銚子市 MAP P.347D2

驚異の巧技がつくり上げた東洋の「ドーバー」の崖

下総台地の海側が削られた約10kmに及ぶ海食崖。高さは40～50m。300万年前～40万年前に堆積した複数の地層は荒漠とした表情を見せ、ドーバー海峡のホワイト・クリフを彷彿とさせることから「東洋のドーバー」とも呼ばれる。江戸時代後期からその特異な地形は注目され、歌川広重は『六十余州名所図会 下総銚子の濱外浦』を描いた。昨今ではTVドラマ、映画、CMなどの撮影にたびたび使われている。

屏風ケ浦

DATA & ACCESS

☎0479-22-1544(銚子市観光協会) 所千葉県銚子市潮見町上永井 開休料見学自由 交JR銚子駅から千葉交通バス・名洗・千葉科学大学行きで11分、千葉科学大学・マリーナ前下車、徒歩3分 Pあり

↑地球の丸く見える丘展望台からは全景を望める

↑地層は香取・犬吠層群と2つの層から成り立っている

大野亀とその周辺には遊歩道が整備され、巨岩の頂からは紺碧の日本海を見渡せる

大野亀

おおのがめ

新潟県佐渡市 MAP P.344A1

100万本のトビシマカンゾウが咲き誇る外海府のシンボル

佐渡島の外海府海岸に突き出た標高167mの一枚岩。『ミシュラン・グリーンガイド・ジャポン』に2ツ星として掲載されたことも。一帯はトビシマカンゾウの群生地で、5月下旬〜6月上旬、黄色の花々が広がる。近くに「ニツ亀」という2つの島があり、あたりの海の透明度は佐渡随一。大野亀とニツ亀をつなぐ道の途中には、幼児の霊が集まるという「賽の河原」がある。無数の小さな地蔵が海を見つめている。

DATA & ACCESS

☎0259-27-5000(佐渡観光交流機構佐渡観光情報案内所) 所新潟県佐渡市願 開休料見学自由 交佐渡両津港から新潟交通佐渡バスで1時間20分、大野亀下車すぐ Pあり

↑大野亀頂上に続く遊歩道に木製の鳥居がたたずむ

↑佐渡では「卵をはらんだ魚」という意味のヨーラメともよばれるトビシマカンゾウ

天窓洞
てんそうどう

静岡県西伊豆町　MAP P.346B3

日本の「青の洞窟」の異名、光が魅せるファンタジー

凝灰岩が削られてできた海食洞。その名は、洞内中央部の天井に窓のような穴が開いていることから。「天窓」から光の柱が差し込み、ピーコックブルーの水面が揺れ、岩盤への反射光と相まって幻想的な光景が現れる。洞内は、3つの入口から通ずるトンネルが入り組んだ複雑な構造。内部は広く、遊覧船も航行する。地上部には開口部を囲む遊歩道があり、洞窟内と遊覧船を見下ろすことができる。

DATA & ACCESS

☎0558-52-1268(西伊豆町観光協会) 所静岡県西伊豆町仁科堂ケ島 開休料見学自由 交伊豆急下田駅から東海バスで58分、堂ヶ島下車、徒歩1分 Pあり

↑透き通った海面を遊覧船が航行する

↑約200m離れた堂ヶ島との間で浜がつながるトンボロという現象も見られる

周辺の海は美しく
海洋生物が豊富。
ダイビングスポット
としても有名

大瀬崎

おせざき

静岡県沼津市　MAP P.346B3

日本人の心をとらえてやまない、富士山を海越しに仰ぐ岬

伊豆半島の北西端から駿河湾へ突き出した長さ1kmほどの岬。その形から「琵琶島」とも呼ばれる。伝承によれば、大地震で海底が隆起して島ができ、砂州によって陸続きになったという。海越しには富士山が端正な姿を見せ、一幅の絵を見るかのよう。岬の先端近くには漁民が信奉する大瀬神社、海が間近にありながら淡水の神池、それらを囲んで、国指定天然記念物のビャクシン樹林がある。

DATA & ACCESS

☎055-934-4747(沼津市観光戦略課) 所静岡県沼津市西浦江梨 開見学自由 休無休 料無料(神社へは奉賛金100円) 交JR沼津駅から車で50分 Pあり

↑海上鎮護の神を祀り駿河湾漁民を守護する大瀬神社

↑一帯には樹齢1300年を超えるビャクシンが群生する

トドワラの北にはナラが枯れたナラワラ、周辺には北海道特有の花が咲く原生花園も

トドワラ

北海道別海町 MAP P.339D2

北の国の最果てで出会う、荒涼とした「終わり」の風景

オホーツク海に湾曲しながら突き出た野付半島にあるトドマツ林の跡。砂嘴の半島は湿地が広がり、トドマツ林は海面上昇や地盤沈下によって土壌が浸食され、枯れたといわれている。ごくわずかに残る立ち枯れ木、倒れた朽ち木、ともに風化が著しく、いずれは湿原だけになるという。トドワラへは野付半島ネイチャーセンターから木道が整備され、また、春～秋はトラクターバス（有料）も運行。

DATA & ACCESS

☎0153-82-1270(野付半島ネイチャーセンター) 所北海道別海町野付63 開休料見学自由 交中標津空港から車で50分 Pあり

↑野付とはアイヌの言葉で「ノッケウ」=「あご」の意味

↑トドマツも年々消失しやがて見れなくなる可能性も

地獄谷展望台から続く遊歩道を設置。夜間にはライトアップもされる

登別地獄谷

のぼりべつじごくだに

北海道登別市 MAP P.338B3

鬼の棲み処ともいわれる、地球のパワーが沸き立つ谷

約1万年前、日和山の火山活動でできた爆裂火口跡。登別温泉最大の源泉で、1カ所に多種の泉質が湧く稀な場所とされる。直径450mの谷には数々の噴気孔や湧出口があり、灰褐色の山肌、煮えたぎる湯、立ち上る白煙、硫黄の臭いが地獄の様相を呈する。また、周辺には爆裂火口跡の大湯沼、活火山の日和山など自然のパワーを伝えるスポットが点在する。

DATA & ACCESS

☎0143-84-3311(登別国際観光コンベンション協会) 所北海道登別市登別温泉町 開休料見学自由 交JR登別駅から道南バスで15分、登別温泉バスターミナル下車、徒歩10分 Pあり

↑1周600mの探勝路と展望台に続く探勝路がある

↑多種類の泉質の温泉が湧出する全国屈指の温泉街

一般的に大木を引き下ろす御柱祭に対し、御柱を引き上げる車山神社の御柱祭は非常に稀

車山神社

くるまやまじんじゃ

長野県茅野市 MAP P.346A1

御柱祭、火祭り、神事を通じて大自然のエネルギーを体感

富士山をはじめ、八ヶ岳、北アルプス、南アルプスを一望する、標高1925mの車山山頂に鎮座する。諏訪大社の御柱祭と同様に寅と申の年に行われる御柱祭では、急斜面や岩を越え、大木を大勢の人々が山頂へと引き上げる。引き上げられた大木は「山頂に登り神となる」とされ、天空の御柱と呼ばれる。また古来より、「天狗様」が山々を守り、人々を導いてきたとの伝説に基づく、荘厳な車山火祭りも開催。

■DATA & ACCESS

☎0266-68-2626 所長野県茅野市北山3413 開休参拝自由 交中央自動車道・諏訪ICから車で40分。車山高原リフトを利用、山頂駅から徒歩15分 Pあり

↑360度を見渡す山頂の「いやしろち」に祀られる社殿

御祭神

大山津見神 おおやまつみのかみ
建御名方神 たけみなかたのかみ

主なご利益

交通安全、健康長寿、家内安全、恋愛祈願ほか

大きなカルデラの先には川原毛大滝湯という温泉も。硫黄成分を含む地質は秋田県内では大変珍しい

川原毛地獄

かわらげじごく

秋田県湯沢市 MAP P.343C2

激しい火山活動の余勢あらわ 畏怖の念を禁じ得ない驚異の地

大同2年(807)に月窓和尚が開山したと伝わる、青森県・恐山、富山県・立山と並ぶ日本三大霊地のひとつで、かつては多くの修験者が訪れた。標高800mに位置し、いたるところから噴出する火山ガスの影響により白色の山肌となり、荒涼とした景色を作り出している。火山活動によって作られた神秘的でどこか不気味さを感じる光景は遊歩道から楽しむのがおすすめ。

■DATA & ACCESS

☎0183-55-8180(湯沢市観光・ジオパーク推進課) 所秋田県湯沢市高松 開休料見学自由 交湯沢横手道路・須川ICから車で35分 Pあり

↑高さ約20mから温泉が流れ落ちる川原毛大湯滝

↑熱湯と高温の蒸気が激しく噴出する小安峡大噴湯

屈指のパワースポット 分杭峠

富士山、石川県・珠洲岬(聖域の岬)とともに日本三大パワースポットに
名を連ねる分杭峠で、ゼロ磁場が発する気のパワーを感じてみたい。

ゼロ磁場の発見で一躍有名に

分杭峠は、南アルプスの西側を走る国道152号沿いにある峠のひとつ。標高は1424m、長野県の伊那市と大鹿村の境界に位置している。国道152号はかつて秋葉街道と呼ばれ、静岡県の秋葉神社と長野県とを結ぶ古くからの参詣路であった。深い谷間沿いに走る国道の直下には、日本最大の断層地帯である中央構造線が横たわっている。

深山に囲まれ、冬は雪に閉ざされる奥地の分杭峠が有名になったのは、「ゼロ磁場」が発見されたため。平成7年(1995)、中国の著名な気功師の張志祥氏が、分杭峠を世界的規模のゼロ磁場と認定したことで広く話題を呼んだ。

ゼロ磁場とは、磁力がゼロになる特異な空間をいう。地球上では、プラスのN極(南極側)とマイナスのS極(北極側)が引きつけ合ったり反発し合ったりする磁力が働いているが、ゼロ磁場では両極の力がぶつかり合って互いに拮抗し、磁力がゼロの状態になる。ゼロ磁場で方位磁石を使うと、針の動きが定まらずに狂いが生じてしまう。ただし、実際の磁力はゼロではなく、両極が均衡を保って大きなエネルギーを発生するという。そこでは気(生命エネルギー)が生まれると考えられており、分杭峠がパワースポットといわれるようになった。

緑に包まれる気場で心癒やされる

分杭峠にゼロ磁場が発生する理由として、中央構造線上という特殊な環境が挙げられる。2つの巨大な断層がぶつかり合って拮抗し、強大なエネルギーが凝縮されているのではないか、などといわれている。中央構造線上には、鹿島神宮や諏訪大社、伊勢神宮、高野山、石鎚山、阿蘇山などの有名パワースポットが点々と連なっている。

気が発生するとされるゼロ磁場の周辺には生命力がみなぎり、心身の浄化や体調を改善するなどの効果が期待できるといわれている。科学的な根拠はともかくとして、心身の癒やしや不思議なパワーを求めて分杭峠を訪れる人は多い。

分杭峠へ行くには、峠から約5.5km離れた粟沢駐車場へ国道152号で向かう。分杭峠の付近は車両の駐車も一時停車も禁止されている。駐車場から有料シャトルバスに乗れば約15分で峠にたどり着く。峠の北側斜面が気場と呼ばれるパワースポットだ。階段状の木製ベンチが並び、深い緑に囲まれて静かな癒やしの時間を過ごせる。

山岳地帯を通る国道152号は道幅の狭い区間が多く、通年通行止めの区間や自然災害で一部通行止めになることもある。出発前に道路状況などを確認してから出かけるようにしたい。

↑分杭峠バス乗降場の北斜面にある「気場」で癒やし体験

DATA & ACCESS

所長野県伊那市長谷市野瀬 開見学自由 休冬季 料無料 交粟沢駐車場から分杭峠頂上へは、シャトルバスを利用(30分～1時間間隔で運行、所要約15分) Pあり(粟沢駐車場)

MAP P.346A2

↑分杭峠から望む北側の眺望。中央構造線に沿って浸食された谷が連なっている

※「気場」「ゼロ磁場」は科学的に証明されたものではありません。(編集部)

水辺のパワースポット
轟く滝音、水鏡の湖面、伝説と信仰

奥入瀬を代表する「阿修羅の流れ」清流が木立の間をその名前のとおり激しく流れゆく

奥入瀬渓流

おいらせけいりゅう

青森県十和田市
MAP P.341C2

緑深い木のトンネル 躍動感あふれる清流

十和田湖畔から約14km続く、深い天然林に囲まれた渓流。周囲の木々は春〜夏は新緑、秋は紅葉と季節によって表情を変え、雄々しい奥入瀬川の流れと一体になり、神聖な自然の力を感じさせる。川沿いには、木洩れ日が心地よい散策道が整備されている。奥入瀬を代表する「阿修羅の流れ」など見どころが多く、自然のパワーを体感できる。

DATA & ACCESS

☎0176-74-1233(奥入瀬渓流館) 所青森県十和田市奥瀬 開見学自由 休無休 料無料 交東北自動車道・十和田ICから車で1時間 Pあり ※冬期は遊歩道を歩くためスノーシューズが必要

1 ゆるやかな流れとツツジの競演 三乱の流れ さみだれのながれ

奥入瀬渓流は増水することが少なく、流れの中にある岩の上にも植物が育つ。このエリアの景観が代表的で、特にツツジが有名で、初夏には清流と花の共演が見られる。

2 奥入瀬渓流を代表する景勝地 阿修羅の流れ あしゅらのながれ

苔むした岩を縫うように、川岸の木々の色を映した急流が荒々しく走る。ポスターなどの撮影地としても知られる奥入瀬一有名な美景だ。

3 水量豊富な三段瀑布 雲井の滝 くもいのたき

高さ約20m、三段に連なる滝。奥入瀬渓流のなかでも水量豊かで見応えある滝のひとつであり、岩にあたる水しぶきが雲のように見えることから命名されたという。

4 細く優雅に流れ落ちる 白糸の滝 しらいとのたき

30mの高さを何本もの白糸を垂らしたように落ちる美しい滝。周囲には白絹の滝、不老の滝、双白髪の滝と合わせて4本の滝があり、一目四滝と称される。

5 小さな滝が連続 寒沢の流れ さむさわのながれ

小さな滝が折り重なるようにして岩々の間を勢いよく流れ落ちてくるさまがダイナミックだ。

6 高さ7mの魚止めの滝 銚子大滝 ちょうしおおたき

ここで遡上を阻まれるため、十和田湖には昔、魚は棲んでいなかったといわれた。周囲の植物の色を映した光を浴び、豪快な水音を立てて落ちる勇壮な滝だ。

奥入瀬渓流MAP

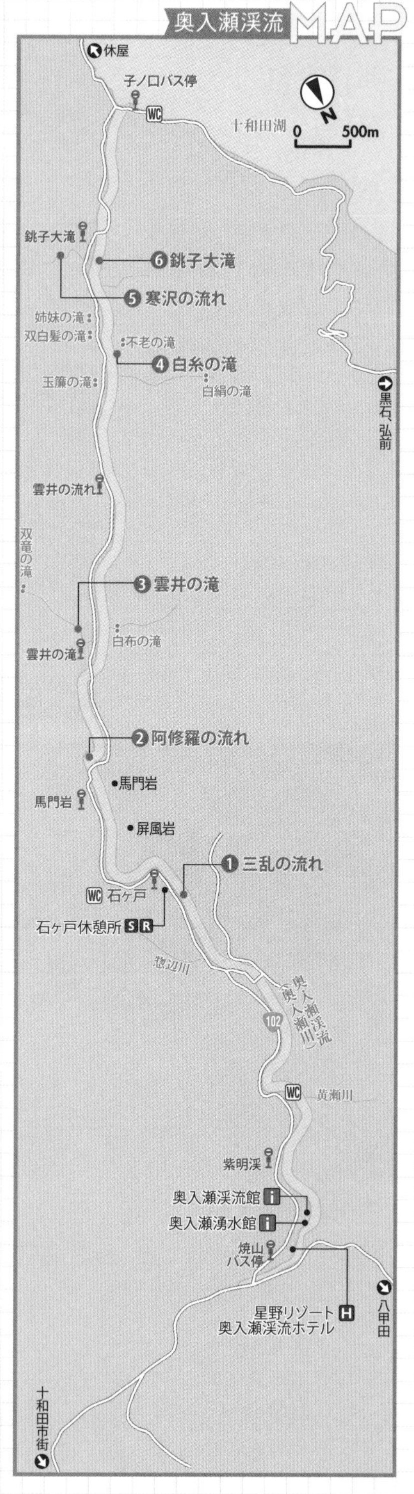

明神池

みょうじんいけ

長野県松本市
MAP P.346A1

北アルプスの神が守る美しく澄みわたる鏡池

北アルプスを仰ぐ山岳景勝地・上高地の中心部から徒歩1時間ほど。穂髙見命(ほたかのみこと)を御神体とする「穂髙神社」奥宮境内にある神秘の池。背後にそびえる明神岳(みょうじんだけ)の湧き水がたまってできた「一之池」「二之池」からなる。澄んだ水面は古くから「鏡池」といわれ、清らかな光、空気は神々の聖地を思わせる。

DATA & ACCESS

☎0263-95-2430(穂髙神社奥宮) 所長野県松本市安曇上高地 開6:00～17:00 休無休(11月16日～4月16日は冬期閉鎖) 料500円 交上高地バスターミナル下車、徒歩1時間 Pなし

↑北アルプスの総鎮守として鎮座する「穂髙神社奥宮」。池は入口で拝観料を払って見学する

←毎年10月8日、穂髙神社奥宮で、山の安全を神に感謝する「穂髙神社奥宮例大祭(明神池お船祭り)」を開催

神聖な趣の一之池。中ほどまで延びる木製の桟橋の先端に、山の神を祀る祠がある

田沢湖

たざわこ

秋田県仙北市

MAP P.343C1

辰子姫伝説にまつわる美のパワースポット

水深423.4mを誇る日本で最も深い湖。瑠璃色に輝く湖面は四季折々の美しさをたたえ、日本百景に選ばれている。湖畔には、永遠の美を願ったために龍に姿が変わり、湖の主となった辰子姫(たつこひめ)の伝説が残る。辰子姫のブロンズ像のほか、縁結びの「浮木(うき)神社」、美貌成就の「御座石(ござのいし)神社」などゆかりのスポットも点在。

DATA & ACCESS

☎0187-43-2111(仙北市田沢湖観光情報センター「フォレイク」) 所秋田県仙北市田沢湖 開休料見学自由 交JR田沢湖駅から羽後交通バスで12分、田沢湖畔下車すぐ Pあり

その深さゆえ、真冬でも凍ることのない田沢湖。4～11月には遊覧船も運行している

湖畔北岸にあり、辰子を御祭神とする御座石神社

田沢湖のシンボル「たつこ像」

蔦沼

つたぬま

青森県十和田市

MAP P.340B2

朝日に映える黄金色 紅葉が燃える感動の美

南八甲田山麓に点在する「蔦七沼(つたななぬま)」と呼ばれる7つの沼(蔦沼、鏡沼、月沼、長沼、菅沼、瓢箪沼、赤沼)のひとつ。紅葉の名所として知られ、特に朝日を浴びて燃えるように染まった山々と水面は息をのむほどの美しさ。蔦温泉から約3kmの自然遊歩道「沼めぐりの小路」が整備され、シーズン中は早朝から賑わう。

DATA & ACCESS

☎0176-74-1233 (奥入瀬渓流館) 所青森県十和田市奥瀬蔦野湯 開休料見学自由 交JR青森駅からJRバスで2時間、蔦温泉下車、徒歩10分 Pあり

鏡のような水面に黄金色の紅葉が映り込む絶景。紅葉シーズンは10月中旬～下旬

赤倉岳が崩落してできた蔦沼。ブナの天然林など手つかずの自然が残り、深緑の風情も味わいがある

白糸の滝

しらいとのたき

長野県軽井沢町
MAP P.346B1

マイナスイオン満ちる森の中の水のカーテン

長野県と群馬県を結ぶ白糸ハイランドウェイ沿いにある高さ3m、幅70mの滝。白糸のように幾筋もの清水が流れ落ちることから、その名がついた。さわやかな眺めとマイナスイオンを目当てに夏場は多くの観光客が訪れる。7月下旬〜8月下旬には幻想的なライトアップイリュージョンが開催されている。

DATA & ACCESS

0267-42-5538(軽井沢観光会館) 所長野県軽井沢町長倉 開休料見学自由 交JR軽井沢駅から草軽交通バスで20分、白糸の滝下車、徒歩3分 Pあり

S字を描くように広がる滝。岩肌からも湧き水がしみ出し、絹糸のように流れ落ちる

滝の上流に川はなく、浅間山の伏流水が湧き出したもの。晴雨に左右されず、水量はほぼ一定している

厳美渓

げんびけい

岩手県一関市
MAP P.343C2

清冽な流れが生んだ起伏に富む渓谷美

栗駒山(くりこまやす)を水源とする磐井川(いわいがわ)の浸食により形成された渓谷。奇岩や滝、巨岩、甌穴(おうけつ)、深淵など約2kmにわたり起伏に富んだ景観が続く。四季折々の美しさを讃え、仙台藩主・伊達政宗(だてまさむね)は「松島と厳美が我が領土の二大景勝地なり」との言葉を残した。

DATA & ACCESS

0191-23-2350(一関市観光協会) 所岩手県一関市厳美町滝ノ上地内 開休料見学自由 交JR一ノ関駅から岩手県交通バスで20分、厳美渓下車すぐ Pあり

国の名勝・天然記念物である厳美渓。巨岩を丸く削ってできた甌穴が数多く見られる

尾白川渓谷

おじろがわけいこく

山梨県北杜市
MAP P.346A2

心やすらかにする名水と白い花崗岩の渓谷美

甲斐駒ヶ岳（かいこまがたけ）を源とする尾白川上流は、滝や淵などの自然美に恵まれた景勝地。甲斐駒ヶ岳には雷神から生まれた天津速駒（あまつはやこま）という白馬が棲んでいたという伝説があり、尾白川の名は白馬の尾から名付けられた。名水百選の清流は花崗岩層によりろ過されたとされ、複数のミネラル類がごく微量、バランスよく溶け込む。

DATA & ACCESS

☎0551-30-7866(北杜市観光協会) 所山梨県北杜市白州町白須 開休料見学自由 交JR長坂駅から車で30分 Pあり

緑のグラデーションが映える千ヶ淵など、見どころを巡るハイキングコースがある

←白い花崗岩や石英に覆われた川原。木々の緑、ライムグリーンの水とのコントラストが美しい

十和田湖

とわだこ

青森県十和田市／秋田県小坂町
MAP P.340B2

長い年月をかけて形成自然の雄大さに感動

約20万年前に始まった火山活動により形成されたカルデラ湖。湖を囲む山々は季節ごとに美しい。それらが藍色の澄んだ湖面に映し出される光景が幻想的だ。かつて霊山と呼ばれ、南祖坊の伝説が残る十和田湖は、神秘的な空気に包まれる。周辺の奥入瀬渓流などもその偉大さを感じさせる。

DATA & ACCESS

☎0176-75-1531(十和田湖観光交流センター「ぷらっと」) 所青森県十和田市奥瀬 開休料見学自由 交東北自動車道・十和田ICから車で50分 Pあり

深さ327mは国内3位、面積61.1㎢は12位。2つの県にまたがる美しいカルデラ湖

↑高村光太郎最後の彫刻作品『乙女の像』。モデルは智恵子夫人といわれている

↑火山活動で形成した溶岩である恵比寿・大黒島

猊鼻渓

げいびけい

岩手県一関市
MAP P.343D2

川上りの鯉が龍に転身
出世伝説の奇岩絶壁

出世転身の夢を抱いて川を上ってきた鯉が龍に転身したという「出世龍」の伝説が伝わる。高さ50mを超える石灰岩の絶壁が約2kmにわたって続き、船頭による川下りが名物。折り返し地点には、猊鼻渓の名の由来となった奇岩「獅子ケ鼻」や、願いをかけた玉を穴に投げる運試しスポット「願掛けの穴」がある。

DATA & ACCESS

☎0191-47-2341(げいび観光センター) 所岩手県一関市東山町長坂町467 開休料見学自由 交JR猊鼻渓駅から徒歩5分 Pあり

奇岩織りなす渓谷に、出世龍が潜むという淵など、逸話が残る。見どころが多い

←約30分の川下りでは、折り返し地点の船着き場に散策道があり、獅子ケ鼻や大睨鼻岩を見学できる

遠藤ヶ滝

えんどうがたき

福島県大玉村
MAP P.345C2

遠藤盛遠伝説が伝わる
深山幽谷の滝

平安時代、自らの罪を悔いて仏門の道に入った文覚上人(もんがくしょうにん)(遠藤盛遠(えんどうもりとう))が石室にこもり滝に打たれ荒行を修めたことからその名がついた。杉田川渓谷の遠藤ヶ滝遊歩道から徒歩30分の地点にあり、周辺では扇形に広がる「三日月の滝」や、文覚上人がこもったとされる不動明王石像が安置された石室を見ることができる。

DATA & ACCESS

☎0243-24-8096(大玉村産業課商工観光係) 所福島県大玉村玉井前ヶ岳内 開休料見学自由 交JR本宮駅から車で15分 Pあり
※2023年7月現在、遊歩道の橋が流されたため立入禁止

↑遠藤ヶ滝のやや下流にある三日月の滝

↑山岳修行の拠点だった遠藤ヶ滝不動尊。赤い光背の石の不動明王像から「赤不動」の名も

森の中の大岩から流れ落ちる清らかな滝。ここで多くの修験者たちが荒行を積んだ

洒水の滝

しゃすいのたき

神奈川県山北町
MAP P.346B2

浄水が流れ落ちる豪快な三段滝

洒水(しゃすい)とは密教用語で、清浄を念じてそそぐ香水を意味し、文覚上人が百日間、滝に打たれる荒行を積んだことで有名。約69mの一の滝、約16mの二の滝、約29mの三の滝からなる豪快な姿は古来相模の国第一の滝と讃えられる。7月に「洒水の滝祭り」が開催される。常実坊は明治21年(1888)に三井寺から移座されたもの。

DATA & ACCESS

☎0465-75-2717(山北町観光協会) 所神奈川県山北町平山 開休料見学自由 交JR山北駅から山北町内循環バス南部循環(西回り)で5分、平山下車、徒歩10分 Pあり

遊歩道の赤橋から望む端正な洒水の滝。日本の滝百選や全国名水百選にも選定されている

↑見ると幸運になれる幸せダルマがたたずむ

↑不動明王を安置する滝不動尊は「常実坊」境内にある

秋保大滝

あきうおおたき

宮城県仙台市
MAP P.343C3

壮大なしぶきが轟く迫力満点の名瀑

宮城県と山形県の県境近くにある幅約6m、落差約55mの滝。華厳の滝、那智の滝とともに日本三名瀑のひとつといわれている。滝つぼ周辺は轟音とともに流れ落ちる滝の飛沫が霧となってたちこめ、爽やかな清涼感が漂う。隣接する「秋保大滝不動尊」は慈覚大師円仁(じかくだいしえんじん)の開基と伝わり、大願成就のご利益で知られる。

DATA & ACCESS

☎022-398-2323(秋保温泉郷観光案内所) 所宮城県仙台市太白区秋保町馬場大滝 開休料見学自由 交JR仙台駅から車で1時間 Pあり

遊歩道から行ける滝見台が絶景ポイント。秋は紅葉の名所として多くの見物客が訪れる

袋田の滝

ふくろだのたき

茨城県大子町

MAP P.345C3

大岩壁を4段にわたり流れ落ちる迫力の光景

高さ約120m、幅約73mの規模を有し、滝水が4段に落下することから「四度(よど)の滝」と呼ばれる。西行法師がこの地を訪れた際、「四季に一度ずつ来てみなければ真の風趣は味わえない」と絶賛したのが由来との説もある。滝トンネルの観瀑台から間近に眺められるほか、毎年秋〜冬には神秘的なライトアップも。

DATA & ACCESS

☎0295-72-0285(大子町観光協会) 所茨城県大子町袋田 開8〜18時(11月は〜17時)12〜4月9〜17時 休無休 料300円 交JR袋田駅から茨城交通バスで10分、滝本下車、徒歩10分 Pあり

大自然に映える雄大な滝姿。深緑、紅葉はもとより滝全体が凍結した冬の「氷瀑」も有名

月待の滝

つきまちのたき

茨城県大子町

MAP P.345C3

夫婦滝から親子滝へ安産成就の聖地

高さ約17m、幅約12mの二筋の夫婦滝が、水が増すと子滝が現れて三筋の親子滝に。その形状から、安産・子育て・開運を祈る二十三夜講(二十三夜の月の出を待って女性が集う)の場となり、その名がついた。滝の裏側に行くことができる「裏見の滝」でもあり、胎内観音や七福神、夢を叶える夢地蔵が祀られている。

DATA & ACCESS

☎0295-72-0285(大子町観光協会) 所茨城県大子町川山 開休料見学自由(夜間見学不可の場合あり) 交JR常陸大子駅から茨城交通バスで10分、宮川分館前下車、徒歩10分 Pあり

水に濡れずに滝裏に入れ、「くぐり滝」の名も。マイナスイオンスポットとしても人気

吹割の滝

ふきわれのたき

群馬県沼田市
MAP P.344B3

竜宮に通じるという 巨岩に落ちる名瀑布

川の浸食によってできた岩盤の割れ目が滝となり、まるで巨岩が「吹き割れた」ように見えるところからその名がついた。高さ約7m、幅約30mに及んで豪快に落下する光景は「東洋のナイアガラ」。滝つぼが竜宮に通じており、村人が祝い事のたびに手紙を書いて滝に投げ込み、膳椀を借りていたとの伝説も残る。

DATA & ACCESS

☎0278-23-2111(沼田市観光交流課) 所群馬県沼田市利根町追貝 開休料見学自由(夜間通行止め、12～3月は遊歩道冬期閉鎖、要確認) 交JR沼田駅から関越交通バスで38分、吹割の滝下車、徒歩10分 Pあり

雪解け水が流れ込む豪快な新緑の滝、紅葉に映える滝と四季それぞれの美しさがある

←上から見下ろす珍しい景観に、まるで吸い込まれそうな感覚にとらわれる。国の天然記念物・名勝に指定

御釜

おかま

宮城県蔵王町・川崎町
MAP P.345C1

蔵王三山に囲まれ 刻々と変化する五色沼

刈田岳(かつただけ)、熊野岳、五色岳(ごしきだけ)の3つの山に囲まれた火口湖。お釜のような形状から名付けられ、冬の樹氷とともに宮城蔵王のシンボルとなっている。季節や天候、気温、時間などの諸条件で湖面の色がさまざまに変化することから「五色沼」とも。

DATA & ACCESS

☎0224-34-2725 (宮城側:蔵王町観光案内所)／023-694-9328(山形側:山形県蔵王温泉観光協会) 所宮城県蔵王町・川崎町(宮城県蔵王国定公園内) 開見学自由 休11月初旬～4月下旬 料蔵王ハイライン通行料 交東北自動車道・村田IC／白石ICから車で1時間 Pあり

山々に抱かれて美しい湖水をたたえる御釜。水は強酸性のため生物は生息せず

黒山三滝

くろやまさんたき

埼玉県越生町
MAP P.347C1

修験道の拠点であり ご利益も伝わる三滝

越辺川(おっぺがわ)支流の三滝川に連続する上下二段の男滝(おだき)と女滝(めだき)、やや下流にある天狗滝の総称。室町時代に山岳宗教修験道の拠点として開け、山伏たちの滝行の場となった。上流の夫婦滝は男女交合の象徴として縁結びや子授けのご利益、天狗が修業したと伝わる天狗滝は開運のご利益があることで知られている。

DATA & ACCESS

☎049-292-1451(越生町観光協会) 所埼玉県越生町黒山 開休料見学自由 交JR/東武·越生駅から川越観光自動車バスで25分、黒山下車、徒歩15分 Pあり

女滝の右手奥に高さ11.2mの男滝がある。黒山三滝では毎年7月に滝開き行事を開催

秩父華厳の滝

ちちぶけごんのたき

埼玉県皆野町
MAP P.346B1

赤い岩盤が物語る 深海だった太古の遺産

12mの高さから直線的に流れ落ちる様子が、日光の華厳の滝に似ていることからその名がついた。滝水の背後のチャートと呼ばれる赤い岩盤は、太古の昔に深海底のプランクトンが堆積したもの。日本列島形成に関わる地質が観察できるスポットとして、ジオパーク秩父のジオサイト(自然遺産)に指定されている。

DATA & ACCESS

☎0494-62-1462(皆野町観光協会) 所埼玉県皆野町下日野沢 開休料見学自由 交秩父鉄道·皆野駅から町営バスで25分、秩父華厳前下車、徒歩5分 Pあり

真夏もひんやりと涼しく埼玉県のクールスポット100選に選定。秋は紅葉の名所になる

四尾連湖

しびれこ

山梨県市川三郷町
MAP P.346B2

龍神が棲んだ神秘の湖 巡礼の地としても有名

4つの尾を連ねた龍神「尾崎龍王」が棲んだという伝説がその名の由来。標高850m地点にある周囲約1.2kmの山上湖で、かつては志比礼湖、神秘麗湖とも呼ばれた。江戸時代になると富士山を信仰する「富士講」の巡礼地「富士八海」のひとつに数えられるようになり、近年は聖地巡礼スポットとしても人気がある。

DATA & ACCESS

☎055-272-1101(市川三郷町役場) 所山梨県市川三郷町山保地区 開休料見学自由 交JR市川大門駅から車で30分 Pあり

玉簾の滝

たますだれのたき

山形県酒田市
MAP P.342B2

弘法大師が見つけた 不動明王ゆかりの名瀑

約1200年前に弘法大師が神のお告げにより見つけた高さ約63m、幅約5mの山形県随一を誇る直瀑。かつては山岳信仰の修練の場とされ、滝の近くには「御嶽神社」が祀られている。また毎年1月中旬〜2月上旬は滝が凍ることで氷瀑も見ることができる。

DATA & ACCESS

☎0234-64-3111 (酒田市八幡総合支所) 所山形県酒田市升田大森 開休料見学自由 交JR酒田駅から車で30分 Pあり

諏訪湖

すわこ

長野県諏訪市・岡谷市・下諏訪町
MAP P.346A1

二大断層が交わり 生気満ちる信州一の湖

周囲約15.9km、面積約13.3㎢の規模を誇る信州で最も大きな湖。中央構造線と糸魚川静岡構造線の二大断層が交わる位置にあり、大地のエネルギーを感じるパワースポットといわれる。真冬に湖水が全面凍結すると、氷が裂けて山脈のように連なる御神渡り(おみわたり)が出現する。展望スポットとしては高ボッチ高原が有名。

DATA & ACCESS

☎0266-52-4141(諏訪市観光課) 所長野県諏訪市・岡谷市・下諏訪町 開休料見学自由 交JR上諏訪駅から徒歩5分 Pあり

湖畔の諏訪大社上社の男神が下社の女神の元へ通った道筋と伝えられる「御神渡り」

標高1665mの高ボッチ山に広がる高原の展望台から、諏訪湖と富士山の絶景が望める

裏見ノ滝

うらみのたき

栃木県日光市
MAP P.344B3

松尾芭蕉も讃えた 日光三名瀑のひとつ

大谷川の支流、荒沢川上流にある高さ約20m、幅約2mの滝。かつて滝を裏側から見ることができたため、この名がついた。その清冽な姿から、華厳の滝、霧降ノ滝とともに「日光三名瀑」と呼ばれる。元禄2年(1689)に奥の細道行脚でこの地を訪れた松尾芭蕉は「暫時(しばらく)は 滝に籠るや 夏(げ)の初(はじめ)」の句を残している。

DATA & ACCESS

☎0288-22-1525 (日光市観光協会) 所栃木県日光市丹勢 開休料見学自由(現在通行止) 交JR日光駅/東武日光駅から東武バス日光で15分、裏見の滝下車、徒歩45分 Pあり※2023年7月現在、歩道通行止め

滝の裏に出羽三山から勧請したという不動明王を祀る。現在は落石発生のため見学はできない

自然の造形美と謎に包まれた信仰

奇岩・巨石のミステリー

覚円が修行した
という急峻な
覚円峰。高さは直立で
約180m。遊歩道から
眺められる

昇仙峡

しょうせんきょう

山梨県甲府市

MAP P.346B2

心洗われる川の流れ 迫力ある渓谷美

風雨によって削り取られた花崗岩の断崖や奇岩の数々、壮麗な滝などが約4kmにわたって続き、日本一の渓谷美と称される。主峰である覚円峰は、僧侶覚円が頂上で座禅を組んで悟りを開いたとされる場所。ほかにも、今にも落ちそうな見た目の石門や、水のエネルギーを体感できる仙娥滝などパワースポットが多い。

DATA & ACCESS

☎055-287-2111（昇仙峡ロープウェイ） 所山梨県甲府市 開休料見学自由 交JR甲府駅から山梨交通バス・昇仙峡滝上行きで30分、昇仙峡口下車すぐ Pあり

1 大正14年(1925)竣工の橋 長瀞橋 ながとろばし

昇仙峡の玄関口。県内最古のコンクリートアーチ道路橋として知られる。

3 覚円峰と対峙する岩肌 天狗岩 てんぐいわ

岩肌が天狗の横顔に見えることから名前がついた。覚円峰の対岸にある。

↑昇仙峡の巨石には遠目から古代人面岩は古代人の顔つきに見える岩もある

2 わずかな隙間がスリリング 石門 いしもん

巨大な花崗岩からなる天然のアーチ。写真撮影スポットとしても人気。

←猿の顔に見える猿岩は人によっては猫の顔に見えるとも

4 花崗岩の岩肌を滑り落ちる 仙娥滝 せんがたき

地殻変動による断層によって生じた落差30mの滝。渓谷の最奥部に位置。

5 山頂のパワースポット 弥三郎岳 やさぶろうだけ

頂上が一枚岩になっており、360度の大パノラマが堪能できる。山頂には弥三郎権現が鎮座している。

えびす岩・大黒岩

えびすいわ・だいこくいわ

北海道余市町
MAP P.338A2

上部に比べて下方が極端に細くなっているえびす岩。危ういフォルムが不思議な魅力

「不安定」と「安定」バランス絶妙な夫婦岩

白岩町（しらいわちょう）の海岸から10数mほどの浅瀬に立つ2つの岩で、下方が細く不安定な形がえびす岩、大きく安定感のあるほうが大黒岩。そのたたずまいから夫婦岩とも呼ばれている。周囲の断崖は火山灰が堆積した軽石凝灰岩だが、2つの石は安山岩からなる礫岩で、水中に吹き出したマグマが冷やされてできた岩が起源。

DATA & ACCESS

☎0135-22-4115(余市観光協会) 所北海道余市町白岩町172 開休料見学自由 交JR小樽駅から北海道中央バスで46分、白岩町下車、徒歩6分 Pあり

三王岩

さんのういわ

岩手県宮古市
MAP P.343D1

平成23年(2011)の東日本大震災の巨大な津波にも耐え抜いた三王岩の雄姿

太古の地層が奇岩に波と風による彫刻

田老（たろう）港そばの海上にそびえる3つの奇岩。高さ37mの男岩を真ん中にして、向かって左に先が細くなる高さ21mの女岩、右に高さ13mの太鼓形の太鼓岩がある。ともに1億年前頃の白亜紀の海に堆積した砂岩や礫岩からできていて、波と風の浸食により約1万年をかけて形づくられた。岩手県指定天然記念物。

DATA & ACCESS

☎0193-68-9091(宮古市観光課) 所岩手県宮古市田老青砂里 開休料見学自由 交三陸鉄道・新田老駅から車で5分 Pあり

続石

つづきいし

岩手県遠野市
MAP P.343D1

古代遺跡か弁慶の技か巨大な笠石の迫力

遠野市郊外の山中にある巨石。原始巨石文化の遺構とされる。3つの石が組み合っているように見えるが、手前の石の上に石が載り、後ろの石は接していない。載っている石(笠石)は幅約7m、奥行き約5m、厚さ約2mの巨石で、柳田國男著の『遠野物語』では怪力の弁慶が載せたという伝承が紹介されている。

DATA & ACCESS

☎0198-62-1333（遠野市観光協会）所岩手県遠野市綾織町上綾織6地割 開休料見学自由 交JR遠野駅から車で15分、駐車場から徒歩10分 Pあり

山道を行くと突然現れる続石。不可思議な造形が一帯を神秘的な雰囲気で包む

←2つの巨石の間は、立ったまま、くぐり抜けられる。小さな祠があり、続石が鳥居のように感じられる

釣石神社

つりいしじんじゃ

宮城県石巻市
MAP P.343D2

落ちない巨石が受験生にパワーを

北上川の河口を望む山林に鎮座。神社の名の由来は、御神体の巨石が注連縄で釣り上げられているように見えることから。巨石は周囲約14mの球状で、崖の中腹から突き出している。今にも落ちそうな見た目だが、これまで多くの大地震に耐え、まったく揺るがなかったことから、受験の神さまとして信仰を集めている。

DATA & ACCESS

☎0225-25-6345 所宮城県石巻市北上町十三浜菖蒲田305 開休料参拝自由 交JR石巻駅から車で35分 Pあり

釣石の下にも巨大な石があり合格祈願の絵馬がぎっしり並ぶ

ネコバリ岩

ネコバリいわ

秋田県五城目町
MAP P.340B3

樹木を生かす巨岩
森の生命力が凝縮

馬場目川の渓流にある巨岩。高さ6mの上部に、何本もの巨木ががっちりと根を張っていて、小さな森のようなたたずまい。自然のしたたかさやたくましさが伝わってくる。「ねこばり」は、秋田弁で「気張る」「踏ん張る」を意味する「ねこばる」が由来。木の根が岩にしがみつくように張っている様子から命名された。

DATA & ACCESS

☎018-852-5222(五城目町役場商工振興課) 所秋田県五城目町馬場目 開休料見学自由 交秋田自動車道·五城目八郎潟ICから車で35分 Pなし

巨岩の周囲は涼やかな清流に緑があふれて心身ともに癒やされる

根付いているのは杉やブナなど。根は複雑に絡み合い、岩の表面は苔むして、はるかな時の流れを感じさせる

鬼の手形

おにのてがた

岩手県盛岡市
MAP P.343C1

鬼を退散させた神の岩
残る手形は降参の証し

三ツ石神社の境内に鎮座する巨石。その昔、この地方に羅刹鬼という悪事をはたらく鬼がおり、困った住民が三ツ石の神に祈願したところ、その神通力で鬼は退散。この岩に、もう二度と現れないという約束の手形を押していったという。また、“岩”に“手”形で、岩手の県名の由来になったと伝わっている。

DATA & ACCESS

☎019-622-2061 (桜山神社) 所岩手県盛岡市名須川町2-1 開休料参拝自由 交JR盛岡駅から岩手県交通バスで10分、愛宕町口下車、徒歩4分 Pあり

岩の表面に今でもうっすらと鬼の手形が浮かび上がって見えるという

野立岩

のだちいわ

栃木県那須塩原市
MAP P.345C2

圧倒的な存在感 100人載れる頑丈さ！?

塩原温泉郷の箒川渓谷にある巨岩。江戸時代に、徳川家康から会津に領地を与えられた武将・蒲生秀行が彼の地へ向かう途中、この岩の上で野宿をした。身分の高い人が野外で休息することを「野立」と言い表すことから、その名がついた。奇岩揃いの同渓谷のなかでひときわ大きく、大人100人余りが載れたという。

DATA & ACCESS

☎0287-32-2914（那須塩原市塩原庁舎産業観光建設課観光商工係）所栃木県那須塩原市塩原 開休料見学自由 交JR西那須野駅からJRバス関東で37分、七ツ岩吊橋下車、徒歩5分 Pあり

岩へ掛かる橋で渡ることができる。垂直の壁面はボルダリングの愛好家に人気

←野立岩をはじめ、七ツ岩と称される奇岩群が大迫力。右上の七ツ岩吊橋から全景を眺めることができる

大湯環状列石

おおゆかんじょうれっせき

秋田県鹿角市
MAP P.340B3

古代人が祈りをこめた 広大な祭祀の遺跡

野中堂環状列石と万座環状列石の2つの環状列石を主体とする縄文時代後期の遺跡。ともに内と外の二重の環状になっているのが特徴。野中堂環状列石は約2000個の石が組まれており、最大径42m。万座環状列石の石の数は約6500個で、最大径52mと大規模。集団墓であるとともに祭祀施設だったと考えられている。

DATA & ACCESS

☎0186-37-3822（大湯ストーンサークル館）所秋田県鹿角市十和田大湯万座45 開見学自由（夜間閉鎖）休11月下旬～4月初旬 料無料 交JR鹿角花輪駅から寺坂・大湯線バスで35分、大湯環状列石前下車、徒歩3分 Pあり

復元された建屋も立ち並び縄文の世界が広がっている

名草巨石群

なぐさのきょせきぐん

栃木県足利市

MAP P.347C1

山の自然がつくり上げた巨石群は神が宿る磐座

名草厳島神社にある巨石群。巨石には「弁慶の手割石」や「御供石」など名前のついたものがある。「弁慶の手割石」は高さ約2m、幅約3mで、弁慶が石の上に立ち、錫杖を突き立てると、まっぷたつに割れたと伝わる。「御供石」は、その隙間をくぐり抜ける「胎内くぐり」が有名で、子授けや安産祈願の信仰がある。

DATA & ACCESS

☎0284-41-9977(名草公民館) 所栃木県足利市名草上町4990 開休料見学自由 交JR足利駅から車で25分 Pあり

空海によって勧請されたと伝わる名草厳島神社。巨石上の社の建立は江戸時代中期

巨石群は、巨大な花崗岩が風化によって分裂し、風雨による浸食で削られたもの。国指定天然記念物

忍路環状列石

おしょろかんじょうれっせき

北海道小樽市

MAP P.338A2

縄文文化を今に伝える鎮魂の環状列石

三笠山の麓にある縄文時代後期の遺跡。南北33m、東西22mの楕円形に石が配置されており、集団墓や祭祀の場だったという説が有力。石は約9km離れた余市町のシリパ岬から運ばれたことがわかっている。周囲から大型の木柱跡が発見されており、縄文人の暮らしを知るうえで、貴重な遺跡となっている。

DATA & ACCESS

☎0134-32-4111(小樽市教育委員会·生涯学習課) 所北海道小樽市忍路2丁目 開休料見学自由 交JR小樽駅から北海道中央バスで19分、忍路下車、徒歩8分 Pなし

幕末に発見され明治時代に初めての調査が行われた。北海道の環状列石で最大級の規模

驚異の巨木パワー

樹齢を重ねた巨木の圧倒的存在感

健康長寿、無病息災、子孫繁栄を叶える神の依代

御神木 大楠
ごしんぼく おおくす

樹齢2100年以上、幹回り24m、蒲生の大クス(鹿児島県)に次ぐ日本で2番目の巨樹で、国の天然記念物。太古にはこのクスに神の霊を招き祀っていた。幹を1周回ると寿命が1年延び、願い事を念じながら1周すると叶うといわれている。

↑猪目型に掃き集めた落ち葉

來宮神社
きのみやじんじゃ

静岡県熱海市
MAP P.346B3

古くは來宮大明神と称した来福、縁起の神社

全国44社の「キノミヤジンジャ」の総社。約1300年前、熱海湾で漁をしていた漁師が網にかかった木像を引き上げると、五十猛命が現れ、木像を祀るように告げたことがはじまり。

☎0557-82-2241 所静岡県熱海市西山43-1 開9:00～17:00 休無休 料無料 交JR来宮駅から徒歩6分 Pあり

御祭神 大己貴命 おおなもちのみこと 五十猛命 いたけるのみこと 日本武尊 やまとたけるのみこと

主なご利益 縁結び、商売繁盛、健康長寿ほか

推定樹齢800年、山の神として祀られる奇樹

十二本ヤス

じゅうにほんヤス

幹の途中から枝分かれした12本の枝が天に向かって伸びる、高さ34mのヒバ。樹形が漁具のヤスに似ていることが名の由来。枝が13本になると1本が枯れ、常に12本を保つと伝わる。山の神の祭日が12月12日であることから山の神が宿る神木とされる。

| 青森県五所川原市 MAP P.340B2

☎0173-38-1515(五所川原市観光協会) 所青森県五所川原市金木町喜良市
開休料見学自由 交津軽鉄道·金木駅から車で20分 Pあり

↑十二本ヤスにまつわる村の若者·弥七郎と老猿の伝説が残る

鬱蒼とした森に鎮座する日本一の大樹

将軍杉
しょうぐんすぎ

樹齢1400年、高さ40m、幹回り約20m、屋久島の縄文杉を抜く日本一の巨樹。名は、晩年を当地で送った陸奥鎮守府将軍・平維茂にちなむ。昔、将軍杉で船を造ろうとした村人が伐採のため訪れると、一夜にして地中に沈んでいたという伝説が伝わる。

↑将軍杉と並ぶ平等寺薬師堂

平等寺
びょうどうじ

新潟県阿賀町
MAP P.344B1

平維茂が川で金の薬師像を拾った故事が発祥

平維茂によって建立された寺。現存する薬師堂は永正16年(1519)に再興され、国の重要文化財。天正6年(1578)、上杉謙信の後継者争いに敗れた会津芦名家の兵たちが逃げ込み、記した墨書が残る。

☎0254-92-0220(阿賀町観光協会) 所新潟県阿賀町岩谷2214 開休料参拝自由 交JR五十島駅から車で4分 Pあり

御本尊 釈迦牟尼仏 しゃかむにぶつ
主なご利益 健康長寿、安産祈願ほか

クスノキと間違えられた大タブノキの香りが人々の心象風景に

府馬の大楠

ふまのおおくす

タブノキは『日本書紀』にも記され、神が宿る木とされる。樹齢1300～1500年、樹高20m、幹回り27.5m、あたりを覆い尽くすように枝が広がる。境内にクスノキに似た香りを漂わせ、環境省「かおり風景100選」にも認定されている。

↑大楠の枝が根付いた子クス

↑根元には石の祠が食い込む

※写真：香取市教育委員会提供（写真中・下）

宇賀神社

うがじんじゃ

千葉県香取市
MAP P.347D2

タブノキの香りに包まれる境内

太古には入江だった場所で、戦国時代には府馬城が築かれ、武士団が鬨の声を上げた場所として「鬨の台」と呼ばれる。隣接して展望台のある広大な大クス展望公園が整備されている。

☎0478-50-1224（香取市役所生涯学習課文化財班）所千葉県香取市府馬2395 開休料参拝自由 交JR旭駅から車で25分 Pあり

御祭神 宇気母知神 うけもちのかみ

主なご利益 五穀豊穣、商売繁盛ほか

大地を黄金色に覆い尽くす落葉の光景は息をのむ美しさ

北金ヶ沢の大イチョウ

きたかねがさわのおおイチョウ

幹回り22m、高さ31m、日本の樹木全体で4番目の巨大なイチョウ。たくさんの気根(枝から生えて空中に露出している根)の形が、乳房に似ていることから、別名「垂乳根(たらちね)の公孫樹(いちょう)」と呼ばれる。国指定天然記念物。

| 青森県深浦町　MAP P.340A2

☎0173-74-4412(深浦町観光課) 所青森県深浦町北金ケ沢塩見形356
開休料見学自由 交JR北金ケ沢駅から徒歩10分 Pあり

↑毎年11月には大イチョウがライトアップされとても鮮やか

岐阜県の薄墨桜、福島の滝桜とともに日本三大桜のひとつ

神代桜
じんだいさくら

推定樹齢2000年、高さ10m、周囲12mのエドヒガンザクラで、日本武尊お手植えとの伝説が名の由来。鎌倉時代に桜の衰えを憂えた日蓮上人が樹勢回復を祈願し、再生したという逸話も。最盛期より小さくなったものの、毎年美しい花を咲かせる。

↑冠雪残る甲斐駒ヶ岳との共演

實相寺
じっそうじ

山梨県北杜市
MAP P.346B2

武田家と縁深い、身延山久遠寺の直末の寺院

武田信玄が川中島合戦の折、武運長久を祈願し、以来永代祈願所とした。境内には神代桜のほか、宇宙ステーションで無重力を体験した神代桜の種から発芽した宇宙ザクラが咲く。

☎0551-26-2740 所山梨県北杜市武川町山高2763 開休料参拝自由 交JR日野春駅から車で10分 Pあり

御本尊 十界勧請大曼荼羅 じっかいかんじょうだいまんだら

主なご利益 健康長寿、無病息災、病気平癒、厄除け、家内安全ほか

日本の原風景、茅葺き屋根の集落に根付く巨木

二本杉

にほんすぎ

樹齢700年で高さ30m、どっしりとした太い杉に寄り添うように、もう1本の杉が並ぶ。2本とも幹の途中からも太い枝を伸ばし、木陰は境内を覆い尽くし、夏でもひんやりとした空気を漂わせる。根元は石垣に囲まれ、周囲より一段高くなっている。

↑苔むしたお地蔵さまと社殿

荻ノ島松尾神社

おぎのしままつおじんじゃ

新潟県柏崎市

MAP P.344A2

人々の暮らしを見守り続ける「村の鎮守」

田んぼと茅葺き屋根の家並みが、農林水産省「美しい日本のむら景観百選」に選ばれた、荻ノ島環状集落の鎮守。荻ノ島松尾神社の境内からは縄文中期の土器などが発見されている。

所新潟県柏崎市高柳町荻ノ島1032-1 開休料参拝自由 交北越急行·まつだい駅から車で20分 Pあり

御祭神 大山咋神 おおやまくいのかみ

主なご利益 五穀豊穣、子孫繁栄、厄除けほか

「千年杉」の愛称で住民に慕われる古木は「市の長老」

虫川の大スギ
むしかわのおおスギ

推定樹齢1200年を超える国指定の天然記念物で、樹高約30m、幹回り(目通り)約10.6m、枝張り東西約27m、南北約20m。安政年間(1854〜60)の大雪で枝が折れてできた大きな空洞も地域住民の手により、樹勢回復治療を施されるなど、今も大切に守られている。

←健康長寿祈願に訪れる人も

白山神社
はくさんじんじゃ

新潟県上越市
MAP P.344A2

大杉の枝で作られた木像を祀る神社

来善という僧侶が大杉の枝で伊弉諾尊(いざなぎのみこと)と伊弉冉尊(いざなみのみこと)の像を彫り、祀ったのが始まりという伝説が残されている。

所 新潟県上越市浦川原区虫川1492
開 休 料 参拝自由 交 北越急行・虫川大杉駅から徒歩10分 P あり

切れば災いをもたらし、守れば村を繁栄に導く不思議なご神木

トトロの木（小杉の大杉）

トトロのき（こすぎのおおすぎ）

二股に分かれた杉がトトロに見えると話題に。樹齢1000年、高さ20m、枝張り17m。夫婦杉、縁結びの木、子宝の木とも呼ばれる。出羽国大名・最上義光がもう1本あった杉を伐採したあとに村に災いが続き、以後当地藩主にも存在を隠したという伝説が残る。

↑根元に山神さまが祀られ、古くからの村人の敬愛が伝わる

| 山形県鮭川村　MAP P.342B2

☎0233-55-2111(鮭川村むらづくり推進課) 所山形県鮭川村曲川

開休料見学自由 交東北中央自動車道・新庄鮭川ICから車で30分 Pなし

鎌倉の武士によって植えられたとも伝えられる巨樹

シイノキ

シイノキ

樹齢700年、高さ14m、幹回り7.5m。シイノキでは、国内3番目の巨木で国の天然記念物。露出した根があたりに広がり、幹には大きな空洞があるが、樹勢は良く青々とした葉を茂らせる。同じ称名寺境内にある樹齢400年のスダジイとともに生命力を放つ。

本堂とシイノキ

美しい称名寺の山門

称名寺

しょうみょうじ

宮城県亘理町

MAP P.345D1

御本尊は源頼朝ゆかりの美しい阿弥陀如来立像

室町時代後期、感蓮社良応により開かれ、源頼朝から譲り受けた黒本尊と呼ばれる阿弥陀如来立像を祀る。境内の一角には伊達政宗の側室・荘厳院(阿茶局)などを祀る御廟所がある。

☎0223-34-1619 所宮城県亘理町旭山1 開休料参拝自由 交JR亘理駅から車で10分 Pあり

御本尊 阿弥陀如来立像 あみだにょらいりつぞう

主なご利益 極楽往生、現世平穏ほか

あふれる生命力が、観光客を惹きつける大クスノキ

上谷の大クス

かみやつのおおクス

樹齢1000年以上、幹回り15m、高さ30m。昭和63年(1988)の環境省「緑の国勢調査」で県内1位の巨樹に認定、県教委の人気投票では東の横綱と番付。温暖な気候に適するクスノキが東日本の山間部で巨木になるのは奇跡的といわれ、巨樹の生命力に惹かれた観光客が絶えない。

| 埼玉県越生町 MAP P.347C1

☎049-292-3121(越生町産業観光課 観光商工担当) 所埼玉県越生町上谷634付近 開休料見学自由 交圏央道·鶴ヶ島ICから車で30分 Pあり

↑諸説はあるが、地主の方の氏神様ともいわれている大クス

病を治し、千手観音のごとく人々の願いをすくいとる神木

千本ナラ

せんぼんナラ

　数多くの枝が天に向かって伸びるさまが千手観音を思わせることから名付けられたミズナラ。樹齢800年、幹回り4.8m、高さ18mの巨樹で、幹に触れたり、葉で患部をなでると病が治ると多くの人が訪れる。願いを「すくう」にかけて、しゃもじに願い事を書いて供える。

| 北海道石狩市　MAP P.338B2

☎0133-79-2029(石狩市浜益支所地域振興課) 所北海道石狩市浜益区送毛 開休料見学自由 交札樽道·札幌北ICから車で1時間30分 Pなし

↑願いを記した無数のしゃもじが供えられている

北海道
0
30km
N
寺院
神社
自然・その他
A
B
1
2
3
稚内市
稚内パッカイシュマ P.60
礼文島
利尻島
宗谷本線
日本海
P.59 旭川市北邦野草園
P.58 川村カ子ト アイヌ記念館
留萌本線
函館本線
旭川市
道央自動車道
富良野線
P.337 千本ナラ
P.248 天狗の火渡り
P.320 えびす岩・大黒岩
P.324 忍路環状列石
滝川市
神居古潭
P.58
十勝
札沼線（学園都市線）
根室本線
富良野市
石狩湾
積丹半島
石狩川
余市町
小樽市
岩見沢市
函館本線
室蘭本線
夕張岳
札幌市
石勝線
P.220 北海道神宮
千歳線
道央自動車道
P.60 藻岩山
ニセコ町
千歳市
羊蹄山
支笏湖
P.57 インクラの滝
苫小牧市
日高山脈
日高本線
萱野茂二風谷
アイヌ資料館
P.57
洞爺湖
内浦湾
室蘭本線
ウポポイ
（民族共生象徴空間）P.56
室蘭市
アヨロ海岸 P.56
アフンルパロ P.57
奥尻島
登別地獄谷 P.296
松前半島
函館本線
亀田半島
北海道新幹線
函館市
道南いさりび鉄道
松前町

C
D
1
2
3
オホーツク海
国後島
知床国立公園
サロマ湖
知床半島
網走市
網走湖
釧網本線
石北本線
層雲峡 P.59
大雪山
三国山
摩周湖と
カムイシュ島 P.60
トドワラ P.294
屈斜路湖
摩周湖
阿寒摩周
国立公園
P.55 阿寒湖アイヌコタン
阿寒湖
大雪山
国立公園
根室湾
根室市
風蓮湖
北海道
根室本線
釧路湿原
国立公園
道東自動車道
釧路市
十勝川
太平洋
襟裳岬 P.60
C
D

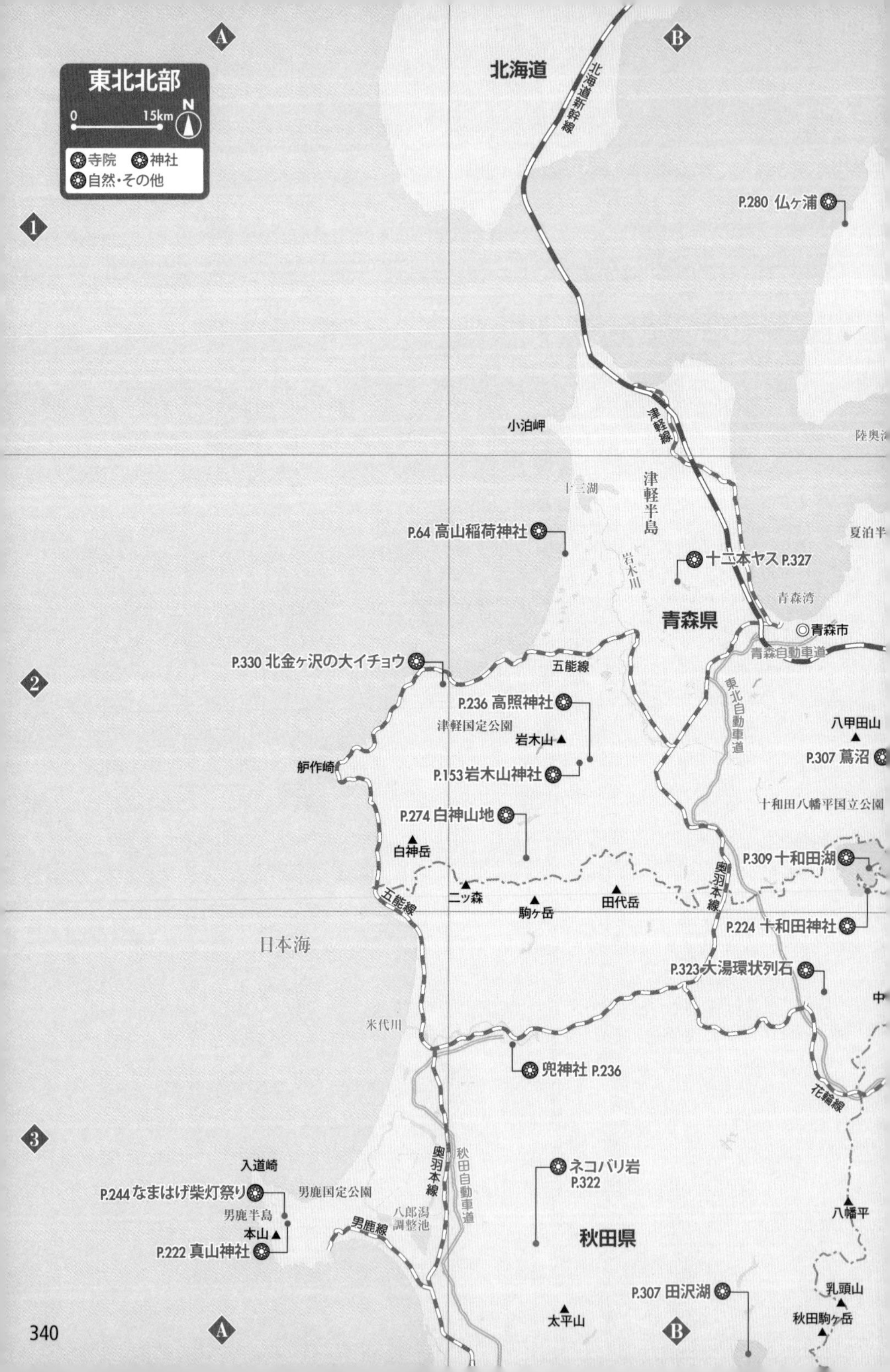
東北北部
0
15km
N
寺院
神社
自然・その他
A
B
1
2
3
北海道
北海道新幹線
P.280 仏ヶ浦
小泊岬
津軽線
陸奥湾
十三湖
津軽半島
P.64 高山稲荷神社
夏泊半
岩木川
十二本ヤス P.327
青森湾
青森県
◎青森市
青森自動車道
P.330 北金ヶ沢の大イチョウ
五能線
東北自動車道
P.236 高照神社
津軽国定公園
岩木山
八甲田山
P.307 蔦沼
鰺作崎
P.153 岩木山神社
十和田八幡平国立公園
P.274 白神山地
白神岳
P.309 十和田湖
奥羽本線
二ッ森
駒ヶ岳
田代岳
五能線
P.224 十和田神社
日本海
P.323 大湯環状列石
中
米代川
兜神社 P.236
花輪線
入道崎
奥羽本線
秋田自動車道
ネコバリ岩
P.322
P.244 なまはげ柴灯祭り
男鹿国定公園
男鹿半島
八郎潟調整池
八幡平
本山
男鹿線
P.222 真山神社
秋田県
P.307 田沢湖
乳頭山
太平山
秋田駒ヶ岳

C
D
尻屋崎
1
恐山 P.164
むつ市
下北半島
大湊湾
大湊線
鷹架沼
野辺地湾
高瀬川
小川原湖
2
奥入瀬川
奥入瀬渓流 P.304
蕪嶋神社 P.171
八戸市
青い森鉄道
加賀美流騎馬打毬 P.249
太平洋
階上岳
八戸線
久慈湾
八戸自動車道
稲庭岳
七時雨山
東北新幹線
3
遠島山
黒崎
陸中海岸
国立公園
岩手県
岩手山神社 P.154
P.320 三王岩
堺ノ神岳
盛岡市
山田線
真崎
C
D

東北南部
0
15km
N
寺院
神社
自然・その他
A
B
1
2
3
太平山
雄物川
P.233 唐松神社
日本海東北自動車道
秋田自動車道
羽越本線
子吉川
秋田県
日本海
P.315 玉簾の滝
P.156 鳥海山大物忌神社
丁岳
最上川
奥羽本線
P.334 トトロの木（小杉の大杉）
陸羽西線
P.138 出羽三山神社
羽黒山
山形自動車道
月山神社本宮 P.140
P.141 湯殿山神社本宮
月山
葉山
湯殿山
P.200 本山 慈恩寺
山形県
羽越本線
左沢線
大朝日岳
日本海
東北中央自動車道
P.228 熊野大社
P.171 湊稲荷神社
阿賀野川
米坂線
P.247 小玉川熊祭り
P.225 新潟総鎮守 白山神社
P.239 松岬神社
P.239 上杉神社
白新線
新潟市
栗子山
二王子岳
新潟県
飯豊山
飯森山

盛岡市
鬼の手形 P.322
櫻山神社 P.237
堺ノ神岳
三王岩 P.320
真崎
宮古湾
閉伊崎
P.307 田沢湖
田沢湖線（秋田新幹線）
御所湖
東北自動車道
山田線
早池峰山
浄土ヶ浜 P.282
和賀岳
岩手県
早池峯神社 P.155
トドヶ崎
山田湾
陸中海岸国立公園
釜石自動車道
続石 P.321
御箱崎
大槌湾
田瀬湖
釜石線
P.210 釜石大観音
釜石湾
尾崎
北上線
秋田自動車道
湯沢横手道路
物見山
五葉山
焼石岳
首崎
P.194 中尊寺
川原毛地獄 P.300
東北新幹線
猊鼻渓 P.310
けんか七夕 P.249
綾里崎
広田湾
P.308 厳美渓
栗駒国定公園
栗駒山
P.196 毛越寺
一ノ関
大船渡線
神室山
気仙沼湾
御崎
荒雄岳
東北本線
米川の水かぶり P.245
歌津崎
太平洋
陸羽東線
志津川湾
宮城県
釣石神社 P.321
北上川
気仙沼線
P.246 初午まつり火伏せの虎舞
大須崎
船形山
出島
石巻線
P.238 青葉神社
青麻神社 P.187
仙石線
石巻市
瑞巌寺 P.205
南三陸金華山国定公園
P.230 大崎八幡宮
鮫浦湾
面白山
P.211 仙台大観音
松島湾
牡鹿半島
金華山黄金山神社 P.70
田代島
仙山線
仙台市
曲木神社 P.173
立石寺 P.199
網地島
秋保神社 P.231
鹽竈神社 P.182
秋保大滝 P.311
仙台湾
山形自動車道
金蛇水神社 P.71
野岳
御釜 P.313
王山
屏風山
竹駒神社 P.65
阿武隈川
シイノキ（称名寺）P.335
萬蔵稲荷神社 P.67
常磐線
C
D
1
2
3

A
B
大野亀 P.288
羽越本線
佐渡島
津神神社 P.174
P.171 湊稲荷神社
阿賀野川
1
P.225 新潟総鎮守
白山神社
新潟市
白新線
二王子岳
新潟県
上越新幹線
信越本線
P.163 彌彦神社
つぶろさし
P.247
将軍杉（平等寺）
P.328
磐越西線
燕市
北陸自動車道
磐越自動車道
日本海
御神楽岳
只見線
柏崎市
浅草岳
P.332 二本杉（荻ノ島松尾神社）
2
P.333 虫川の大スギ
（白山神社）
北陸自動車道
南魚沼市
北陸新幹線
上越線
P.44 日光山輪王寺
P.46 輪王寺大猷院
P.38 日光東照宮
上信越自動車道
飯山本線
P.41 日光東照宮宝物館
P.41 日光東照宮美術館
P.42 二荒山神社
P.48 滝尾神社
P.316 裏見ノ滝
長野県
戸隠神社 P.150
飯縄神社 P.162
P.215 青龍山 吉祥寺
P.52 戦場ヶ原
吹割の滝
P.313
中禅寺湖
P.50
善光寺 P.192
長野市
P.49 中禅寺立木観音
P.51
草津穴守稲荷神社 P.68
草津町
3
象山神社 P.241
赤城神社(大洞) P.158
吾妻線
関越自動車道
上越新幹線
群馬県
眞田神社 P.242
白糸の滝 P.308
北陸新幹線
両毛線
A
B

C
D
大朝日岳
山形県
宮城県
仙山線
左沢線
山形自動車道
P.228 熊野大社
熊野岳
蔵王山
屏風山
御釜 P.313
金蛇水神社 P.71
竹駒神社 P.65
東北自動車道
東北本線
阿武隈川
米坂線
P.239 松岬神社
P.239 上杉神社
萬蔵稲荷神社 P.67
シイノキ（称名寺）P.335
小玉川熊祭り P.247
奥羽本線（山形新幹線）
栗子山
常磐線
飯豊山
飯森山
霊山
常磐自動車道
西吾妻山
吾妻小富士
福島市
桧原湖
P.212
会津慈母大観音
秋元湖
安達太良山
土津神社
P.238
磐梯山
磐梯朝日国立公園
遠藤ヶ滝 P.310
伊佐須美神社 P.231
会津若松市
猪苗代湖
安積国造神社 P.227
阿賀川
郡山市
福島県
大滝根山
塔のへつり P.284
二岐山
磐越東線
磐越自動車道
茶臼岳
東北自動車道
波立寺 P.172
馬場都々古別神社 P.226
八槻都々古別神社 P.226
いわき市
野立岩 P.323
水郡線
東北新幹線
栃木県
太平洋
月待の滝 P.312
袋田の滝 P.312
常磐線
日光宇都宮道路
東北本線
日光市
烏山線
鷲子山上神社 P.73
御岩神社 P.229
日光線
平和観音 P.209
常磐自動車道
大谷観音 P.209
北関東自動車道
茨城県
大前神社 P.76
水戸線
北関東・新潟
0
15km
N
寺院
神社
自然・その他
1
2
3

関東
0
15km
N
寺院
神社
自然・その他
A
B
1
2
3
菅平高原
万座ハイウェイ
吾妻線
関越自動車道
大糸線
上信越自動車道
篠ノ井線
浅間隠山
榛名富士
湯ノ丸高原
眞田神社
P.242
P.308 白糸の滝
浅間山
前橋東照宮
P.240
上信越自動車道
P.212 高崎白衣大観音
長野新幹線
P.160 妙義神社
妙義山
信越本線
四柱神社 P.75
鼻顔稲荷神社 P.67
明神池 P.306
諏訪大社下社秋宮 P.179
諏訪大社下社春宮 P.179
P.225 一之宮貫前神社
金鑚神社
P.157
P.218 長泉寺
車山
車山神社 P.298
蓼科高原
小海線
P.314 秩父華厳の滝
諏訪湖 P.316
P.73 聖神社
諏訪大社上社前宮 P.178
諏訪大社上社本宮 P.178
P.221 秩父神社
三国山
八ヶ岳
中央本線
中央本線
P.142 三峯神社
中央自動車道
飯田線
富士見高原
甲武信ヶ岳
埼玉県
P.331 神代桜（實相寺）
山梨県
P.244 お松引き
御嶽神社 P.152
金峰山
P.309 尾白川渓谷
秩父多摩甲斐国立公園
金櫻神社
P.74
河口湖 P.25
長野県
甲斐駒ヶ岳
P.32
P.31 船津胎内樹形
藤切り祭 P.247
山梨県立富士山世界遺産センター
冨士御室浅間神社 P.21
仙丈ヶ岳
鳳凰山
P.243 武田神社
P.302 分坑峠
河口浅間神社 P.20
P.318 昇仙峡
旧外川家住宅 P.29
P.21 甲斐国一宮浅間神社
P.25 西湖
P.30 鳴沢氷穴
北口本宮冨士浅間神社 P.16
P.11/P.28 青木ヶ原樹海
新屋山神社 P.74
P.24/P.315 四尾連湖
P.31 富岳風穴
南アルプス国立公園
明見湖 P.25
P.24 精進湖
忍野八海 P.26
本栖湖
P.24
赤石岳
山中湖 P.25
P.197 久遠寺
P.25 泉瑞
聖岳
身延線
朝霧高原
身延山
冨士浅間神社
P.23
酒水の滝 P.31
P.29 人穴富士講遺跡
富士山
御殿場線
P.27 田貫湖
金時山
P.27 白糸ノ滝
須山浅間神社
P.23
P.22 山宮浅間神社
村山浅間神社
P.22
P.237 公時神社
P.15 浅間大社東北奥宮（久須志神社）
愛鷹山
芦ノ湖
愛知県
飯田線
P.14 冨士山頂上浅間大社奥宮
P.147 九頭龍神社本宮
P.18 冨士山本宮浅間神社
駿河湾
P.32 静岡県富士山世界遺産センター
P.27 柿田川湧水
伊豆スカイライン
秋葉山本宮秋葉神社 P.183
P.292 大瀬崎
伊東線
P.205 修禅寺
静岡県
P.184 三嶋大社
P.234 久能山東照宮
P.27 楽寿園小浜池
新東名高速道路
P.326 御神木大楠（來宮神社）
P.68 美濃輪稲荷神社
P.185 伊豆山神社
東名高速道路
伊豆半島
箱根神社
P.146
浜名湖
東海道本線
東海道新幹線
P.290 天窓洞
P.169 伊古奈比咩命神社
遠州新居手筒花火 P.248
P.170 石室神社
竜宮神社
P.169
A
B

赤城山
宝徳寺 P.204
群馬県
栃木県
産泰神社 P.186
名草巨石群 P.324
強卵式 P.249
笠間稲荷神社 P.62
大洗磯前神社 P.168
足利織姫神社 P.223
楽法寺 P.204
間々田のじゃがまいた P.246
冠稲荷神社 P.69
筑波山神社 P.159
雷電神社 P.186
茨城県
大杉神社 P.185
麻生祇園馬出し祭 P.248
鹿島神宮 P.181
箭弓稲荷神社 P.66
黒山三滝 P.314
上谷の大クス P.336
川越氷川神社 P.232
牛久大仏 P.211
息栖神社 P.230
高麗神社 P.229
氷川神社 P.187
塩船観音寺 P.217
府馬の大楠（宇賀神社）P.329
高幡不動尊 P.203
本土寺 P.202
香取神宮 P.180
観福寺 P.203
大龍寺 P.218
東京都
P.80-81
P.190 成田山新勝寺
武蔵御嶽神社 P.161
薬王院 P.144
千葉神社 P.227
P.286 屏風ケ浦
東京湾
子安神社 P.107
平間寺（川崎大師）P.202
海蔵寺 P.216
銭洗弁財天 宇賀福神社 P.72
佐助稲荷神社 P.69
鎌倉大仏 P.208
P.216 長谷寺
P.242 白旗神社
千葉県
神奈川県
明月院 P.214
玉前神社 P.228
東京湾観音 P.213
長福寿寺 P.75
鶴岡八幡宮 P.232
相模湾
大山阿夫利神社 P.148
森戸大明神 P.170
房総半島
小動神社 P.167
勝海舟神社 P.243
鋸山 日本寺 P.206
チャッキラコ P.245
遠見岬神社 P.174
八坂神社 P.172
寒川神社 P.233
江の島岩屋 P.167
誕生寺 P.201
江島神社 P.166
江の島大師 P.167
釈迦涅槃仏 P.213
安房神社 P.76
海底神社 P.173
裏砂漠 P.278
太平洋
大島
P.276 三宅島

索引

STAFF

編集制作 Editors
(株)K&Bパブリッシャーズ

取材・執筆 Writers
森合紀子　遠藤優子　伊藤麻衣子　伊藤朱理
沖﨑松美　赤須朋子　白鳥幸代　塩田陽子
森井真規子　坪倉希実子　立岡美佐子　服部生美

撮影 Photographers
安田眞樹

本文・表紙デザイン Cover & Editorial Design
(株)K&Bパブリッシャーズ

表紙写真 Cover Photo
PIXTA

地図制作 Maps
トラベラ・ドットネット(株)
山本真奈美(DIG.Factory)
北海道地図(株)
宍田利孝

写真協力 Photographs
関係各市町村観光課・観光協会
関係諸施設
PIXTA

編集協力 Special Thanks to
(株)サティスフィールド

総合プロデューサー Total Producer
河村季里

TAC出版担当 Producer
君塚太

TAC出版海外版権担当 Copyright Export
野崎博和

エグゼクティヴ・プロデューサー
Executive Producer
猪野樹

旅コンテンツ完全セレクション
神秘の聖地 聖域 パワースポット 東日本

2023年9月18日　初版　第1刷発行

著　　者　TAC出版編集部
発 行 者　多 田 敏 男
発 行 所　TAC株式会社　出版事業部
　　　　　(TAC出版)

〒101-8383 東京都千代田区神田三崎町3-2-18
電話　03(5276)9492(営業)
FAX　03(5276)9674
https://shuppan.tac-school.co.jp

印　　刷　株式会社　光邦
製　　本　東京美術紙工協業組合

ISBN978-4-300-10567-2 C0326
N.D.C.291

本書に掲載した地図の作成に当たっては，国土地理院発行の数値地図(国土基本情報)電子国土基本図(地図情報)，数値地図(国土基本情報)電子国土基本図(地名情報)及び数値地図(国土基本情報20万)を調整しました。